MICHAEL SCHAPER, Chefredakteur

Liebe Leserin, lieber Leser

Bayern polarisiert. Wie bei kaum einem anderen deutschen Staat gibt es zahlreiche Bewunderer – und ebenso viele grundsätzliche Gegner. Die einen empfinden die bayerische Geschichte vorwiegend als eine glänzende Erfolgsstory: Sie sehen Wittelsbacher-Monarchen wie Maximilian I. Joseph, der mithilfe tatkräftiger Beamter zu Beginn des 19. Jahrhunderts einen modernen Staat schuf, mit Pressefreiheit, einem effizienten Regierungsapparat – und einer Verfassung, die Bayern 1818 de facto zur konstitutionellen Monarchie machte. Und zwar etliche Jahre bevor solche Reformen in anderen deutschen Ländern wie Preußen und Österreich gelangen.

Die Bayern-Freunde rühmen Herrscher, die Wissenschaft, Kunst und Wirtschaft förderten, die 1835 die erste Dampfeisenbahn in Deutschland fahren ließen und prächtige Schlösser erbauten. Sie schwärmen vom München der Jahrhundertwende, jener liberalen Kunstmetropole, in der Literaten wie Thomas Mann, Maler wie Wassily Kandinsky und Komponisten wie Richard Strauss wirkten.

WEITERE HEFTE aus der GEO*EPOCHE*-Familie über die deutsche und europäische Geschichte im 19. und 20. Jahrhundert

Und sie verweisen auf den erstaunlichen Aufstieg des Freistaats nach dem Zweiten Weltkrieg: Aus einem Land direkt am Eisernen Vorhang, dessen Städte schwer zerbombt waren und das mehr als zwei Millionen Flüchtlinge aus dem Osten unterbringen musste, wurde eine ökonomische Großmacht. Die Heimat von zahlreichen Hochtechnologiefirmen, von acht der 30 bedeutendsten deutschen Unternehmen – und einem der erfolgreichsten Fußballvereine Europas.

Dann gibt es aber auch die anderen, die vor allem die Abgründe der bayerischen Geschichte sehen: den Verrat, der der eigentliche Gründungsakt des Königreichs gewesen ist, als Kurfürst Maximilian Joseph 1805 den römisch-deutschen Kaiser in höchster Bedrängnis im Stich ließ, sich dafür mit dessen Erzfeind Napoleon verbündete – und für diese Treulosigkeit im Jahr darauf mit dem Königstitel belohnt wurde.

Die Kritiker betonen das abrupte Ende der Münchner Liberalität, als nach dem Ersten Weltkrieg eine linksextreme Räterepublik in München die Macht ergriff – und Thomas Mann notierte, er hätte nichts dagegen, wenn man die Aufrührer „als Schädlinge erschösse“. Was dann auch tatsächlich geschah: Mehr als 600 Menschen tötete eine teilweise rechtsradikale Soldateska bei der Niederschlagung der Räterepublik im Mai 1919.

Das einstmals freiheitliche Bayern wurde nun zum Sammelbecken von Rechtsextremen und Antisemiten; und so begann in München dann auch die verhängnisvollste aller Politikerkarrieren: die Adolf Hitlers, der hier die NSDAP begründete, 1923 einen Putschversuch unternahm und die Metropole später zur „Hauptstadt der Bewegung“ erklärte.

Doch die Bayernverächter verdammen auch viele Entwicklungen der Zeit nach dem Untergang der NS-Diktatur, verweisen vor allem auf die Rolle der CSU, die seit 1946 mit nur einer kurzen Unterbrechung den Ministerpräsidenten stellt – und deren Funktionäre immer wieder in Affären verstrickt waren. Die bis heute wie eine Staatspartei auftritt, mit einem vermeintlich natürlichen Anspruch auf die Alleinherrschaft. Und deren langjährigem Vorsitzenden Franz Josef Strauß als Kanzlerkandidat im extrem kontroversen Wahlkampf von 1980 die Feindseligkeit auch all jener entgegenschlug, die in Bayern eine Art Bollwerk des Bösen sahen.

NEUSCHWANSTEIN: Der Bau Ludwigs II. ist eines von Deutschlands schönsten Schlössern

In dieser Ausgabe von GEO*EPOCHE* blicken wir hinter die Mythen, die dieses ganz besondere Land umgeben – die finsteren wie die weißblau leuchtenden. Und wie auch immer man zu Bayern steht, eines ist unbestritten: Seine Geschichte der vergangenen rund 200 Jahre ist äußerst facettenreich.

Herzlich Ihr

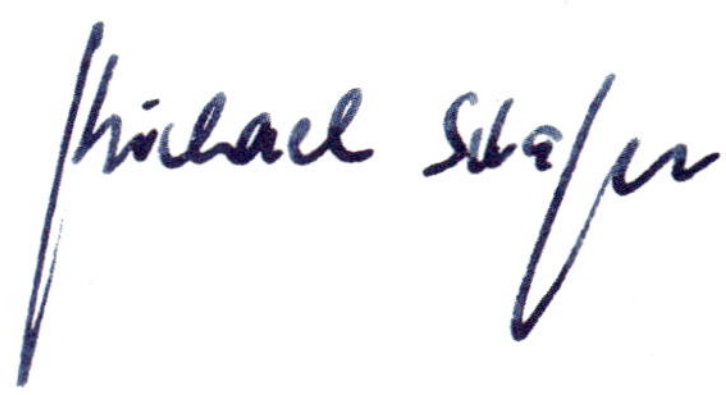

ALPENKULISSE
Bayern ist von imposanter Schönheit. Im 19. Jahrhundert wandelt es sich von einer ärmlichen Region zum modernen Staat.
SEITE 6

FORTSCHRITT
Die erste dampfgetriebene Eisenbahn Deutschlands fährt 1835 in Franken – der Beginn einer technischen Umwälzung.
SEITE 36

MÄRCHENKÖNIG
Mit Schlössern wie Neuschwanstein beschwört Ludwig II. eine idealisierte Vergangenheit – und plant zugleich den Staatsstreich.
SEITE 50

KUNSTMETROPOLE
Geniale Maler und Literaten wie Wassily Kandinsky und Thomas Mann bringen München um 1900 zum Leuchten.
SEITE 76

REVOLUTION
Nach dem Ersten Weltkrieg errichten linke Träumer in München eine Räterepublik. Bis rechtsextreme Militärs sie blutig zerstören.
SEITE 88

Nr. 92

Inhalt

Bayern

KÖNIGREICH
1806 nutzen der Wittelsbacher Kurfürst und ein ehrgeiziger Politiker ihre Chance: Bayern wird Monarchie.
SEITE 22

BERGBAUERN
Nicht malerisch, sondern hart ist das Leben in den Alpen. Auch im Allgäuer Dorf Gerstruben.
SEITE 64

MACHTMENSCH
CSU-Chef Franz Josef Strauß ist die dominierende Figur der bayerischen Politik. Und dann will er sogar Kanzler werden.
SEITE 140

Sie erreichen die GEO*EPOCHE*-Redaktion online auf Facebook oder unter *www.geo-epoche.de*.

EIN MÄRCHENSCHLOSS mit Zentralheizung: Neuschwanstein, 1869 von König Ludwig II. in Auftrag gegeben, wirkt wie eine alte Ritterburg, doch das Gebäude wird nach dem neuesten Stand der Technik errichtet – eine Verbindung von Gestern und Heute, die beispielhaft ist für Bayerns Geschichte der vergangenen zwei Jahrhunderte

Mit der KRAFT der *TRADITION*

Im 19. Jahrhundert wandelt sich das rückständige Bayern, seit dem Mittelalter von einem uralten Adelsgeschlecht beherrscht, durch tief greifende Reformen und eine weitsichtige Wirtschaftspolitik in einen blühenden Staat, in dem Zukunft und Vergangenheit auf einzigartige Weise zueinanderfinden: Auf dem Weg in die Moderne inszeniert sich das Land als Hort der Tradition – und gewinnt so eine ganz besondere Aura

BILDTEXTE: *Jens-Rainer Berg, Insa Bethke und Andreas Sedlmair*

Auf dem Weg zu einer neuen NATION

Die öffentliche Begeisterung für Trachten ist jung: Erst im 19. Jahrhundert wird das Tragen ländlicher Kleidung zu einem wesentlichen Element der bayerischen Identität. Manche Monarchen fördern diese Entwicklung, denn durch die gemeinschaftliche Rückbesinnung auf das Brauchtum wollen sie die verschiedenen Teile ihres Reichs vereinen

IMMER MEHR BAYERN schließen sich in Trachtenvereinen zusammen, um die althergebrachten Traditionen zu bewahren. 1903 feiern junge Männer und Frauen im oberbayerischen Oberammergau das zehnjährige Bestehen ihrer Organisation

Das alte und das neue BAYERN

Zu Beginn des 19. Jahrhunderts, in einer Zeit großer politischer und territorialer Umwälzungen, verändert sich auch Bayern: Zu den angestammten Gebieten Oberbayern, Niederbayern und Oberpfalz kommt nun im Westen ein Teil Schwabens hinzu – und im Norden Franken mit mehreren ehrwürdigen deutschen Städten

IN NÜRNBERGS Altstadt überragen der Wasserturm (oben links) und der kleinere Henkerturm die Pegnitz. Die stolze fränkische Handelsmetropole, einst die drittgrößte Stadt im Heiligen Römischen Reich deutscher Nation mit Beziehungen weit über Europa hinaus, fällt 1806 an das neu entstandene Königreich Bayern.

IN EINER NÜRNBERGER FABRIKHALLE fertigen Arbeiter 1910 gewaltige Spulen für elektrische Motoren und Generatoren. Die Elektroindustrie und der Maschinenbau sind Bayerns aufstrebende Branchen. Allein Nürnberg zieht so viele Arbeitskräfte an, dass um 1900 nur noch jeder neunte Bürger der Stadt auch hier geboren ist.

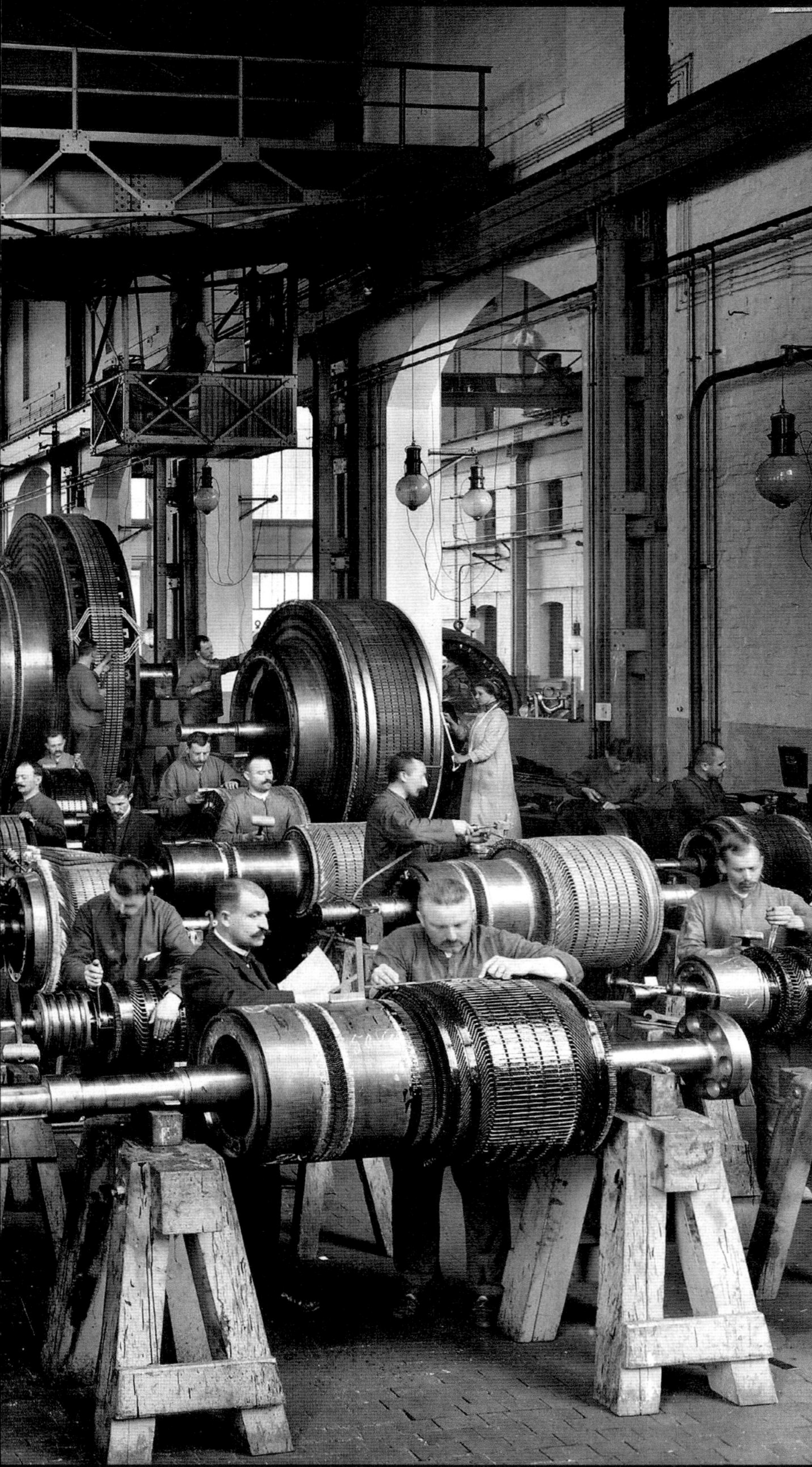

Maschinen des FORTSCHRITTS

Bayern ist lange Zeit fast ausschließlich von der Landwirtschaft geprägt – und eher arm an Bodenschätzen wie Kohle und Eisenerz. Daher setzen Unternehmer schon früh auf innovative Produkte, bauen hier 1835 die erste dampfgetriebene Eisenbahn Deutschlands und gründen hochmoderne Fabriken

FJORDARTIG TUT SICH DER KÖNIGSSEE in den Berchtesgadener Alpen auf. Die auf einer Halbinsel liegende Wallfahrtskirche St. Bartholomä ist vom nahen Schönau nur per Boot erreichbar oder zu Fuß auf verschlungenen Wegen – wie viele Orte in dem Gebiet, das erst 1909 Anschluss an das Eisenbahnnetz findet

Trugbild der IDYLLE

Im Süden Bayerns fügen sich die Gipfel der Alpen mit Seen und Tälern zu imposanten Panoramen. Das Leben in dieser traumschönen Welt aber ist karg, zehrende Arbeit und Armut prägen den Alltag der Bergbauern. Und so verlassen immer mehr Familien ihre Heimat und folgen der Industrialisierung in die Städte

Ein Ort der FREIHEIT

Um 1900 läuft München der Reichshauptstadt Berlin den Rang als leuchtendes Zentrum Deutschlands ab: Liberal, freundlich und kunstsinnig ist die prachtvoll ausgebaute bayerische Kapitale mit ihren Museen, Galerien, Künstlerkneipen und Ateliers. Eine Stadt, in der Maler und Literaten zur Höchstform finden – und gänzlich neue Wege beschreiten

GÜNSTIGE MIETEN locken um die Jahrhundertwende Studenten und Künstler nach Schwabing in den Norden Münchens: Binnen weniger Jahre entwickelt sich das einstige Bauerndorf zum Boheme-Viertel mit zahlreichen Ateliers und Geschäften, dessen Bewohner in Lokalen wie der Kabarettkneipe »Simplicissimus« (oben) radikale Ideen diskutieren

ABGESANG auf die Monarchie

Die Wittelsbacher gebieten seit 1180 über Bayern, ab 1806 regieren sie gar als Monarchen. Doch das Königreich Bayern existiert nur 112 Jahre lang. Wie vielerorts im Deutschen Reich erhebt sich im November 1918 auch in München das Volk gegen seinen Herrscher, und so verwandelt eine friedliche Revolution Bayern in einen »Volks- und Freistaat«

EIN LETZTES MAL feiern die Bayern einen neuen König: 1913 besteigt Ludwig III. den Thron der Wittelsbacher. Der Jubel der Münchner auf dem Marienplatz vor dem Rathaus ist groß, doch nur fünf Jahre später muss der Monarch der Revolution weichen – und aus dem Königreich wird eine Republik.

ÜBERRAGT VOM MASSIV des Watzmann ist Berchtesgaden schon früh Ziel für die Sommerfrische der bayerischen Könige. 1888 erhält der Ort einen Bahnhof. Bald kommen jährlich Tausende Besucher. Ihnen präsentieren sich die Bewohner nun in Trachten, die sie zwar im Alltag kaum noch tragen – die ihre Gäste aber erwarten. ^

Ein LAND als Postkarte

Mit der Zeit verfestigt sich das Bild des typisch Bayerischen: Kirche, Wirtshaus, Bauernhöfe, von Bergen umringt, bevölkert von kauzigen, aber herzlichen Menschen, die alte Traditionen pflegen. Das Bild ist großteils ein Klischee, verbreitet auch, um Reisende anzulocken. Doch es wird nach und nach zu einem Teil der bayerischen Identität

EIN KÖNIGREICH ENTSTEHT

Seit 1180 gebieten die Wittelsbacher über Bayern, ein Herzogtum zwischen Mainquellen und Alpenrand. 1623 wird es zum Kurfürstentum erhoben, darf sein Herrscher den römisch-deutschen Kaiser mit wählen. Als dessen Reich in den Napoleonischen Kriegen um 1800 ins Taumeln gerät, nutzen Kurfürst Maximilian Joseph und sein Minister Maximilian von Montgelas die Chance, Bayern in die Souveränität zu führen

DIE PRACHT von Schloss Nymphenburg bei München täuscht: Jenseits der kurfürstlichen Residenzstadt ist Bayern eher ärmlich

TEXT: *Ralf Berhorst*

München, 2. Februar 1817. Der Minister des Äußeren, des Inneren und der Finanzen liegt mit einer Grippe im Bett und erwartet hohen Besuch. König Maximilian I. Joseph von Bayern hat sich angekündigt, um persönlich nach dem Befinden seines ranghöchsten Beamten und langjährigen Weggefährten zu sehen.

Doch statt des Monarchen erscheint kurz nach elf Uhr ein Bote an der Pforte des Palais am Münchner Promenadeplatz, mit einem Brief.

„Mein lieber Staatsminister Graf von Montgelas!“, beginnt das Schreiben. „Ich habe die Überzeugung erhalten, dass eine dauerhafte Wiederherstellung Ihrer Gesundheit Ruhe und eine gänzliche Entfernung von anstrengenden Geschäften erfordert. Ich habe deshalb beschlossen, die Ihnen anvertrauten drei Ministerien drei anderen Individuen aus Meinen ersten Staatsbeamten provisorisch zu übertragen. Ihren Austritt aus Meinem aktiven ordentlichen Dienst werde ich als von Ihnen selbst dringend von Mir gefordert bekannt machen lassen.“ Unterzeichnet: Maximilian Joseph, König von Bayern.

Nach 21 Jahren an der Seite des Wittelsbachers ist Maximilian Joseph Graf von Montgelas entlassen. Einfach so. Ohne Staatsakt. Ohne Fanfaren. Ohne Würde. Er hat noch nicht einmal die Gelegenheit zu einem Gespräch bekommen.

Zwar versichert der König dem Entlassenen seine weiter währende Sympathie, fordert ihn aber trotzdem auf, die Amtspapiere „unmittelbar und versiegelt“ an die Residenz zu übersenden.

Montgelas ist fassungslos. Sofort setzt er eine Antwort auf, schreibt von Enttäuschung und Bestürzung, bittet den Monarchen um eine Unterredung. Doch als der Brief fertiggestellt ist, schickt er ihn nicht ab. Vielleicht aus Resignation.

Vielleicht aber auch, weil sich an diesem Tag eine Demütigung aus früheren Zeiten wiederholt, eine Schmach, die der nun 57-Jährige nie ganz verwunden hat: der Sturz aus herrscherlicher Gunst. Zumal Montgelas sicherlich ahnt, dass er das Opfer einer Intrige geworden ist – einer Verschwörung, an der höchste Kreise bei Hofe und im Militär beteiligt sind. Menschen, denen der dreifache Minister zu mächtig geworden ist.

An diesem 2. Februar 1817 endet eine Ära. An der Seite seines Fürsten hat Montgelas Bayern verwandelt, hat aus einem zersplitterten Kurfürstentum ein Königreich geschmiedet und seinem Monarchen in einer von Kriegen und Verwüstungen geprägten Epoche zu einem ungeheuren Gewinn an Einwohnern, Territorium und Stabilität verholfen.

Kurz: Montgelas hat den Grundstein des modernen Staates Bayern gelegt.

Eines Staates, dessen Wurzeln bis in die Zeit der Völkerwanderung zurückreichen: Bereits um 550 n. Chr. erwähnt ein Chronist die germanische Völkerschaft der „Baiuvarii“, die zwischen Donau und Alpenrand siedelt. Um 800 unterwirft Karl der Große das Volk, später wird es Teil des römisch-deutschen Reichs. Und 1180 übergibt Kaiser Barbarossa die Regierung über Bayern den Wittelsbachern, einer Adelsdynastie.

°

DIE HERRSCHAFT der Wittelsbacher besteht noch immer, als Maximilian Jo-

seph am 20. Februar 1799 als neues Oberhaupt des Kurfürstentums Pfalz-Bayern in München einzieht. Sein Staat hat 1,9 Millionen Einwohner und erstreckt sich über das Gebiet zwischen Mainquellen und Alpenrand sowie diverse Ländereien am Rhein. Dazwischen liegen als Einsprengsel Dutzende eigenständige Fürstentümer geistlicher Herren sowie Städte wie Nürnberg oder Augsburg, die sich selbst regieren.

Auch außenpolitisch ist die Lage unübersichtlich, Europa ist in Aufruhr: Seit 1798 herrscht wieder einmal Krieg zwischen dem revolutionären Frankreich und den Verbündeten Großbritannien und Russland. Dieser Koalition hat sich Ende 1798 Österreich angeschlossen.

MAXIMILIAN VON MONTGELAS
Der Minister für Äußeres, Inneres und Finanzen kontrolliert über Jahre die Geschicke Bayerns

Maximilians Vorgänger hat die bayerische Armee kurz vor seinem Tod unter das Kommando des österreichischen Herrschers gestellt, an dessen Seite Bayern schon zuvor gegen Frankreich gekämpft hatte. Mehr als 100 000 österreichische Soldaten stehen nun in Bayern, offiziell zum Schutz des Landes, das selbst nur über 15 000 Kämpfer verfügt. Dort fürchtet man nun, dass sich Wien den kleinen Nachbarn einverleibt – die Absicht hat es immer wieder deutlich gemacht.

Mit Maximilian Joseph verbinden viele Menschen die Hoffnung, der österreichischen Dominanz zu entgehen. Auch der Kurfürst will ein eigenständiges Bayern bewahren – und vertraut dabei auf Montgelas.

WENIGER ALS 50 000 Einwohner zählt München (hier von Osten) um 1800. Die meisten Untertanen der Wittelsbacher leben in Kleinstädten und Dörfern

Herrscher und Berater sind ein höchst unterschiedliches Gespann: Der neue Kurfürst, 42 Jahre alt, jovial und leutselig, hat als junger Mann lieber gefeiert, als sich auf eine Amtsführung vorzubereiten. Er liest kaum Bücher, hat von Staatsgeschäften wenig Ahnung.

Der drei Jahre jüngere Montgelas hingegen ist hochgebildet, scharfsinnig, brillant. Seine Familie stammt aus savoyischem Adel und ist 1745 nach Bayern gekommen. Das Französische wird ihm zeitlebens leichter fallen als die deutsche Sprache. Mit elf begann er sein Jurastudium, mit 18 trat er in den Dienst des Kurfürsten in München ein. „Hell von Verstande, sprühende Augen, eine lange hervorstehende krumme Nase, ein großer etwas spöttischer Mund gaben ihm ein mephistophelisches Aussehen", wird ein Beobachter ihn später beschreiben.

Montgelas macht Karriere. Doch als 1787 bekannt wird, dass er – wie andere Intellektuelle – Mitglied im aufklärerischen Geheimbund der Illuminaten ist, der auf eine Art Diktatur des Geistes zielt, fällt er bei Hof in Ungnade (auch weil er sich weigert, andere Mitglieder des Bundes zu verraten).

Montgelas zieht in das Herzogtum Pfalz-Zweibrücken. Der Wiederaufstieg ist mühsam, aber er gelingt. Er kann das Vertrauen von Maximilian Joseph gewinnen, dem dortigen Herzog aus dem Haus Wittelsbach, wird 1796 dessen Berater und erlebt, wie sein Dienstherr drei Jahre später die bayerischen Lande erbt.

Es muss ein Triumph für Montgelas sein, im Februar 1799 an der Seite des neuen Kurfürsten nach München zurückzukehren – zumal er längst ehrgeizige Pläne für Bayern hegt. Er hat eine umfangreiche Denkschrift für Maximilian Joseph ausgearbeitet, wie das Land zu reformieren sei. Montgelas will das Kurfürstentum vor einem ähnlichen Schicksal wie Frankreichs Monarchie bewahren und stößt damit bei seinem Herrscher, der für Neuerungen aufgeschlossen ist, auch auf Gehör.

Der Berater weiß seinen Herrscher geschickt zu lenken: Maximilian folgt oft dessen Vorschlägen und Entwürfen. Und stets wird Montgelas dem Fürsten das Gefühl vermitteln, die jeweilige Entscheidung selbst getroffen zu haben.

Das Pariser Beispiel jedoch steht beiden sehr klar und drohend vor Augen: Dort hat die Revolution zehn Jahre zuvor den König hinweggefegt.

Und auch in Bayern tun Reformen not. Kurfürst Maximilian hat ein weitgehend rückständiges Land übernommen, geprägt von Ackerbau und Viehzucht. Es gibt zwar einige Manufakturen, die Textilien, Seide, Glas oder Keramik produzieren. Hauptausfuhrgüter aber sind Salz, Getreide und Schweine. Die meisten Menschen leben in Kleinstädten oder Dörfern. Selbst die Residenzstadt München mit ihrer prächtigen Frauenkirche und dem Englischen Garten zählt nicht einmal 50 000 Einwohner.

MAXIMILIAN I. JOSEPH
1806 erhebt sich der Wittelsbacher zum König Bayerns – und begründet eine Monarchie, die 112 Jahre währen wird

Die Hälfte der Bevölkerung kann weder lesen noch schreiben. Das Land besitzt nur eine Universität, in Ingolstadt. Das geistige Klima ist reaktionär: Die Werke des Königsberger Philosophen Immanuel Kant etwa sind verboten.

Zudem ist das Kurfürstentum mit fast 30 Millionen Gulden verschuldet. Jahr um Jahr übersteigen die Ausgaben die Einnahmen. Seine Beamten gelten als unfähig und korrupt. 1796 meldet ein französischer Beobachter nach Paris, Bayerns Regierung sei „allgemein als die schlechteste aller schlechten Regierungen Europas anerkannt".

Doch mit Maximilian und Montgelas zieht ein neuer Geist in München ein. Der Kurfürst trägt oft Zivil statt Uniform. Er liebt es, nach Audienzen in der Stadt oder im Englischen Garten spazieren zu gehen, sich in die Gespräche der Menschen einzumischen. Er hebt das alte Hofzeremoniell weitgehend auf, duldet an seiner Tafel auch Nicht-Adelige und schafft die Bedienung durch Kammerherren und Edelknaben ab.

Montgelas, zum Außenminister mit weitreichenden Befugnissen ernannt, organisiert zunächst die chaotischen Regierungsgeschäfte neu. Er schafft einen Staatsrat, in dem die Minister mit ihren hohen Beamten zu Besprechungen zusammenkommen. In einem kleineren Regierungszirkel trifft Maximilian dann die Entscheidungen.

Gesetz um Gesetz legt Montgelas dem Kurfürsten vor: Noch 1799 führt die Regierung eine weitgehende Pressefreiheit ein und ersetzt die alte Zensurbehörde durch ein liberaleres Gremium (und schafft auch das 1803 ab).

Und um die Wirtschaft zu beleben, werden alle Maut- und Zollämter zwischen den einzelnen Provinzen Bayerns aufgelöst, die Abgaben sind künftig nur noch an den Außengrenzen zu zahlen.

°

WÄHREND MONTGELAS beginnt, sein Reformwerk umzusetzen, spitzt sich die internationale Lage zu: Am 12. März 1799 erklärt Frankreich dem Habsburger-Herrscher Franz II. den Krieg – und damit auch dem mit Wien verbündeten Bayern. Im Dezember 1800 besiegen französische Truppen die Alliierten in einer Schlacht östlich von München.

GEBURT EINES STAATES

Innerhalb von nicht einmal 20 Jahren schmiedet Maximilian von Montgelas aus den versprengten Territorien der Wittelsbacher ein mächtiges Reich

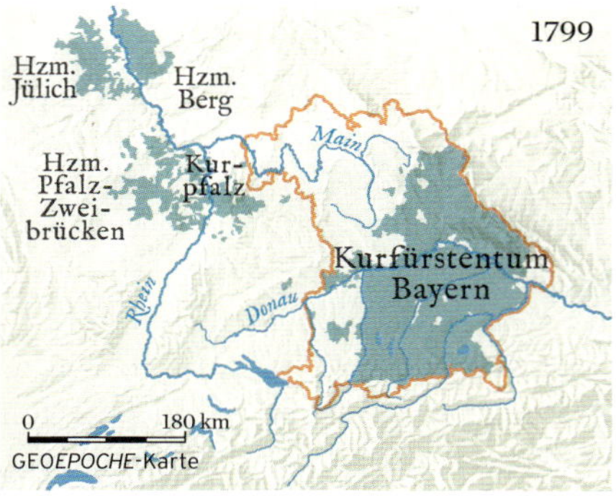

HERZOGTÜMER am Rhein sowie Regionen zwischen Mainquellen und Alpen gehören 1799 zum Kurfürstentum Bayern

NACH KRIEGEN gegen Frankreich verliert Bayern seine Gebiete links des Rheins, gewinnt aber andere hinzu

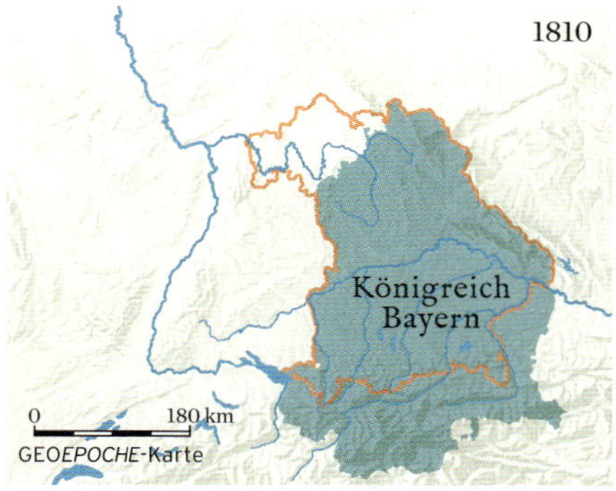

1810 SCHLIESSEN Paris und München einen Vertrag, in dem Bayern Teile des heutigen Österreich zugesprochen bekommt

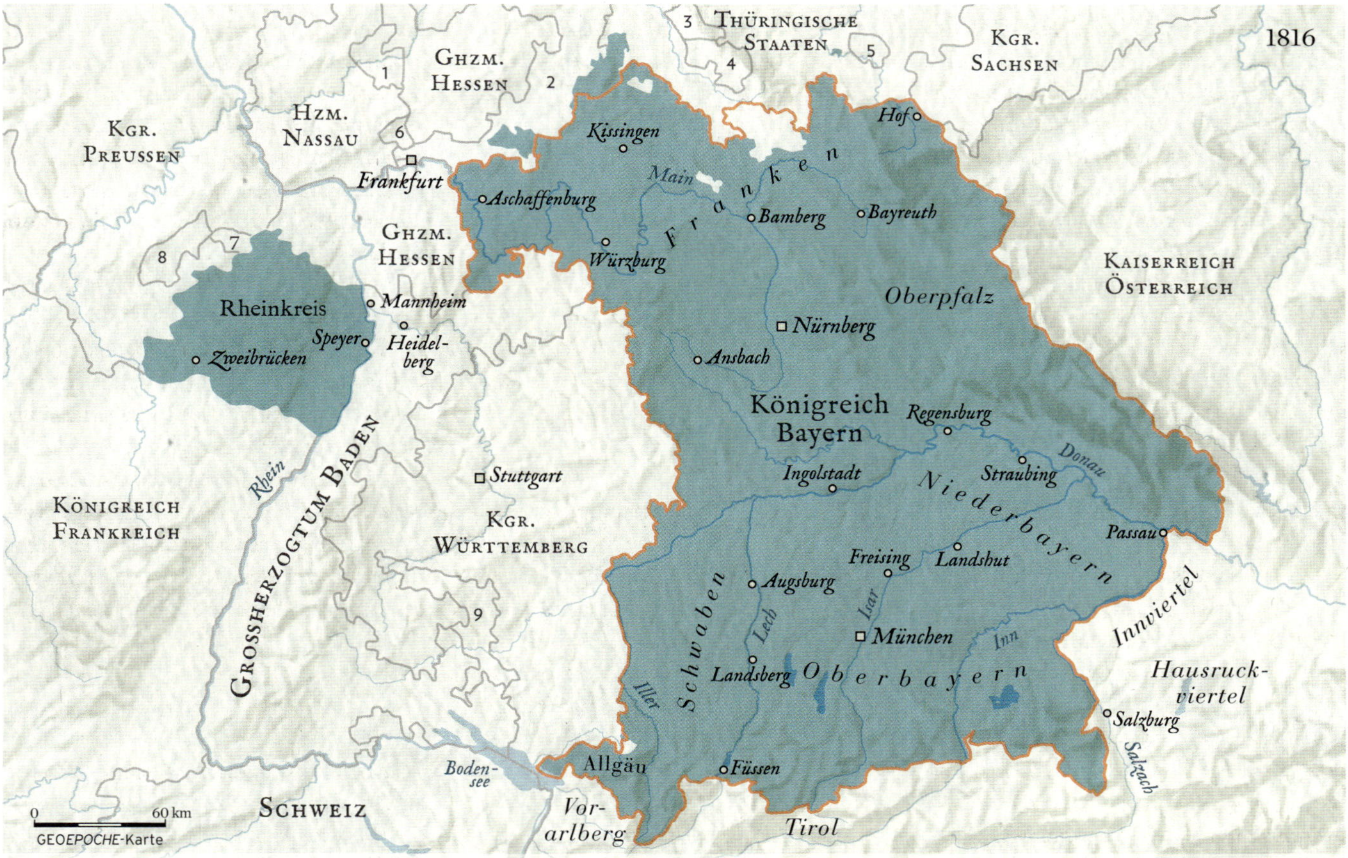

1, 4, 5 = zu Kgr. Preußen, 2 = Kurfürstentum Hessen, 3 = zu Kfsm. Hessen, 6, 7 = Landgrafschaft Hessen-Homburg, 8 = zu Oldenburg, 9 = Hohenzollern

heutige Grenze

AM ENDE der Napoleonischen Kriege steht Bayern dank Montgelas wieder aufseiten der Sieger, und so kann das Königreich von der Neuordnung Europas auf dem Wiener Kongress und durch dessen Folgeverträge profitieren. Zwar muss München seine früheren Gebietsgewinne im Süden wieder an seinen Verbündeten Österreich abtreten, doch dafür erhält es ein großes Areal am Rhein. Bayerns Grenzen von 1816 werden im Wesentlichen für mehr als 100 Jahre bestehen bleiben

NOCH EHE Bayern 1806 Königreich wird, gewinnt es viele Gebiete hinzu, etwa den Besitz des Hochstifts Freising mit dem Ort Partenkirchen (oben)

5000 bayerische Soldaten fallen oder werden verwundet. Zwei Monate später endet der Krieg.

Bayern kommt recht gut davon: Napoleon Bonaparte, der neue starke Mann in Paris, will das Kurfürstentum als Gegengewicht zu Österreich und Preußen stärken. Bayern muss zwar Gebiete links des Rheins an Paris abtreten, doch dafür entschädigt Napoleon den Wittelsbacher, indem er zersplitterte Kleinstaaten zusammenlegen lässt. So gewinnt Maximilian unter anderem Würzburg, Bamberg und Augsburg sowie 14 weitere Städte hinzu, auch Ländereien im heutigen Schwaben und Franken.

Die Zeit der Neuordnung Bayerns nutzt Montgelas nun aus. Um dem fast bankrotten Staat Geldquellen zu erschließen, enteignet er Klöster und Orden. Diese Säkularisierung entspricht dem Geist der Zeit – verbreiten die Orden doch nach Ansicht von Freidenkern wie Montgelas Aberglauben und fördern Unwissenheit.

Staatliche Kommissare beschlagnahmen in seinem Auftrag Klostergebäude, lösen Orden auf. Sie lassen die Mönche in Sammelklöster abtransportieren, wo die Geistlichen allmählich „aussterben" sollen, wie es heißt – neue Brüder dürfen die Klöster nicht aufnehmen.

Der Staat lässt Kirchensilber einschmelzen, Kunstwerke zu ihrem Materialwert verkaufen, Bücher und Handschriften in königliche Bibliotheken schaffen oder vernichten, damit sie nicht weiter den Aberglauben befördern. Die befürchteten Unruhen bleiben aus.

Mit den Einnahmen aus der Säkularisierung will der Minister unter anderem die Erziehung fördern: Montgelas setzt eine sechsjährige Schulpflicht für alle bayerischen Kinder durch.

Zudem stellt die Regierung Katholiken, Lutheraner und Calvinisten gleich. Ehen zwischen den Angehörigen verschiedener Konfessionen sind fortan erlaubt. Bei der Anstellung im Staatsdienst darf das Glaubensbekenntnis keine Rolle spielen. (Für Juden gilt das Edikt allerdings nicht.)

Darüber hinaus regelt Montgelas die Besoldung der Staatsdiener neu, um die Korruption einzudämmen. Beamte erhalten einen höheren Lohn und haben Anspruch auf eine Pension. Im Todesfall sorgt der Staat für die Hinterbliebenen. Seine Reform wird bald Vorbild für andere deutsche Staaten.

Macht und Ansehen des Ministers sind größer denn je. Doch nun muss er sein politisches Meisterstück abliefern: einen Überlebenspakt für Bayern.

Denn im November 1804 zeichnet sich ein weiterer Waffengang ab: Russland und Österreich verbünden sich erneut gegen Frankreich, das sich bereits mit England im Krieg befindet.

Napoleon, gerade zum Kaiser gekrönt, will Bayern als Aufmarschgebiet gegen Österreich nutzen. Zudem hegt er nun dynastische Ambitionen, will seine Herrschaft durch familiäre Bande mit Europas angesehenen Adelsfamilien absichern – auch mit den Wittelsbachern.

Sein Stiefsohn soll die älteste Tochter Maximilians heiraten. Im Gegenzug stellt er dem Kurfürsten Gebietsgewinne und die Königswürde in Aussicht. Doch Maximilian zögert (zumal in Wien Franz II. ebenfalls auf ein Bündnis drängt).

Montgelas hingegen setzt auf eine Allianz mit Napoleon, die Bayerns Existenz dauerhaft sichern könnte – und treibt ein Doppelspiel: Während er den Vertreter aus Wien hinhält, verhandelt er in München mit dem französischen Gesandten; Vertragsentwürfe gehen zwischen beiden Hauptstädten hin und her.

Ende August 1805 empfängt der Minister seinen Kurfürsten sowie den französischen Gesandten in seiner Bogenhausener Villa zu einer Unterredung. Unter Tränen willigt Maximilian endlich in die Pläne seines obersten Beraters ein.

Die Entscheidung hat schwerwiegende Konsequenzen. Denn das Kurfürstentum wendet sich damit gegen Franz II., den Habsburger-Kaiser des Heiligen Römischen Reichs deutscher Nation, zu dem es ja noch immer gehört – und verbündet sich mit dessen größtem Feind.

Am 6. September 1805 will Franz II. den Bayern mit einem Ultimatum zwingen, seine Truppen sofort der Koalition zu unterstellen, aber der gibt sich zögerlich. Zwei Tage später überschreiten österreichische Soldaten die Grenze, erreichen kurz darauf München. Doch Maximilian hat Stunden zuvor seine Kämpfer in die Oberpfalz verlegt, um einer Schlacht auszuweichen, und ist mit dem Hof nach Würzburg gezogen.

Und nun kommt ihm Napoleon zu Hilfe: In Eilmärschen stürmt seine Armee an die Donau und besiegt bis Dezember 1805 die Streitkräfte Russlands und Österreichs in mehreren Schlachten.

Das Vabanquespiel des Ministers ist aufgegangen. Bayern gehört zu den Siegern – und profitiert von seinem Seitenwechsel: 20 000 Quadratkilometer, darunter Vorarlberg und Tirol, fallen ihm als Beute zu. Und es wird Königreich.

°

DER SCHÖPFUNGSAKT der neuen Monarchie vollzieht sich am Neujahrstag 1806, still und schnörkellos, in der kurfürstlichen Residenz in München. Es ist zehn Uhr morgens, als Maximilian, umstanden von seinem Sohn, drei Ministern und den Chefs der vier höchsten Hofämter, verkündet, er habe sich entschlossen, den Titel eines Königs von Bayern anzunehmen. Die Ergänzung „Pfalz" wird aus allen amtlichen Bezeichnungen gestrichen. Der neue Landesname soll eine gemeinsame Identität für Bayern, Schwaben und Franken stiften, die nun alle Untertanen des Monarchen sind.

Bayerns Beamte weist der Hof an, künftig eine weiße und blaue Kokarde am Hut zu tragen, in den Farben der Wittelsbacher. Am 18. Januar wird ein neues Staatswappen mit weiß-blauen Rauten veröffentlicht. Es ist die Geburtsstunde der „bayerischen Nation", wie sie von nun an propagiert wird.

Napoleon wohnt der Selbstproklamation in der Residenz nicht bei, obwohl er in der Stadt weilt – es soll wohl so aussehen, als sei Maximilian I. Joseph, wie der Kurfürst sich nun als König nennt, ein Monarch aus eigener Machtvollkommenheit (und nicht von Gnaden des französischen Kaisers). Auch Montgelas fehlt; vielleicht, weil er sich um den hohen Staatsgast kümmern muss.

Napoleon lässt sich von den Münchnern feiern. Er empfängt Minister, Bischöfe und Honoratioren, zeigt sich an der Seite Maximilians bei Konzerten und Opernaufführungen. Ein Kapellmeister komponiert dem Kaiser zu Ehren ein Friedenslied, Zeitungen fordern die Errichtung eines gemeinsamen Denkmals für den Franzosen und Maximilian.

Am 13. Januar 1806 unterzeichnen Maximilians Tochter Auguste Amalie und Napoleons Stiefsohn Eugène de Beauharnais im Beisein von Montgelas

STEIL ERHEBEN SICH die Berge am Kochelsee im Voralpenland südlich von München. Bayern ist reich an Wasser und Holz, aber Bodenschätze sind rar

MONTGELAS modernisiert Bayerns Zentralbehörden. In der Münchner Residenz (oben) treffen sich oft die Minister zu Gesprächen, auch mit dem Kurfürsten

einen Ehevertrag. Die Trauung findet kurz darauf in der Hofkapelle der Residenz statt. Bayern ist jetzt endgültig ein Verbündeter des französischen Kaisers.

Und der zögert nicht, den Preis dafür einzufordern: Im Juli 1806 muss sich Maximilian auf Druck Napoleons dem „Rheinbund" anschließen, einer von Paris dominierten Konföderation deutscher Staaten, der auch Württemberg, Baden, Hessen-Darmstadt sowie zwölf weitere Herzog- oder Fürstentümer angehören.

Mit der Gründung des Rheinbundes und dem Austritt seiner Mitglieder aus dem Heiligen Römischen Reich deutscher Nation hat der uralte Staatenverbund keine Bedeutung mehr. Am 6. August 1806 folgt Franz II. einem Ultimatum Napoleons und legt die römisch-deutsche Kaiserwürde nieder.

844 Jahre nach der Krönung Ottos des Großen zum Kaiser geht das Heilige Römische Reich für immer unter.

Montgelas hält weiterhin enge Kontakte zu den Franzosen. Bei einer Unterredung in Mailand drängt Napoleon den Minister zu Reformen nach dem Vorbild Frankreichs: So soll Bayern Steuerprivilegien des Adels abschaffen und die Sonderrolle der Aristokraten auf Titel und Ehrenrechte beschränken. Das kommt Montgelas sehr gelegen.

Denn nach wie vor braucht Bayern vor allem: Geld. Inzwischen sind die Schulden, auch durch den jüngsten Krieg, auf 64 Millionen Gulden gestiegen. Die jährlichen Ausgaben des Staates liegen bei 35,7 Millionen, die Einnahmen nur bei 27 Millionen Gulden. Im Juni 1807 verfügt Maximilian, dass auch Adelige Abgaben auf Grundbesitz zahlen müssen. Zudem verlieren sie das Privileg, in ihren Territorien Recht zu sprechen – das ist nun Aufgabe des Staates.

Eine Verfassung, die Montgelas eilig niederschreibt, reformiert im Mai 1808 das gesamte bayerische Recht. Die Leibeigenschaft wird aufgehoben. Richter sind fortan nicht absetzbar – und damit unabhängig vom König. Auch der Monarch wird vor Gericht in Privatstreitigkeiten wie ein normaler Bürger behandelt – ein revolutionärer Schritt: Damit steht der König nicht mehr über dem Staat.

Auch eine gewählte Volksvertretung ist in der Konstitution vorgesehen, wird aber vorerst nicht ins Leben gerufen. (Die Verfassung ist bahnbrechend, wird aber wegen der unsicheren außenpolitischen Lage nicht voll umgesetzt. Das geschieht erst zehn Jahre später, in der Verfassung von 1818, die Bayern auch de facto zur konstitutionellen Monarchie machen wird. Sie schreibt unter anderem fest, dass sich die Herrscher Bayerns nicht krönen lassen, dafür aber bei ihrer Inthronisation einen Eid auf die Verfassung ablegen.)

Es gibt kaum einen Bereich, der dem Eifer des Reformers entgeht. Inzwischen traut ihm Maximilian so sehr, dass er ihn auch zum Chef der Finanzen und des Innenressorts ernannt hat. So ist Montgelas nahezu allmächtig: Bereits 1807 hat er die Wege- und Brückengelder in den neuen Ländereien des Königreichs abgeschafft. Zwei Jahre später werden Münzen, Maße und Gewichte vereinheitlicht.

Aber ausgerechnet Napoleon, Bayerns vermeintlicher Förderer, behindert den Aufschwung. Seit 1810 versucht der Franzose, England durch einen Wirtschaftskrieg in die Knie zu zwingen. Auch Bayern darf wie alle anderen Rheinbundstaaten keine englischen Güter mehr einführen, und so steigen auf dem Kontinent die Preise für Baumwolle, Zucker und Kaffee.

Im März 1811 fordert der Kaiser einen weiteren Preis für seine Verbindung mit Bayern: Maximilian soll ihm Truppen gegen Russland zur Verfügung stellen. Zwar halten sowohl Montgelas als auch sein König den Krieg für einen schweren Fehler. Dennoch können sie sich nicht entziehen, als im Januar 1812 aus Paris der Befehl kommt, 30 000 Mann für das gemeinsame Heer aufzubieten.

LUDWIG Der Sohn Maximilians I. ist ein erbitterter Gegner des Grafen Montgelas. 1817 kann er die Entlassung des Ministers erzwingen

Der Krieg endet in einer Katastrophe: Von den mehr als 400 000 Männern kehren nur wenige zurück – darunter kaum 2000 bayerische Soldaten.

Montgelas ahnt wohl, dass Napoleon dieses Desaster politisch nicht überstehen wird: Der Nimbus des militärischen Genies ist dahin, und solche gewaltigen Verluste können Frankreich und seine Verbündeten nicht ausgleichen.

Offenbar ist es Zeit für einen erneuten Seitenwechsel – zumal nun Wien droht, in das geschwächte Bayern einzumarschieren. Und so wiederholt sich am 7. Oktober 1813 in der Bogenhausener Villa des Ministers jene Szene, die sich so ähnlich schon acht Jahre zuvor am gleichen Ort zugetragen hat: Maximilian willigt ein, einen Bündnisvertrag zu unterzeichnen – diesmal mit Österreich.

Bayern verpflichtet sich in dem Abkommen, aus dem Rheinbund auszuscheiden und eine Armee gegen Napoleon aufzustellen. Es muss Gebiete an Österreich abtreten, wird aber entschädigt.

Das Gespür des Ministers für die sich verschiebenden Machtverhältnisse in Europa war richtig: Napoleon unterliegt am 19. Oktober 1813 in der Völkerschlacht bei Leipzig den vereinigten Truppen Russlands, Preußens, Schwedens und Österreichs. Bayern, der neue Verbündete Wiens, greift die napoleonische Armee auf ihrem Rückzug an. Sechs Monate später dankt der französische

STAMMBAUM DER BAYERISCHEN KÖNIGE

Alle bayerischen Monarchen stammen vom Wittelsbacher Maximilian I. Joseph ab, dem ersten König des Landes

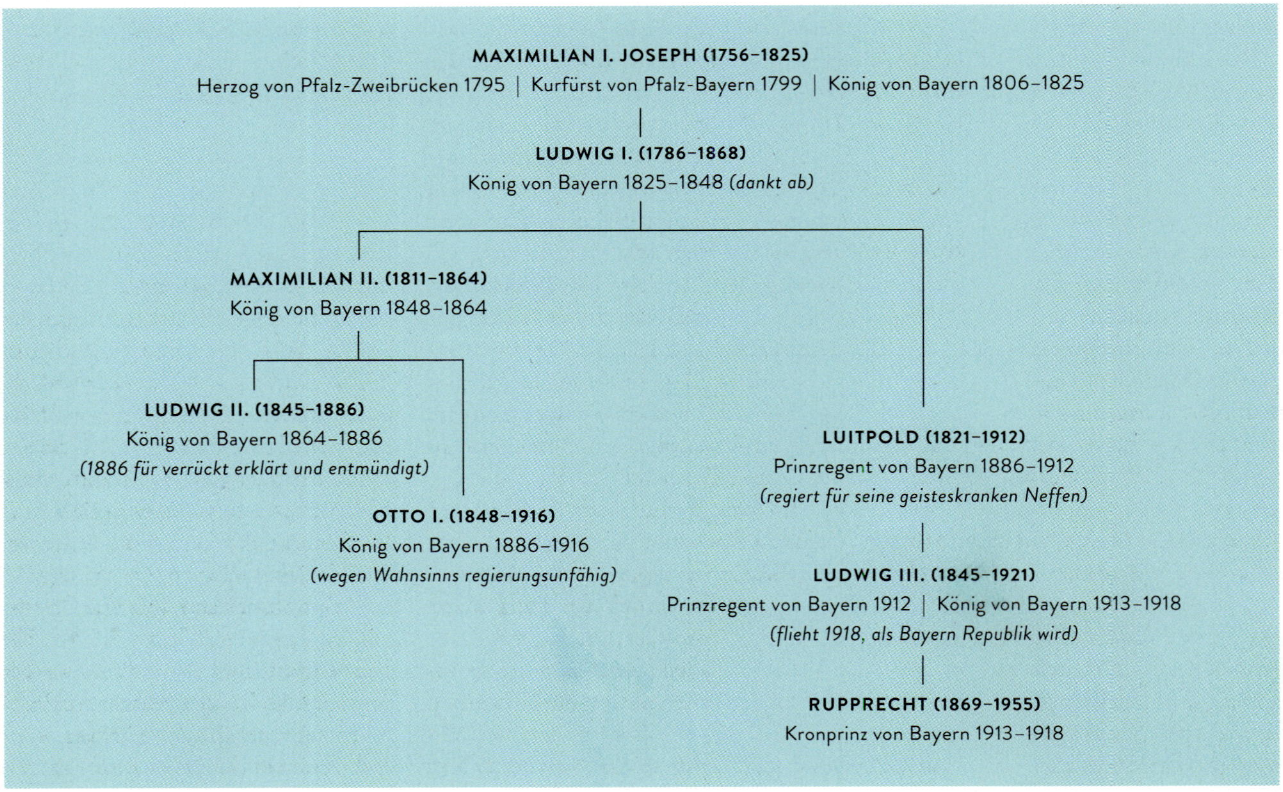

ALS DER KURFÜRST von Pfalz-Bayern 1799 ohne legitimen Erben stirbt, folgt ihm der Herzog von Pfalz-Zweibrücken, ein Verwandter aus einer Nebenlinie der Wittelsbacher, ins Amt. 1806 erklärt der sich als Maximilian I. Joseph zum König von Bayern. Sein Sohn Ludwig I. und alle weiteren bayerischen Herrscher bis 1918 stammen von ihm ab (der Stammbaum zeigt nur die Könige, Kronprinzen und Prinzregenten Bayerns; alle anderen Nachkommen und die Ehefrauen sind ausgelassen)

Kaiser ab (sein Stiefsohn Eugène, der Vize-König Italiens und Schwiegersohn des bayerischen Königs, rettet sich mit Auguste Amalie nach München).

Wieder steht Bayern auf der Seite der Sieger: Auf dem Wiener Kongress verhandeln ab September 1814 Europas Mächte über die Aufteilung des Kontinents nach dem Ende der Napoleonischen Kriege. Zwar muss das junge Königreich Tirol, Salzburg sowie das Inn- und Hausruckviertel an Österreich abtreten, erhält aber von Frankreich Gebiete in der Pfalz links des Rheins. Insgesamt hat Maximilian sein Herrschaftsgebiet während der Napoleonischen Kriege um ein Viertel vergrößert.

Montgelas hat Bayern geschickt durch alle Stürme manövriert und aus dem zergliederten Kurfürstentum ein vereintes Königreich mit einem modernen Regierungsapparat geformt.

Dennoch schwindet sein Ansehen. Ausgerechnet dem großen Schicksalskongress von Wien ist Bayerns Chefdiplomat ferngeblieben. Obwohl Maximilian ihn mehrmals gedrängt hat, in die österreichische Hauptstadt zu reisen, ließ sich Montgelas dort vertreten. Er fürchtete wohl, durch den doppelten Seitenwechsel seine Glaubwürdigkeit bei den übrigen Diplomaten Europas verspielt zu haben. Auch rechnete er anscheinend mit einem für Bayern ungünstigen Ergebnis der Verhandlungen und wollte dafür nicht die Verantwortung übernehmen.

Es ist der erste einer Reihe von Fehlern, die seine Gegner nun ausnutzen, darunter Kronprinz Ludwig. Der Sohn des Königs hat Bayerns Allianz mit Frankreich stets abgelehnt. Immer wieder hat er versucht, seinen Vater dazu zu bewegen, sich von Montgelas zu trennen, vergebens. Maximilian schimpfte zwar oft auf seinen Weggefährten – hielt aber dann stets an dem Machtstrategen fest.

Doch der Druck auf Montgelas wächst. 1816 reagiert er nur zögerlich, als Dauerregen große Teile der Ernte auf den Feldern zerstört. Er unterlässt es, rechtzeitig Korn im Ausland anzukaufen, um die Versorgung sicherzustellen. Die Getreidepreise steigen, die Menschen hungern. Zudem bringt er die Armeeführung gegen sich auf, als er eine geforderte Erhöhung des Wehretats verweigert.

Ende 1816 verbreitet sich in München unter Diplomaten das Gerücht, die Stellung des Ministers sei gefährdet. Doch dass Maximilian seinen treuen Wegbegleiter tatsächlich entlassen wird, kann sich niemand vorstellen. Gerade hat der preußische Gesandte über ihn berichtet, „dass nur vor ihm die Bayern gleichsam auf den Knien liegen, viele ihn lieben, mehrere ihn hassen und alle ihn fürchten".

Doch die Front der Gegner steht längst. Als sich Montgelas wegen eines „Schleimfiebers" vorübergehend von den meisten Amtsgeschäften zurückziehen muss, schlagen die Widersacher zu: Am 2. Februar 1817 spricht einer von ihnen beim König vor und beklagt sich über die Verfehlungen des Ministers.

Er bringt zudem einen Brief des Kronprinzen Ludwig an seinen Vater mit: Demnach habe Montgelas im In- und Ausland sämtliches Vertrauen eingebüßt. Darüber hinaus sei er der Kopf einer „illuminatischen Verschwörung".

Ein absurder Vorwurf – der Geheimbund existiert schon lange nicht mehr. Dennoch holt den Minister die alte Geschichte, die ihn schon einmal in Ungnade hat fallen lassen, nun wieder ein.

Und Maximilian lässt sich überzeugen. Mit zitternder Hand setzt er seine Unterschrift unter das Entlassungsschreiben. Ein Bote liefert das Dokument aus. Montgelas ist nicht mehr länger Teil der Regierung.

Er erträgt die Degradierung mit Würde, kann seine Erschütterung aber nur schlecht verbergen. Es sei „der tiefe Eindruck des Unerwarteten dieses Schlages auf seinem Gesicht unverkennbar", notiert ein Gesandter.

Zwar bereut der König seinen Schritt schon wenige Tage später – rückgängig aber macht er ihn nicht. Dafür empfängt er den Entlassenen herzlich an seiner Tafel und beruft ihn 1818 in die neu geschaffene Kammer der Reichsräte, einer Art Oberhaus des neuen Parlaments: im Vergleich zu dessen früherer Verantwortung nicht mehr als ein Ehrenamt.

Montgelas wendet sich mehr seiner Familie zu. Seine junge Frau kann sich nicht mit seinem Abstieg abfinden. Als sie die Anführer der Intrige bei einem Diner öffentlich als „Spitzbuben" bezeichnet und den König mit Briefen bedrängt, darf sie nicht mehr bei Hofe erscheinen. Montgelas stellt sich hinter sie. Drei Jahre später stirbt sie an Tuberkulose, fortan kümmert er sich um die acht gemeinsamen Kinder.

Einen Posten als Botschafter in Paris lehnt er ab. Offenbar ist ihm der Staatsdienst nicht mehr wichtig. Bereits 1817 hat er eine Rechtfertigungsschrift in eigener Sache verfasst und an Maximilian geschickt. Es ist eine Leistungsbilanz.

°

UND DIE KANN SICH sehen lassen: Montgelas war ein geschickter außenpolitischer Lotse in bewegten Zeiten – und hat im Innern ein leistungsfähiges Beamtenheer geschaffen, den Staatsdienst für Nicht-Adelige geöffnet und die Richterschaft aus der Abhängigkeit vom Monarchen befreit. Er hat das Land freier und toleranter gemacht, Katholiken wie Protestanten gleiche Rechte zugebilligt, mittelalterliche Privilegien der Aristokratie beendet, das Schulwesen erneuert.

Bahnbrechend war die Trennung von Dynastie und Staat, die den König vom Eigentümer des Landes zu dessen oberstem Sachwalter macht. An der Seite eines reformwilligen Fürsten ist dem Aufklärer ein Kunststück gelungen: eine stille und unblutige Revolution.

Als Bayern 1824 den 25. Jahrestag von Maximilians Regierungsantritt feiert, ist es einer der liberalsten Staaten Europas. München erstrahlt in Illuminationen, für den Monarchen werden zahlreiche Denkmäler errichtet – nur an Montgelas erinnert niemand.

Gut anderthalb Jahre später stirbt König Maximilian I. Joseph im Schlaf.

Sein Weggefährte, der eigentliche Architekt des neuen Bayern, überlebt den ersten Wittelsbacher auf dem Königsthron um 13 Jahre und stirbt 1838 mit fast 79 Jahren in München an Asthma.

Sein Erzfeind aus den traumatischen Tagen des Sturzes, der Kronprinz, der nun als Ludwig I. regiert, untersagt selbst jetzt eine Ehrung des Verstorbenen.

Doch die Reformen des heimlichen Revolutionärs macht auch er nicht mehr rückgängig – denn sie sind ja längst das Fundament des Staates. ◊

LITERATURTIPPS

EBERHARD WEIS
»Montgelas 1759–1838. Eine Biografie«
Solides Standardwerk, erfordert Durchhaltevermögen (C. H. Beck).

WILHELM VOLKERT
»Geschichte Bayerns«
Konzise Einführung ins Thema (C. H. Beck).

IN KÜRZE

Das Kurfürstentum Pfalz-Bayern ist Ende des 18. Jahrhunderts ein rückständiges, zersplittertes Territorium. Mit dem Regierungsantritt Maximilian Josephs aus dem Hause der Wittelsbacher beginnt eine Ära der Reformen, die Bayern in einen modernen Staat verwandelt. Die treibende Kraft ist dabei der Staatsminister Maximilian von Montgelas. Durch geschicktes außenpolitisches Taktieren kann der Adelige das bayerische Staatsgebiet vergrößern und die Erhebung Maximilian Josephs zum König bewirken. Doch 1817 stürzt eine Gruppe von Gegnern um Kronprinz Ludwig den Minister.

DER ADLER

Im Tempo des *FORTSCHRITTS*

Wer um 1830 in Bayern verreisen will, ist auf Postkutschen und Pferdewagen angewiesen. Doch 1835 hält der technische Fortschritt Einzug ins Königreich: Der »Adler«, eine in England gebaute Lokomotive, zieht einen Zug von Nürnberg nach Fürth. Es ist die erste deutsche Eisenbahnfahrt unter Dampf – und der Beginn einer neuen Ära

IM FÜHRERSTAND steuert der Schotte William Wilson (mit Zylinder) den »Adler« von Nürnberg nach Fürth: In Deutschland gibt es noch keine Lokomotivführer

TEXT: *Jürgen Bischoff und Anja Fries*

Jung ist das Königreich Bayern. Und doch bahnt sich in Nürnberg 1835 eine Revolution an, die den Staat, ja ganz Deutschland tief greifend verändern wird.

Seit der Proklamation des Kurfürsten Maximilian Joseph zu Bayerns erstem König hat sich das Land ohnehin schon drastisch gewandelt. Es hat Gebiete verloren und hinzugewonnen, hat sich eine Verfassung und eine einheitliche Steuergesetzgebung gegeben.

Auf dem Papier ist Bayern geeint. Doch wirtschaftlich zerfällt der Flächenstaat noch immer in die alten Regionen. Es fehlt an der nötigen Infrastruktur, die Franken, Bayerisch-Schwaben, die Oberpfalz sowie Ober- und Niederbayern miteinander verbindet. Die Straßen sind schlecht, und Pferdefuhrwerke reichen nicht mehr aus für die Bedürfnisse des wachsenden Handels. Visionäre Kaufleute träumen von modernen Verkehrsmitteln, wie sie in England bereits erfolgreich eingesetzt werden.

Im Dezember 1835 soll dieser Traum wahr werden: mit der Jungfernfahrt von Deutschlands erster dampfgetriebener Eisenbahn.

Der Start wird erfolgreich sein und das junge Königreich an die Spitze eines technischen, ökonomischen, sozialen und politischen Wandels setzen, dessen Geschwindigkeit und Ausmaße nie da gewesene Dimensionen erreichen. Die Eisenbahn wird die gesamte Wirtschaft auf neue Grundlagen stellen, zur Gründung unzähliger Fabriken führen und alten Schichten angestammte Privilegien rauben. Sie wird die Landschaft verändern, Berge und Täler überwinden. Wird Arbeitswelt und Nachrichtentechnik revolutionieren – und sogar die Zeitrechnung.

°

NÜRNBERGS TURMUHREN zeigen noch nicht sieben Uhr an diesem dunklen, kalten Montagmorgen 1835, und doch sind schon Tausende auf den Beinen. Familien mit Kindern, Bürger, Honoratioren. Aus vielen deutschen Staaten sind Zeitungskorrespondenten in die Stadt gereist, die erst seit 1806 zum Königreich Bayern gehört.

Alle wollen den *»ADLER«* sehen

Die Menschen strömen zu einem Platz vor der Stadtmauer, wo früher Marktschreier ihre Waren anpriesen. Gleich daneben liegt der neue Bahnhof, erbaut von der „Königlich privilegierten Ludwigs-Eisenbahn-Gesellschaft“, dem ersten deutschen Unternehmen, das es wagt, einen Zug auf die Reise zu schicken: eine dampfgetriebene Maschine und neun Passagierwagen auf den sechs Kilometer langen Schienenweg entlang der Chaussee von Nürnberg nach Fürth.

Es ist der 7. Dezember 1835. Um neun Uhr, eine Stunde nach Sonnenaufgang, soll der Zug, dessen Lokomotive man „Adler“ getauft hat, zu seiner neunminütigen Jungfernfahrt aufbrechen. Am Startplatz hat die Bahngesellschaft für Aktionäre und Gäste eine Tribüne aufbauen lassen, Fahnen flattern, eine Kapelle spielt auf.

Neugierig drängt sich die Menge um die Passagierwagen – Fahrgestelle mit eisernen Rädern, auf die Kutschabteile samt Fahrerböcken montiert sind: Denn die Eisenbahn soll nur zwei- bis dreimal täglich vom Dampfwagen ge-

zogen werden, sonst aber von Pferden. Zu teuer ist die Kohle, mit der die Lokomotive befeuert wird.

Der zischende „Adler" steht am Anfang des Schienenwegs. Die Lokomotive ist rund sechs Tonnen schwer, gebaut von der Firma Robert Stephenson & Co. in Newcastle upon Tyne, dem führenden britischen Dampfwagenhersteller.

Fast sieben Meter misst die Zugmaschine samt dem angehängten Tender, auf dem Kohle und Wasser mitgeführt werden. Sie steht auf sechs roten Eisenrädern, von denen die beiden mittleren deutlich größer sind: die Antriebsräder. Längs darüber liegt der grün gestrichene Dampfkessel, an seinem vorderen Ende ragt etwa zwei Meter hoch ein schwarzer Schornstein in den Himmel.

Die Dampfmaschine verleiht dem „Adler" die Zugkraft von 41 Pferdestärken und macht die Lokomotive damit zum größten, schwersten, stärksten und schnellsten Fahrzeug in Deutschland. Im Führerstand steht ein junger Mann an Hebeln und Ventilrädern. Er trägt Frack, Zylinder, weiße Handschuhe: William Wilson, 26, schottischer Maschineningenieur, ist von seiner Firma nach Nürnberg geschickt worden. Kurz vor neun Uhr erhöht Wilson den Druck im Kessel. Der „Adler" ist bereit zu seiner ersten Fahrt.

SECHS TONNEN schwer ist der »Adler«. Um eine Leistung von 41 PS zu erbringen, muss an die in England gebaute Lokomotive ein Tender mit Kohle und Wasser gekoppelt sein

Deutschland ist zu dieser Zeit noch ein rückständiges Agrarland, häufig geschüttelt von Missernten und Hungerkrisen. Die meisten Menschen leben auf dem Land, die Städte sind bis auf wenige Ausnahmen provinziell.

Ein großes Hindernis für die Entwicklung von Industrie und Handel ist die politische und wirtschaftliche Zerrissenheit. Der Deutsche Bund, 1815 auf dem Wiener Kongress gegründet, besteht aus fast 40 autonomen Fürsten-

MIT 40 KM/H bewegt sich der erste deutsche Zug durch die Landschaft zwischen Nürnberg und Fürth. Für die meisten der etwa 200 Passagiere eine völlig neue Erfahrung – noch nie haben sie ein solches Tempo erlebt

staaten und freien Städten – und alle prägen eigene Münzen, haben eigene Steuer- und Rechtsordnungen. Dazu gibt es etliche Maß- und Gewichtssysteme, selbst unterschiedliche Uhrzeiten: Schlägt es vom Rathausturm in Görlitz 12.00 Uhr, zeigen die Uhren in Berlin 11.53 Uhr und die in Bonn 11.28 Uhr.

Doch seit 1815 kämpfen viele Fabrikanten und Kaufleute für Handelsfreiheit. Einer ihrer Vordenker ist der Ökonom Friedrich List. „38 Zoll- und Mautlinien in Deutschland lähmen den Verkehr im Innern", zürnt er in einer Schrift 1819, „und bringen ungefähr dieselbe Wirkung hervor, wie wenn jedes Glied des menschlichen Körpers unterbunden wird, damit das Blut ja nicht in ein anderes überfließe."

Wie hinderlich Binnenzölle sind, haben die Bayern da längst erkannt. Montgelas, wichtigster Minister des ersten bayerischen Königs Maximilian I. Joseph, hat bereits 1807 die letzten Maut-, Zoll- und Brückengelder innerhalb der eigenen Grenzen abgeschafft, um damit den Handel zu stärken und das Königreich konkurrenzfähig zu halten im wachsenden internationalen Wettbewerb (siehe Seite 22).

Viele Reformer setzen auf die Eisenbahn, um Deutschland aus der Rückständigkeit zu führen – und blicken dabei bewundernd auf Großbritannien. Dort rollen schon seit einigen Jahren Lokomotiven.

Im Februar 1804 hat der Bergwerksingenieur und Maschinenbauer Richard Trevithick für den Besitzer einer Eisenhütte erstmals eine Dampfmaschine auf Schienen gesetzt – eine Lokomotive, die eine Ladung von zehn Tonnen befördern und so die bis dahin üblichen Transportpferde ersetzen sollte.

Trevithicks Lokomotive bewältigt zwar die Last, doch die gusseisernen Gleise waren zu spröde für das Gewicht von Lok und Ladung. Erst der Ingenieur John Blenkinsop konstruierte 1812 eine Bahn, die für den Transport schwerer Lasten geeignet ist.

Schnell zeigte sich, dass die neue Technik auch zur Beförderung von Menschen eingesetzt werden kann. 1830 ging die erste

Fernbahnlinie für Waren und Fahrgäste auf einer etwa 50 Kilometer langen Strecke zwischen dem Baumwollhafen Liverpool und der Textilstadt Manchester in Betrieb.

Gezogen wurden die Waggons von Lokomotiven aus den Werkstätten George Stephensons, der zuvor einen Wettbewerb um die beste Zugmaschine für die Liverpool-Manchester-Strecke gewonnen hatte. Schnell machten die rollenden Dampfmaschinen Stephensons Fabrik berühmt, auch auf dem Kontinent erhielt er nun Aufträge zur Planung einer Eisenbahn, etwa in Belgien.

I

In Deutschland dagegen sind Reisende und Händler noch lange Zeit auf Postkutschen und Pferdewagen angewiesen. Zwar versuchen Ingenieure der Königlichen Eisengießerei in Berlin bereits 1816, einen funktionsfähigen Dampfwagen zu bauen: Die Preußen haben zwei Beamte nach Großbritannien entsandt, um Eisenbahnen zu studieren. Doch ihre Lokomotive kommt über eine Testphase nicht hinaus.

Etwas früher ersinnt der bayerische Bergbaudirektor Joseph von Baader eine Pferdebahn auf Schienen. 1814 verblüfft er Zuschauer in München bei einer Vorführung damit, dass die Kraft eines kleinen Hundes ausreicht, um einen mit drei Menschen besetzten Modellwagen über ein Gleis zu bewegen – so gering ist der Reibungswiderstand von Metallrädern auf Metallschienen.

1826 baut er eine 250 Meter lange Versuchsstrecke im Maßstab 1:1 im Nymphenburger Schlosspark auf. König Ludwig I., seit einem Jahr auf dem bayerischen Thron, ist beeindruckt von der neuen Technik.

Doch Baaders „System der fortschaffenden Mechanik", wie er es selbst nennt, hat einen gewaltigen Nachteil: Es ist für den tatsächlichen Einsatz viel zu kompliziert. Die Schienen ruhen auf Stützen und Stelzen, die Wagen werden durch ein zusätzliches großes Rad an der Seite auf den Gleisen gehalten, an Steigungen sollen stationäre, mit Dampf betriebene Bergwinden die Waggons ziehen.

Baaders System, so wird es sich bald erweisen, ist ein Irrweg.

Die Eisenbahn selbst aber ist es nicht. Unter anderem mit ihrer Hilfe will Friedrich List, der frühliberale Ökonom, aus den deutschen Kleinstaaten einen einheitlichen Markt formen: Ein grenzüberschreitender Bahnverkehr könnte zur Aufhebung aller Binnenzölle führen.

1833 entwirft er ein Streckennetz, das zwischen dem bayerischen Lindau und der Hansemetropole Lübeck die wichtigsten Städte miteinander verbindet – mit Berlin und Leipzig als Knotenpunkten.

Und tatsächlich schließen sich 1834 18 Königreiche, Fürsten- und Herzogtümer mit insgesamt 23 Millionen Einwohnern zum Deutschen Zollverein zusammen, um die ärgsten Handelshemmnisse aus der Welt zu schaffen.

°

AUCH BAYERN GEHÖRT zu diesem Verbund. Vor allem die Händler in Nürnberg sind erfreut über die neuen Entwicklungen. Denn die Geschäfte laufen schlecht.

Der Fernhandel mit Kolonial-, Metall-, Holz- und Spielwaren, mit Tabak, Spiegeln und Kämmen, der die Stadt reich gemacht hat, ist rückläufig. Die Schutzzölle, mit denen die europäischen Regierungen ausländische Waren verteuern, sind hoch, der Warentransport kostet viel Geld.

Seit Jahren suchen die Kaufleute nach einem Ausweg aus der Krise. Nürnberg liegt auf halber Strecke zwischen Main und Donau – und damit zwischen zwei gewaltigen Wirtschaftsräumen, dem Schwarzen Meer und der Nordsee.

Eine schnelle Verbindung zwischen beiden Flüssen könnte Ströme ausländischer Waren wieder in die Stadt lenken, den Absatz eigener Produkte erleichtern.

Zudem ist Eile geboten. Seit 1832 verbindet eine Pferdebahn das oberösterreichische Linz an der Donau mit dem böhmischen Budweis an der Moldau. Die Warenströme aus Südosteuropa laufen damit nicht nur an Nürnberg, sondern an ganz Bayern vorbei.

Die Nürnberger Kaufleute wollen deshalb die Eisenbahn. Ihr Landesherr, König Ludwig I. von Bayern, bevorzugt dagegen – wie auch etliche seiner Berater – einen Kanal. Die Ernüchterung über das Baadersche System hat seine anfängliche Begeisterung für die Bahn erst einmal abkühlen lassen (ab 1846 wird der 172 Kilometer lange Ludwig-Donau-Main-Kanal Kelheim an der Donau und Bamberg an einem Zufluss des Mains miteinander verbinden).

Landtag und Regierung stellen sich der privaten Initiative für eine Bahn aber auch nicht in den Weg und lassen die Nürnberger Kaufleute machen.

Die streben als Erstes den Bau einer sechs Kilometer langen Verbindung nach Fürth an. Denn das Verkehrsaufkommen zwischen den beiden fränkischen Handelsstädten ist gewaltig. Eine Zählung im

Frühjahr 1833 hat ergeben, dass jährlich 612 470 Personen und 39 420 Fuhrwerke mit 86 140 Pferden auf der Strecke unterwegs sind.

Und so gründen die Nürnberger noch im gleichen Jahr die erste Eisenbahn-Aktiengesellschaft Deutschlands. 100 Gulden kostet eine Aktie, und in kurzer Zeit zeichnen 207 Gesellschafter Anteile an der Bahn. Auch das Königshaus beteiligt sich – mit zwei Papieren (die 200 Gulden für den Kauf fließen allerdings erst nach mehrmaliger Mahnung).

Immerhin: 1834 stellt die Regierung einen Vermessungsingenieur frei, der die Trasse projektiert und auch die Bauleitung übernimmt. Zudem erhält das Konsortium von Ludwig I. das Privileg der Personenbeförderung auf der Strecke. Die Kaufleute taufen ihre Unternehmung daraufhin „Königlich privilegierte Ludwigs-Eisenbahn-Gesellschaft".

Mühe macht der Landerwerb für die Trasse. Manche der 90 Grundbesitzer zwischen Nürnberg und Fürth wollen nicht an das Konsortium verkaufen, jedenfalls nicht für diesen Zweck. So treiben sie die Preise in die Höhe und damit die Kosten für die Bahnpioniere.

EIN WEITERES PROBLEM sind die Gleise. Gusseisen ist zu spröde für Schienen. Die Stränge müssen aus gewalztem Eisen gelegt werden. Doch diese Technik beherrschen nur wenige Eisenwerke in Deutschland. Fündig werden die Pioniere schließlich bei einer Firma in Rasselstein bei Neuwied.

Den Bau der Lokomotive müssen die Ludwigs-Eisenbahner notgedrungen in Großbritannien in Auftrag geben. Zwar haben sich die Direktoren zuvor in den deutschen Ländern nach einem Konstrukteur umgetan. Doch gemeldet haben sich nur zwei Hochstapler aus Württemberg. Sie hatten sich erboten, für 4500 Gulden eine Dampflok zu bauen, ließen jedoch nichts mehr von sich hören, als sie den Auftrag tatsächlich erhielten.

Viele haben *ANGST* vor der Eisenbahn

Die Lokomotivbauer bei George Stephenson verlangen für die Zugmaschine samt Tender rund 14 000 Gulden. Am 16. Mai 1835 geben die Nürnberger ihre Bestellung ab, am 3. September geht der „Adler" mit der Seriennummer 118 in die Fracht.

Zerlegt in 100 Teile, in 19 Kisten verpackt, tritt die Lokomotive ihre Reise an: zunächst von Newcastle auf dem Wasserweg über Rotterdam bis nach Köln. In der Domstadt werden die Maschinenteile auf acht Pferdefuhrwerke umgeladen und rumpeln schließlich auf dem Landweg nach Nürnberg.

Mit dem „Adler" wird die noch heute in fast ganz Europa gebräuchliche Spurweite von vier Fuß und acht Zoll eingeführt – wie zu jener Zeit für englische Dampfloks vorgeschrieben: 143,5 Zentimeter. Auch die Schienen, auf denen der Zug von Nürnberg nach Fürth rollen soll, werden in exakt diesem Abstand verlegt.

Am 26. Oktober treffen die Kisten am Ziel ein. Einen Tag zuvor ist William Wilson angekommen. Der künftige Zugführer hat ein Zimmer im Nürnberger Gasthaus „Wilder Mann" bezogen.

Der britische Ingenieur soll zunächst darüber wachen, dass die Einzelteile des „Adler" richtig zusammengefügt werden. Die Bahngesellschaft zahlt ihm für seine Dienste 1500 Gulden Honorar im Jahr – 20 Prozent mehr, als der Bahndirektor erhält.

Wilson soll eigentlich nach acht Monaten seine Entwicklungshilfe in Nürnberg beenden und in die Heimat zurückkehren; tatsächlich aber wird sich der Schotte in eine Fränkin verlieben und bis zu seinem Tod 1862 in Nürnberg bleiben – hochgeachtet als Nestor der deutschen Lokführer.

Nürnberg, 7. Dezember 1835, 9.00 Uhr: Honoratioren sprechen zum Publikum, dann Jubel und Hochrufe auf den König, der freilich gar nicht anwesend ist. Auch kein anderer Vertreter aus dem Hause Wittelsbach wohnt der Premiere bei, die zur Initialzündung der Industrialisierung in Bayern und nahezu umgehend auch in den restlichen deutschen Staaten werden wird.

William Wilson bringt den Kessel auf Betriebstemperatur. Auf dem Tender assistiert ihm der Nürnberger Johann Georg Hieronymus. Der Schornstein pafft jetzt weiße Dampfwolken, die in der kühlen Winterluft kondensieren und feinen Regen auf die Umstehenden niedergehen lassen. In den neun gelben Wagen haben rund 200 Passagiere Platz genommen.

Die Bahngründer rechnen mit Reisenden überwiegend aus dem Adel und dem Bürgertum.

Also haben sie drei Waggons der 1. Klasse bauen lassen, ausgeschlagen mit feinem Tuch und mit Glasfenstern; außerdem vier Wagen der 2. Klasse, in deren Fenstern nur Vorhänge wehen, und zwei Wagen für die 3. Klasse – offen, ohne Türen und mit Holzbänken.

BETREIBER der Bahnstrecke nach Fürth ist die »Königlich privilegierte Ludwigs-Eisenbahn-Gesellschaft«, ein Privatunternehmen. Dessen Erfolg spricht sich herum: Bis 1845 gründen sich in Deutschland mindestens 28 weitere Unternehmen dieser Art

Dann donnert ein Kanonenschuss: das Signal zum Aufbruch. Langsam setzt sich Deutschlands erster Dampfzug in Bewegung.

Schließlich rattert der „Adler“ mit mehr als 40 km/h übers Land, vorbei an Feldern und Weiden. Die Waggons sind mit bayerischen Fahnen behängt, und rechts und links des Bahndammes stehen zahllose Neugierige in sicherem Abstand. Viele winken und applaudieren.

Es ist Wilsons großer Tag. Bedächtig schaufelt der Mann auf dem Führerstand des „Adler“ die Kohle in die Feuerbüchse. Die Zugmaschine schnaubt und schüttelt sich auf der Fahrt, doch der Mann im Frack ist die Ruhe selbst.

Nach neun Minuten Fahrt erreicht der „Adler“ Fürth. Es hätte schneller gehen können, doch Wilson ist vom Direktorium angehalten worden, langsam zu fahren, um „die köstliche Maschine tunlichst zu schonen“. In Fürth nehmen die Premierengäste ein kurzes Frühstück im Gasthof „Kronprinz von Preußen“ ein, dann treten sie die Rückfahrt an.

Wohl keiner der Fahrgäste hat je zuvor ein solches Tempo erlebt – selbst die leichten Eilkutschen der Bayerischen Post bringen es nur auf eine Reisegeschwindigkeit von zwölf km/h.

Ein mitreisender Korrespondent des „Stuttgarter Morgenblatts“ berichtet seinen Lesern, „dass die Bewegung durchaus angenehm, ja wohltuend ist“. Jedoch: „Wer zum Schwindel neigt, muss es freilich vermeiden, die vorüberfliegenden, näher gelegenen Gegenstände ins Auge zu fassen.“

Aber nicht überall löst das neue Gefährt Begeisterung aus. Viele Adelige, notiert ein Unternehmer, sähen in der Eisenbahn den „Leichenwagen, der Absolutismus und Feudalismus zum Kirchhofe“ fährt. Kutscher, Schmiede, Sattler und Seiler fürchten die „Vernichtung ihrer Gewerbe“. Und in einer Petition an König Ludwig I. verlangen 27 Nürnberger Fuhrunternehmer von den Eisenbahngesellschaftern eine Entschädigung dafür, „dass sie uns die Ausübung unserer Rechte fortan unmöglich machen“ – allerdings vergebens.

Die Besitzer der Eisenbahn-Aktien scheinen eine glänzende Investition gemacht zu haben: Nach nur drei Monaten bilanziert die Gesellschaft eine Rendite von 13,5 Prozent auf das Anlagekapital. Die Bahn hat da bereits 74 512 Menschen befördert, mehr als 800 pro Tag.

Nur etwas mehr als die Hälfte der Passagiere nutzt die Bahn im Dampfbetrieb – der Rest fährt mit dem Zug, wenn Pferde den „Adler“ ersetzen. Neun Kreuzer kostet eine Fahrt in der 2. Klasse, etwa ein Drittel dessen, was ein Bauarbeiter pro Tag verdient.

Vor allem die Abteile der 3. Klasse sind, so ein Beobachter, „ständig gefüllt mit Weibern, Israeliten, Handwerksburschen, beurlaubten Soldaten und Hunderten in ihren Mitteln beschränkten Personen“. Viele versuchen, außerhalb des Bahnhofs auf die offenen Wagen zu springen.

So einträglich ist das Geschäft, dass die Gesellschaft noch im ersten Betriebsjahr beschließt, „zur Vermehrung des Transports eine neue Dampfmaschine und drei neue Transportwagen“ anzuschaffen – vor allem, um den „Adler“ zu ersetzen, wenn er repariert oder gewartet wird.

Von weit her reisen jetzt Interessierte an, die sich über die neue Technik informieren: Ingenieure, Militärs, Ökonomen, Mediziner. Selbst der preußische Thronfolger Friedrich Wilhelm besucht Nürnberg für eine Fahrt nach Fürth.

Als einer der letzten in der Reihe der Honoratioren kommt der bayerische König: Am 17. August 1836, gut acht Monate nach Inbetriebnahme, inspiziert Ludwig die Dampfbahn. Und ist beeindruckt. Im Anschluss an eine erste, gemächliche Testfahrt verlangt er nach einer Extratour. Diesmal dauert die Reise bei einer Spitzengeschwindigkeit von annähernd 70 km/h nur fünfdreiviertel Minuten.

Vielleicht ahnt der König da schon, was diese Maschine für die politische Ordnung in seinem Reich bedeutet. Denn er formuliert nach der Fahrt in düsteren Versen: „Jetzo lösen in Dampf sich

meter Gleise verlegt. Und bis 1845 nehmen 28 Eisenbahnunternehmen ihre Strecken in Betrieb – meist Aktiengesellschaften. Nicht selten werden die Wertpapiere binnen weniger Tage mehrfach überzeichnet. „Das Eisenbahnfieber", schreibt ein rheinischer Unternehmer, „grenzt an Wahnsinn."

Das Potenzial erkennt auch die bayerische Regierung. Die Ludwigsbahn ist kaum ein Jahr in Betrieb, da sichert sich München ab gegen unternehmerischen Wildwuchs. Ohne offizielle Genehmigung darf in Bayern keine Strecke gebaut werden, auch die Spurweite wird festgeschrieben. 1837 verfügt ein Enteignungsgesetz, dass Grundstücke requiriert werden können, wenn ein öffentliches Interesse daran besteht.

Vier Jahre später schließen Bayern, Sachsen sowie Sachsen-Altenburg einen Vertrag über einen grenzüberschreitenden Eisenbahnverkehr. Die neue Strecke soll von Nürnberg über Bamberg und Hof nach Leipzig führen. Das Abkommen führt zum Bau der Ludwigs-Süd-Nord-Bahn, der ersten bayerischen Staatsbahn, die 1853 Lindau am Bodensee mit Hof verbindet. Dicht gefolgt von der Ludwigs-Westbahn, die im Jahr darauf von Bamberg nach Frankfurt fährt. Der Osten Bayerns wird schließlich 1859 für die Eisenbahn erschlossen.

1846 KREUZT die Trasse Nürnberg–Fürth den Ludwig-Donau-Main-Kanal, der über eine Länge von 172 Kilometern die bayerischen Städte Bamberg und Kelheim verbindet. Die neu angelegten Verkehrswege zu Land und zu Wasser versorgen Betriebe im ganzen Land mit benötigten Gütern – und befeuern so die Industrialisierung

auf die Verhältnisse alle / und die Sterblichen treibt jetzo des Dampfes Gewalt, / allgemeiner Gleichheit rastloser Beförd'rer. Vernichtet wird / die Liebe des Volkes nun zu dem Land der Geburt."

Preußens Kronprinz Friedrich Wilhelm hingegen stellt nüchtern fest: „Diesen Karren, der durch die Welt rollt, hält kein Menschenarm mehr auf."

°

UND TATSÄCHLICH: Der Erfolg der Nürnberger Eisenbahner beflügelt die Verfechter des neuen Transportmittels. In vielen deutschen Staaten werden nun Bahnunternehmen gegründet, Strecken gebaut. 1838 dampft ein Zug von Berlin nach Potsdam, im Jahr darauf wird in Sachsen die erste Fernbahn eingeweiht: Sie führt über 116 Kilometer von Leipzig nach Dresden – und bei Oberau sogar durch den ersten Eisenbahntunnel Deutschlands.

Fünf Jahre nach der Jungfernfahrt der ersten deutschen Eisenbahn sind in den Mitgliedstaaten des Deutschen Bundes 541 Kilo-

Nach und nach breiten sich die Schienenstränge auch in den anderen deutschen Staaten aus, immer mehr Menschen nutzen die Züge als Verkehrsmittel: Aus den sechs Kilometern für den „Adler" sind zehn Jahre später 2150 geworden, nach weiteren fünf Jahren fast 6000 Kilometer.

Vor allem auf Wunsch Preußens verknüpfen die Betreiber ihre

BAYERNS EISENBAHNNETZ 1864

IM JAHR 1864 VERFÜGT BAYERN bereits über ein weitverzweigtes Schienennetz, das die meisten Landesteile miteinander verbindet. Deutschlands erste Bahnstrecke, die Trasse zwischen Nürnberg und Fürth, ist da nur noch ein unbedeutender Teil des Verkehrssystems

Trassen im Norden Deutschlands schon bald zu einem großmaschigen Netz: Bereits 1851 können Reisende mit dem ersten durchgehenden Schnellzug in 17 Stunden von Berlin aus Köln erreichen.

1854 verkehren Züge zwischen München und den Metropolen Frankfurt, Stuttgart und Leipzig. Allein das bayerische Eisenbahnnetz umfasst jetzt 1000 Kilometer. 1871 ziehen sich Schienenwege von 20000 Kilometer Länge durch das neu gegründete Deutsche Reich.

°

DIE ENTWICKLUNG zwingt die Unternehmen, sich abzustimmen – was vor allem bei der Erstellung der Fahrpläne ein Problem ist. „Die Fahrpläne sind aufgestellt", heißt es in einem Kursbuch: „in Bayern nach Münchner Zeit, in der Bayerischen Pfalz nach Ludwigshafener Zeit, in Württemberg nach Stuttgarter Zeit, in Baden nach Karlsruher Zeit, im übrigen Deutschland nach der mittleren Ortszeit jeder Station."

So wird jede längere Reise zur Rechenaufgabe, obwohl die Eisenbahnzeiten im Fahrplan bereits deutlich vereinfacht sind – im Alltag außerhalb der Bahnhöfe gelten häufig noch die tatsächlichen, nach dem Sonnenstand festgesetzten Ortszeiten.

An vielen Bahnstationen hängen deshalb Uhren, die auf dem Ziffernblatt die Differenz zwischen der Eisenbahnzeit und der Ortszeit anzeigen: „+ 19 Min. Berliner Zeit" ist etwa auf der Uhr am Hauptbahnhof von Frankfurt am Main zu lesen. Denn die auf dem Bahnhof geltende Berliner Zeit ist der Frankfurter Ortszeit um 19 Minuten voraus.

Die Eisenbahn verändert das Gefüge der Wirtschaft und lässt gewaltige Industrien heranwachsen: den Steinkohlebergbau, die Eisen- und Stahlproduktion, den Maschinenbau.

Denn für den Bau eines einzigen Bahnkilometers werden rund 160 Tonnen Eisen benötigt. Zur Produktion von Eisen aber braucht es Kohle – einen Rohstoff, über den beispielsweise Bayern kaum verfügt. Erst der Bahnanschluss nach Böhmen (und damit der Zugang zu den dortigen Kohlelagern) ermöglicht es den Hüttenwerken, wie etwa der nach König Maximilian II. benannten Maxhütte in Haidhof und Sulzbach-Rosenberg, die Produktion hochzufahren.

Immer mehr deutsche Firmen spezialisieren sich auf den Lokomotivenbau. Bei einer Wettfahrt von Berlin in die brandenburgische Stadt Jüterbog im Juli 1841 schlägt eine Lokomotive der Berliner Borsig-Werke selbst die Konkurrenz aus England.

Im gleichen Jahr fertigt der Maschinenbauer Maffei in München die erste bayerische Lokomotive, wenn auch nach englischem Vorbild. Doch davon lösen sich die Münchner Konstrukteure schnell und entwickeln hochqualitative Zugmaschinen, die an die Herausforderungen des bayerischen Berglandes mit seinen Steigungen und engen Kurven angepasst sind.

1850 produziert die führende deutsche Waggonfabrik des Nürnbergers Johann Friedrich Klett 150 Eisenbahnwagen; 20 Jahre später sind es bereits 2500.

Bald schon stammen fast zwei Drittel der in Deutschland eingesetzten Lokomotiven von einheimischen Herstellern. Die Produktion von Eisen und Stahl steigt in manchen Jahren um 30, zuweilen gar um 50 Prozent. Bereits 1875 beschäftigen nur noch Textilfabrikanten mehr Industriearbeiter als die Direktoren von Maschinenfabriken, Hütten- und Stahlwerken.

D

Der Eisenbahnbau prägt die Landschaft wie kein Verkehrsmittel zuvor, Hügel werden abgetragen, Berge durchstoßen, Täler und Flüsse überwunden.

Ingenieure stehen vor neuen Herausforderungen. Friedrich August von Pauli konstruiert 1853 Bayerns erste Eisenbahnbrücke komplett aus Metallträgern. Nach sechs Jahren Bauzeit überspannt sie auf einer Gesamtlänge von gut 260 Metern in 31 Meter Höhe das Isartal bei Großhesselohe.

Doch das schnelle Wachstum der Industrie fordert einen hohen Preis – vor allem von der verarmten Landbevölkerung: Zu Tausenden ziehen Familien aus den Dörfern in die Nähe der deutschen Eisenbahngesellschaften, wo sich die Männer im Gleisbau verdingen.

Im Jahr 1841 verlegen 30 000 Menschen Schienen, graben Tunnel, bauen Brücken; fünf Jahre später sind es schon 178 000.

Die Arbeit ist schlecht bezahlt – und hart. Morgens, mittags und abends müssen die Beschäftigten zum Appell antreten, wer während der Arbeitszeit die Baustelle verlässt, wird „arretiert“.

Der Tageslohn beträgt zwischen 24 und 36 Kreuzer, der tägliche Grundbedarf eines Bauarbeiters hingegen 31 Kreuzer.

Beim Bau einer Brücke nahe Bielefeld protestieren Arbeiter wegen der geringen Löhne. Häufig kommt es nun zu Unfällen, allein während der Errichtung der 77 Meter hohen Göltzschtalbrücke in Sachsen sterben 31 der 1500 eingesetzten Arbeiter, zahllose weitere erleiden zum Teil schwerste Verletzungen.

So kritisch wird die Lage, dass einige Bahngesellschaften beginnen, ihre Arbeiter gegen Unfälle und Krankheiten zu versichern. Die wöchentlich vier Kreuzer für die Krankenkasse werden den Beschäftigten vom Lohn abgezogen.

Schleichend verändert das neue Verkehrsmittel auch die Sicht der Menschen auf die Welt, mehr noch: auch ihr Gefühl für Raum, Zeit und Geschwindigkeit. Informationen, Meinungen, Ideen verbreiten sich nun im Takt der Fahrpläne. Und die Telegraphenleitungen, die bis 1847 an mehr als 40 Eisenbahnstrecken gezogen sind, übertragen Nachrichten nun sekundenschnell.

Als Preußens Kanzler Otto von Bismarck 1871 die deutschen Länder unter Berlins Führung im Kaiserreich eint (siehe Seite 50), rollen über die Gleise des neuen Staates bereits Hunderte spezialisierte Dampflokomotiven: Zugmaschinen für Lokalbahnen, Personenzüge, Schnellzüge und Güterzüge. Manche leisten mehr als 300 PS, die schnellsten erreichen 90 km/h.

Doch lange Zeit noch verfügt jede der privat geführten Eisenbahngesellschaften über eigene Strecken, eine eigene Verwaltung, eigenes Betriebspersonal und ein eigenes Preissystem.

Das aber erschwert die dringend nötige Abstimmung und Vernetzung. Und manche Unternehmen, die zu riskant investiert haben, stehen nach einem Börsencrash im Jahr 1873 sogar vor dem Kollaps.

Daher kaufen viele Landesregierungen nach und nach die wichtigsten Bahngesellschaften auf – Bayern etwa verstaatlicht das rund 800 Kilometer lange Streckennetz der Ostbahnen.

Und ab 1. April 1893 gilt in Deutschland eine neue Zeitrechnung: Bis dahin hat es im Reich noch etliche verschiedene Zeitzonen und Ortszeiten gegeben – sehr zum Ärger der Zugpassagiere. Selbst adelige Reichstagsabgeordnete, jedes Reformeifers unverdächtig, protestierten gegen diese „Ruinen aus der Zeit der Zersplitterung“.

Daher führt die Regierung nun – wie zuvor Österreich-Ungarn, Malta und Italien – die Zeit des 15. Längengrades als allgemein gültige Uhrzeit ein: die Mitteleuropäische Zeit.

Auf der Strecke Nürnberg–Fürth aber, wo fast 60 Jahre zuvor mit der Jungfernfahrt des „Adler“ die gewaltigen Umwälzungen ihren Anfang genommen haben, dauert die neue Zeit nicht lange an. Der nur sechs Kilometer lange Eisenstrang verliert zunehmend an Bedeutung, als immer mehr Fahrgäste ab 1896 ein neues Verkehrsmittel nutzen: die elektrische Straßenbahn.

So bleibt ihren Betreibern eines Tages nichts anderes übrig, als Deutschlands erste Eisenbahnstrecke stillzulegen. Für immer. ◊

LITERATURTIPPS

DB MUSEUM (HG.)
»Ein Jahrhundert unter Dampf. Die Eisenbahn in Deutschland 1835–1919«
Katalog, reich bebildert und äußerst unterhaltsam.

CARL ASMUS
»Die Ludwigs-Eisenbahn«
Detaillierte Geschichte der ersten deutschen Eisenbahn (Orell Füssli Verlag).

IN KÜRZE

Der Startschuss für die Industrialisierung Deutschlands fällt in Bayern: Auf der Strecke Nürnberg–Fürth fährt am 7. Dezember 1835 ein dampfgetriebener Zug – der erste auf deutschem Boden. Nur wenige Jahrzehnte später hat das neue Verkehrsmittel das bislang agrarisch geprägte Königreich verändert, sind zwischen Main und Alpen industrielle Zentren entstanden, die von einem dichten Schienennetz verbunden werden.

EIN MANN DES LEISEN WITZES

Spitzweg: Porträtist der Provinz

Nach einer reichen Erbschaft wendet sich der Apotheker Carl Spitzweg seiner wahren Passion zu – und wird zu einem der bekanntesten Maler Bayerns

TEXT: *Raphael Dillhof*

Die Pharmazie habe er „totaliter an den Nagel gehängt“, schreibt Carl Spitzweg im Juli 1833 an seinen jüngeren Bruder Eduard. Denn sein Entschluss steht fest: Der 1808 geborene Sohn eines angesehenen Münchner Kaufmanns wird fortan als Maler leben – obwohl Künstler in den großbürgerlichen Kreisen der bayerischen Hauptstadt nicht viel gelten. Auch deshalb hat sich Spitzweg zunächst dem Willen seines Vaters gebeugt und ist Apotheker geworden.

Die erste Anstellung hat ihn in die Provinz geführt, nach Straubing an der Donau. Dort drehte der 21-Jährige Pillen, mischte Tinkturen und Salben an – und studierte gründlich das Kleinstadtpublikum, das nun täglich vor seinem Ladentresen stand: die stolzen Kaufleute und streitenden Laufburschen, die tratschenden Hausfrauen, die echten und die eingebildeten Kranken.

In seinen Mußestunden zeichnete der künstlerisch begabte Autodidakt dann Skizzen von den Gesichtern seiner Kunden, wie er es auch schon in München getan hat.

Noch war dies für ihn bloß Zeitvertreib. Doch 1833 erbt Spitzweg ein kleines Vermögen und hat wirtschaftlich ausgesorgt.

Er kann sich nun vollständig seiner Leidenschaft widmen, bildet sich fort, fragt befreundete Maler um Rat, füllt Skizzenbücher, reist der Kunst wegen nach Italien. Den Besuch der Münchner Kunstakademie aber hält er für unnötig.

Sein Thema hat er in seiner Straubinger Zeit gefunden: Fortan bannt er seine Mitmenschen in kleinformatige Ölbilder voller liebevoller Ironie.

Bevorzugtes Motiv sind jene Vertreter des bayerischen Bürgertums, die sich im Biedermeier – den Jahren zwischen dem Ende der Napoleonischen Kriege 1815 und der Revolution von 1848, zwischen Restauration und Angst vor einem neuen Umsturz – ins Private, in Hausmusik, Sonntagsjagd und Gartenpflege zurückgezogen haben.

Sein „Schmetterlingsfänger“ etwa ist ein armer Tropf, den er gerade im Moment des Scheiterns zeigt, denn dessen Netz ist für die zwei Prachtexemplare viel zu klein.

Oder der „Sonntagsspaziergang“: eine bürgerliche Familie, deren stur nach vorn blickender Patriarch sich beim Flanieren aufs Feld verirrt zu haben scheint.

Oder der „Bücherwurm“, dessen Nase lächerlich tief in einem Buch steckt. Oder der „Arme Poet“, sein später berühmtestes Gemälde: die Karikatur eines weltfremden Dichters, der in seiner Dachkammer griechische Versmaße studiert und dabei mit spitzen Fingern einen Floh zerquetscht.

Dieses 1839 vollendete Bild ist sein erstes öffentlich ausgestelltes Werk überhaupt. Und es bringt ihm wegen des spöttischen Umgangs mit dem hehren Kunstideal seiner Zeitgenossen gleich erbitterte Kritik ein.

Spitzweg lernt schnell, wie weit er gehen kann, malt oft entlarvend, aber niemals ohne Empathie – eine Fähigkeit, die seine wachsende Käuferschaft an ihm schätzt (etwa 480 seiner mehr als 1400 Ölgemälde wird er zu Lebzeiten veräußern).

Selbst wenn er Wachposten gähnend zeigt und damit ein provokatives Zeichen gegen den Militarismus setzt, ist dem zurückhaltenden Spitzweg wirklich Aufrührerisches fremd. Ihn interessiert vielmehr der leise Witz des Alltags.

Denn trotz aller Ironie bleibt Spitzweg seiner Heimatstadt und den Menschen eng verbunden. Er lebt jahrzehntelang in seiner Wohnung am Münchner Heumarkt, in der er schließlich auch 1885, im Lehnstuhl sitzend, sterben wird.

In seinen späteren Jahren malt er nur mehr aus der Erinnerung, bringt immer wieder Szenen aus Straubing auf die Leinwand, etwa im Bild des „Verliebten Provisors“, der vor seiner Apotheke einer vorbeigehenden Wäscherin nachschaut.

Das Land hat sich dramatisch gewandelt; wo einst Fuhrwerke Menschen und Waren transportierten, dampfen nun Eisenbahnen. Spitzweg bedauert das Verschwinden dieses einfachen, langsameren Lebens. Schon 1848 hat er Bayerns große Veränderungen vorausgeahnt, als er einen Zwerg malte, der wehmütig aus einer Berghöhle einem Zug nachschaut – und so das Märchenhafte dem unaufhaltsamen Fortschritt gegenüberstellte. ◊

IN DER KLEINSTÄDTISCHEN PROVINZ, der Welt, die Spitzweg vor allem darstellt, ist die »Ankunft der Postkutsche« ein Großereignis, das alle gebannt verfolgen. 1859 malt er dieses Bild für den österreichischen Kaiser

EIN TRÄUMER AUF DEM THRON

JÜNGLING: Ludwig II. studiert noch, als er mit 18 Jahren König wird

Um keinen bayerischen Monarchen ranken sich so viele Legenden, keiner ist so umstritten: Ludwig II. ist ein aus der Zeit gefallener Märchenkönig, ein idealistischer Schwärmer, der von einer glanzvollen Herrschaft im Stil vergangener Jahrhunderte träumt – und dabei zunehmend die Verbindung zur Wirklichkeit verliert. Am Ende seines Lebens steht eine Tragödie

LUDWIGS GRÖSSTE LEIDENSCHAFT ist das Bauen von Schlössern. Doch für seine Projekte (hier Neuschwanstein) verschuldet er sich immer tiefer

E

TEXT: *Constanze Kindel*

Es darf nicht bleiben, wie es ist. Er erträgt es nicht, wie könnte er? In einer gottgewollten Welt wäre die Macht seine allein, unbestritten, unbegrenzt. Vollkommen, allgewaltig, absolut. Keine Gesetze, die seinen Willen in die Schranken weisen, keine Verfassung, die ihn zwingt zu dulden, dass andere Menschen mitregieren.

„Das Prinzip der Volksautorität, das sich immer mehr ausbildet und mit seinem Gifte alles begeifert, muss ausgerottet werden", schreibt der König. „In einer Monarchie, wie sie sein muss, soll alles wie die Strahlen der Sonne vom Monarchen ausgehen und auf ihn sich zurückbeziehen. Er soll das Haupt, die Seele, mithin der eigentliche Lebensnerv des Staates sein."

Mehr als fünf Jahre sind vergangen, seit er den Thron bestiegen hat. Nun notiert Ludwig II., König von Bayern, im Sommer 1869 seinen Widerwillen gegen die bestehende Ordnung seines Staates. „Sachen, die freilich nicht sogleich, aber durch richtiges Vorgehen und Handeln wieder zu erreichen sind", überschreibt er das Schriftstück.

Es geht um mehr als Überzeugungen. Das Papier ist eine Absichtserklärung. Ludwig will sein Land zurückführen, abkehren von konstitutioneller Monarchie, Verfassung, Volksvertretung, zurück zum absoluten Königtum früherer Zeiten. Kurz: Der König plant den Staatsstreich. Und in diesem Sommer nimmt seine Idee vom Umsturz ihren Anfang.

Einen Geheimbund will er gründen lassen, ein Netz von Agenten, die über die Stimmung im Volk wachen, Meinungen beeinflussen, Gegner einschüchtern, das Land bereiten für einen Systemwechsel. Er soll „den Boden ebnen, den Widerstand beseitigen, sodass das einzig wahre Königtum seine Gewalt entfalten kann".

Bis ans Ende seines Lebens wird Ludwig – Sehnsuchtssonnenkönig und Staatsfeind – diesem Traum von der absoluten Macht nachhängen: einem Traum, der im Laufe seiner Amtszeit immer unerfüllbarer wird, sich auflöst zwischen dem demokratischen Aufbruch dieser Jahre und der Gründung des deutschen Kaiserreichs, mit der Bayern 1871 seine staatliche Unabhängigkeit verliert.

SCHÖNGEIST: Bereits als 15-Jähriger begeistert sich Ludwig für die Opern Richard Wagners

Dieser Verlust wird für Ludwig zur großen Krise seiner Regierungszeit, schicksalhaft, allbestimmend. Es ist die Geschichte einer politischen Enttäuschung unvorstellbaren Ausmaßes. Vor ihr flüchtet er endgültig in eine selbst geschaffene Welt, in der er seinen Traum vom absoluten Königtum glanzvoll inszeniert: mit großen Gesten und fantastischen Bauten, ein entrückter Märchenkönig, erhaben über alle Gefahren für seinen Thron.

Ein Schwärmer mit hohen Idealen, der die Welt mit Kunst und Architektur, mit Musik und Theater retten will – und sie zugleich verachtet. Ein Herrscher, der das Beste für sein Land will, aber als Einziger entscheiden soll, wie dieses Beste auszusehen hat.

°

WER HÄTTE MEHR GRUND, im modernen Mitsprachebegehren der Bürger eine Bedrohung zu sehen, als Ludwig II., der Enkel des einzigen deutschen Fürsten, den die Revolution von 1848 den Thron gekostet hat?

Von diesem Großvater hat er den Namen bekommen, weil er schicksalhaft am gleichen Tag, zur gleichen Stunde geboren wurde wie einst Ludwig I. genau 59 Jahre zuvor: am 25. August 1845, 30 Minuten nach Mitternacht.

Ludwig Otto Friedrich Wilhelm von Wittelsbach, erstgeborener Sohn des Thronfolgers Maximilian, der Welt angekündigt mit 101 Kanonenschüssen.

Er wird Kronprinz, als Ludwig I. im März 1848 abdankt. Der geht, weil er nicht mehr regieren will, als in Bayern – wie in halb Europa – die Bürger auf die Barrikaden gehen und Rechte fordern (und weil das Volk ihm seine Affäre mit der Tänzerin Lola Montez nicht verzeiht, die er zur Gräfin erhoben hat).

16 Jahre später reiten an einem Nachmittag im März historisch kostümierte Herolde durch die Straßen von München und rufen nach dem plötzlichen Tod Maximilians dessen

SCHLOSS LINDERHOF ist die Lieblingsresidenz des Königs. Der neobarocke Bau erinnert an ein französisches Lustschloss. Niemand darf den Garten betreten, wenn Ludwig dort spazieren geht

Sohn als Ludwig II. zum neuen König aus. Da sitzt der Kronprinz, 18 Jahre alt, noch als Student in Vorlesungen an der Münchner Universität. Zwei Tage später kümmert er sich bereits um die Staatsgeschäfte – mit Feuereifer. In sein Tagebuch schreibt er in Großbuchstaben über eine ganze Seite ein einziges Wort: KÖNIG.

Beim Begräbnis des Vaters tritt Ludwig zum ersten Mal als Monarch vor seine Untertanen. Zehntausende sind auf den Straßen, als der Trauerzug den Weg zur Familiengruft in der Theatinerkirche nimmt. Hinter dem Sarg der junge König in Offiziersuniform, schmal und hochgewachsen, die dunklen Haare in Wellen gelegt und zur Tolle frisiert, das Gesicht blass und verweint, die Schritte schwankend. Die Menge ist hingerissen.

König von Bayern: Herrscher über fast fünf Millionen Menschen, Oberhaupt der Dynastie des Hauses Wittelsbach. „Noch vor acht Tagen alles so anders", notiert Ludwig in seinem Tagesjournal.

Ludwig erbt ein Reich im Übergang. Noch immer leben drei Viertel der Einwohner auf dem Land, doch langsam gewinnt die Industrie an Boden. Seit dem Wiener Kongress 1815 gehört das Königreich dem neu gegründeten Deutschen Bund an, rangiert in dieser lockeren Konföderation souveräner Staaten und freier Städte an dritter Stelle hinter den konkurrierenden Großmächten Preußen und Österreich.

Schon viel länger als diese beiden Staaten gewährt Bayern seinen Bürgern per Verfassung ein gewisses Maß an Mitbestimmung: Volljährige männliche Steuerzahler dürfen wählen – die Abgeordneten der zweiten Landtagskammer (die Reichsräte der ersten Kammer erben ihr Amt oder werden vom König ernannt).

SCHLOSS HOHENSCHWANGAU hat Ludwigs Vater auf einer Burgruine errichten lassen. Der Sohn liebt die idyllische Lage – und erschafft nahebei mit Neuschwanstein einen noch prächtigeren Bau

Die Abgeordneten dürfen über Gesetze und Steuererhöhungen abstimmen, die Staatsminister indes beruft oder entlässt allein der König.

Viele im Land hoffen darauf, dass der junge Monarch weitere Freiheiten gewährt und das Land modernisiert. Binnen Tagen verkaufen sich Porträtbilder des Herrschers zu Tausenden.

Doch Ludwig enttäuscht die Erwartungen. Zwar erledigt er die Staatsgeschäfte, hört seine Minister an, studiert akribisch Akten. Aber für seine Untertanen bleibt er fast unsichtbar, zeigt sich nur selten öffentlich, hält sich über Monate fern von der Hauptstadt München.

Die Neigung ihres Königs zur Zurückgezogenheit erklären sich Bayerns Bürger mit dem Einfluss Richard Wagners. Schon kurz nach seinem Amtsantritt hat Ludwig die Freundschaft des Komponisten gesucht, für dessen Werke er sich schon seit Langem begeistert, und sich zu Wagners Mäzen gemacht. In München wird viel geredet über das Luxusleben, das der Künstler auf Kosten des Königs führt, über Wagners Ehrgeiz, auch zum maßgeblichen politischen Berater des Monarchen zu werden.

Die öffentliche Stimmung wendet sich gegen den ambitionierten Komponisten, der nach Ansicht vieler Bürger einen zu großen Einfluss auf den König hat. Im Dezember 1865 muss sich Ludwig II. dem Willen des Volkes und dem Druck seiner Minister beugen und Wagner aus Bayern ausweisen ins Schweizer Exil. Eine Niederlage, persönlich wie politisch.

Ludwig stürzt in die erste Krise seines Königtums, und kaum ist die überwunden, da bricht Monate später schon die nächste, größere über ihn herein: Im Frühjahr 1866 droht dem Deutschen Bund ein Bruderkrieg.

Bereits seit seiner Gründung gibt es in der Konföderation aus mittlerweile 30 Fürstentümern und vier freien Städten unter der Führung Berlins und Wiens viele Konflikte, die geprägt sind von Misstrauen und widerstrebenden Interessen. Schon unter Ludwigs Vater hat sich Bayern bemüht, den Bund zu stabilisieren: durch einen Zusammenschluss der Mittelstaaten, die für ein Gleichgewicht zwischen Preußen und Österreich sorgen sollen. Bayern erhebt Anspruch auf die Führungsrolle in diesem „dritten Deutschland", vor Fürstentümern wie Sachsen, Hannover und Württemberg. Eine dritte Kraft, die verhindern soll, dass eine der beiden anderen das Bündnis dominiert.

Aber die Idee scheitert. Und Preußen will die Frage der Vorherrschaft nun endgültig klären: Ministerpräsident Otto von Bismarck versucht Österreich aus dem

Deutschen Bund zu drängen – denn er strebt nach einem deutschen Nationalstaat unter preußischer Führung.

Es kommt zur Konfrontation zwischen Berlin und Wien. Zwei Jahre zuvor, 1864, sind die beiden Großmächte noch als Allianz in den Krieg gegen Dänemark gezogen, das sich das Herzogtum Schleswig einverleiben wollte. Nun stehen sie sich als Gegner gegenüber.

Vordergründig entzündet sich der Konflikt an einem Streit um die norddeutschen Herzogtümer Schleswig und Holstein – tatsächlich aber geht es um die Machtordnung im Deutschen Bund. Als Wien für Schleswig und Holstein einen neuen Regenten durchsetzen will, besetzt Preußen das von Österreich verwaltete Holstein. Wien wendet sich daraufhin an alle Mitglieder des Deutschen Bundes und fordert, gemeinsam gegen Berlin vorzugehen.

Zu den zwölf deutschen Staaten, die sich auf die Seite Österreichs stellen, gehört auch Bayern.

Ludwig II. ist zu dieser Zeit auf der kleinen Roseninsel im Starnberger See, allein mit einem Adjutanten und einem Reitknecht. Niemanden sonst will er sehen, lässt nur einmal am Tag Papiere zur Unterschrift mit dem Boot herüberkommen. Abends sind vom Seeufer die Feuerwerke zu sehen, die er auf der Insel abbrennen lässt.

Erst als Österreichs Verbündete am 14. Juni die Mobilmachung gegen Berlin beschließen, kehrt er kurz nach München zurück, besucht in Bamberg das Hauptquartier seiner Armee. Als die entscheidenden Schlachten geschlagen werden, ist er längst wieder auf der Roseninsel.

In München ist die Wut groß über den König, der sich in Kriegszeiten in Kindereien flüchtet. Aber Ludwig kümmert sich nicht darum, was die Bürger von seiner Weltflucht halten – er fürchtet um seine eigene Zukunft.

Und tatsächlich: Am 3. Juli 1866 müssen sich die Österreicher und am 10. Juli die Bayern geschlagen geben. In einem Brief an Richard Wagner schreibt der König, sollte Bayern seine Souveränität verlieren, dann danke er ab: „Ein Schattenkönig ohne Macht will ich nicht sein!"

Preußen triumphiert. Mit dem Friedensschluss zwischen Wien und Berlin wird im August der Deutsche Bund aufgelöst, Preußen annektiert das Königreich Hannover und eine Reihe weiterer Fürstentümer.

Auch Bayerns Regierung unterzeichnet einen Friedensvertrag mit Preußen. Von den befürchteten großen Gebietsverlusten bleibt das Königreich verschont. Mit Reparationszahlungen von 30 Millionen Gulden und der Abtretung einiger kleiner Gebiete kommt Bayern besser als erwartet davon.

Allerdings wird diese Milde teuer erkauft: Geheime Bündnisse sehen vor, dass die süddeutschen Saaten und Berlin einander künftig im Kriegsfall zu militärischer Hilfe verpflichtet sind. Der Oberbefehl über die Truppen steht dabei stets dem König von Preußen zu.

°

BISMARCK SCHLIESST die deutschen Staaten nördlich der Mainlinie zum Norddeutschen Bund zusammen – und rückt so seinem großen Plan von einem deutschen Nationalstaat einen weiteren Schritt näher.

Ludwig hingegen muss um seine Autorität als König der Bayern kämpfen. Im Spätherbst 1866 besucht er Franken, den einzigen Schauplatz des Kriegs in seinem Reich.

Einen Monat lang ist der König mit Gefolge unterwegs, reist von Stadt zu Stadt, nimmt Paraden ab, verteilt Geld an die Armen, verleiht Orden, besucht Bälle, Konzerte, Schlachtfelder, Militärspitäler. Wird gefeiert, wird bejubelt. Ein Triumphzug, dringend benötigt. Sein Ansehen hat gelitten in diesem Kriegssommer, in dem er scheinbar so gleichgültig war gegenüber dem Geschehen.

Aber getuschelt wird nicht nur über sein politisches Handeln. In Wirtshäusern und unter Diplomaten in München kursieren seltsame Geschichten über die privaten Vorlieben des Königs. Schon im Herbst 1865 gab es einen Skandal um einen Reitknecht, mit dem Ludwig auffallend viel Zeit allein verbrachte und den er vor einer Anklage wegen Vergewaltigung geschützt haben soll.

Enge Beziehungen hat der Monarch fast nur zu Männern. Eine Ausnahme ist Sophie, die jüngere Schwester der österreichischen Kaiserin Elisabeth. Doch seinen Briefwechsel mit Sophie, die häufigen Besuche bei ihr sieht Ludwig nie romantisch. Erst als die Mutter der Prinzessin die Beziehung verbietet, entschließt er sich Anfang 1867 zum Heiratsantrag. Aber die Hochzeit, bis ins Detail geplant, lässt er gleich mehrmals verschieben. Am Ende sagt er sie ganz ab. In sein Tagebuch trägt er ein: „Sophie abgeschrieben." Erleichtert ist er, fühlt sich wie befreit. Heiratsabsichten wird er nie wieder hegen.

Überhaupt hält Ludwig es mit anderen selten lange aus. Immer wieder folgen seine Beziehungen dem gleichen Muster, schwärmt er überschwänglich für einen Menschen, lässt ihn dann fallen, verdammt ihn. Er ist schnell zu enttäuschen, leicht zu kränken.

Nur wenige Männer bleiben über Jahrzehnte in seiner Nähe, zwei steigen von einfachen Hofbediensteten zu engen Vertrauten und Begleitern auf, gewinnen Einfluss, weil sie sich jeder Laune beugen, dem Willen des Königs nie offen den eigenen entgegensetzen.

Schon früh fühlt Ludwig sich missverstanden von der Welt und den Menschen, fremd und verkannt, selbst in der eigenen Familie. Seinen Vater hat er als abweisend, kalt,

IDOL: Anfangs umschwärmen die Bayern Ludwig. Doch das legt sich bald

herablassend in Erinnerung. Die Mutter findet er geistlos und langweilig, gewöhnlich wie den Bruder. Und in der Masse sind ihm Menschen, ihre Mittelmäßigkeit, ohnehin zuwider: „Welche erbärmliche niedere Insektenseelen!"

Als er im August 1867 zur Weltausstellung Paris besucht, entdeckt der bayerische Regent im Sonnenkönig Ludwig XIV. sein Ideal. Eine ganze Bibliothek aus Büchern und Bildern zum Hofleben in Versailles lässt er danach zusammentragen. Über seinen Großvater kann er eine direkte Verbindung zu den französischen Bourbonenkönigen ziehen: Ludwig XVI., Ururenkel des Sonnenkönigs, war der Taufpate König Ludwigs I. von Bayern – und der wiederum Taufpate Ludwigs II.

Bald gewöhnt er sich eine neue Gehweise an, die er den „Königsschritt" nennt, weit und wuchtig stampfend. Ausländische Gesandte in München mutmaßen in ihren Berichten über die zunehmende Isolation des Königs und eine mögliche Geisteskrankheit. Auf Schloss Berg, seiner Sommerresidenz am Starnberger See, soll er angetan mit Krone und Zepter durch den Park spazieren. In München verbringt er ganze Nächte auf der beleuchteten Hofreitbahn, berechnet die Distanz zu einem imaginären Reiseziel und dreht dann seine Runden.

Der König steht allein. Und es muss ihm scheinen, als hätte sich die Welt verschworen, um seine Macht auf jede mögliche Weise zu schmälern. Im Inneren fühlt er sich bedroht von einer neuen Mehrheit im Parlament, der erzkatholischen Bayerischen Patriotenpartei, der das Wort des Papstes mehr gilt als das des Königs. Von außen fürchtet er die Übergriffe Preußens, größte Gefahr für die Souveränität seiner Krone, seines Reichs.

Seine Angst ist nicht unbegründet. Im Frühsommer 1870 fordert Otto von Bismarck den nächsten Krieg heraus. Diesmal ist der Gegner Frankreich: Im Konflikt um die Kandidatur eines Hohenzollern-Prinzen für den spanischen Thron hat der preußische Ministerpräsident Paris so geschickt brüskiert, dass eine Kriegserklärung unausweichlich scheint.

Die vier Jahre zuvor geschlossenen Bündnisse mit den süddeutschen Staaten machen den Krieg nun zur gesamtdeutschen Sache.

In Bayern beruhigen die Minister ihren König. Bei einem Sieg Preußens wäre Bayern als loyaler Bündnispartner in seiner Souveränität nicht gefährdet. Selbst bei einem Sieg Frankreichs hätte das Land wenig zu verlieren, weil Paris kein Interesse daran hätte, die süddeutschen Territorien zu zerschlagen. Ein neutrales Bayern aber müsste bei einem preußischen Sieg befürchten, für seinen Verrat bestraft zu werden, Gebiete zu verlieren oder sogar seine Unabhängigkeit. Also befiehlt Ludwig die Mobilmachung seiner Armee.

In München erfasst fiebrige Kriegsbegeisterung die Bevölkerung. Am 17. Juli 1870 nimmt der König, aus Schloss Berg in die Hauptstadt zurückgekehrt, hochgestimmt wie selten den Beifall entgegen, der von den Menschen unten hinaufbrandet zum Fenster der Residenz.

Am 19. Juli erklärt Paris Berlin den Krieg.

Das Kommando über die bayerischen Truppen übernimmt der preußische Kronprinz Friedrich Wilhelm. Als der aus München ins Feld abreist, lässt Ludwig ihm einen Brief übergeben: Er wünsche, Bayerns Selbstständigkeit gewahrt zu sehen, sobald wieder Frieden herrsche.

Fast 100 000 Soldaten schickt Ludwig in den Krieg. Allmählich erfasst die Begeisterung für die deutsche Sache nach den Städten auch das ländliche Bayern.

Überall in den deutschen Staaten verfolgen die Menschen in diesen Hochsommerwochen, berauscht vom neuen Nationalgefühl, die Siege der Truppen im Elsass und in Lothringen – anders dagegen Bayerns König, der sich einmal mehr zurückzieht. Zu Reisen an die Front, ins deutsche Hauptquartier, ist er nicht zu bewegen.

Als am 1. und 2. September 1870 die wichtigste Schlacht geschlagen und Frankreichs Kaiser Napoleon III. gefangen genommen wird, weilt Ludwig auf Schloss Berg. An der Siegesfeier in München nimmt er nicht teil.

Unterdessen führt Paris den fast verlorenen Krieg als Republik weiter. Auch in Bayern nimmt jetzt die Zahl derjenigen zu, die einen deutschen Nationalstaat wollen, wie ihn Bismarck anstrebt – also ohne Österreich.

Geht es nach Preußens Regierungschef, soll dieses Deutsche Reich als Oberhaupt einen preußischen Kaiser haben. Und Bayerns König soll ihn im Namen der anderen Fürsten küren. Im September setzt Otto von Bismarck die bayerische Regierung offiziell von diesem Wunsch in Kenntnis. Im Gegenzug soll Bayern umfangreiche Sonderrechte im neuen Nationalstaat erhalten.

Aber Ludwig sträubt sich. Er verzweifelt an der wachsenden Gewissheit, dass er der Idee der Reichsgründung, der vorherrschenden Stimmung im Land wenig entgegenzusetzen hat. „Es ist ein Jammer!", schreibt er.

Ein Jammer. Aber nicht zu verhindern, das sieht bald auch Ludwig. Also schickt er mehrere Minister ins französische Versailles, um mit Bismarck über die Modalitäten des Beitritts Bayerns zum Reich zu verhandeln.

Er will zumindest die Bedingungen für sich und sein Land so erträglich wie möglich

KÄMPFER: Ludwig versucht, die Unabhängigkeit Bayerns zu bewahren

gestalten; Gebietsvergrößerungen sollen seine Minister heraushandeln und eine Summe von zwei Millionen Francs.

Die Verhandlungen in Versailles ziehen sich über Wochen. Am 23. November werden sich Bismarck und die bayerischen Minister schließlich einig: Bayern tritt dem zu gründenden Deutschen Reich bei.

Von den Konzessionen, auf die Ludwig hofft, Geld und Gebietserweiterungen, ist zwar nun keine Rede mehr. Doch dafür erhält Bayern etliche Sonderrechte: die eigene Verwaltung von Eisenbahn und Post, die Militärhoheit in Friedenszeiten, ein eigenes Außenministerium.

Und doch besiegelt der Vertrag das Ende des bisherigen Königreiches. Reichsrecht steht künftig über Landesrecht. Bayern muss seine Währung aufgeben – alles diktiert von Preußen, dem größten Land des künftigen Deutschen Reiches, mit einem Zwei-Drittel-Anteil an Einwohnern und Grundfläche.

Symbolisch vollzogen werden soll die Reichseinigung durch die deutschen Fürsten. Aber Ludwig II. weigert sich, nach Versailles zu kommen, um Preußens König die Kaiserwürde anzutragen. Schließlich signalisiert man ihm, er könne das Angebot auch schriftlich unterbreiten.

Ludwig weiß, dass Bayern außerhalb des Reiches nicht allein überlebensfähig ist. Er weiß, dass er nicht Nein sagen kann – und kann sich doch kein Ja abringen. Als sein Vertrauter Maximilian von Holnstein einen von Bismarck verfassten Briefentwurf aus Paris überbringen will, zieht sich der König mit Zahnschmerzen ins Bett zurück und lässt ihn warten, stundenlang.

Als Holnstein schließlich vorgelassen wird, muss er mit dem Volkswillen drohen und mit der Armee, die vor Paris steht und den Kaiser jederzeit ausrufen könnte, bis der König einlenkt und den Kaiserbrief unterschreibt.

Der Brief ist in Versailles noch nicht übergeben, als Ludwig schon versucht, den Einigungsvertrag wieder aufzukündigen oder wenigstens zu ändern. Mal hofft er auf unzumutbare Bedingungen, die sich zur Ablehnung anbieten, mal will er Preußens König Wilhelm I. den Vorschlag machen, das Kaisertum zwischen den Häusern Wittelsbach und Hohenzollern abwechseln zu lassen.

Als am 18. Januar 1871 im Spiegelsaal des Schlosses von Versailles Wilhelm I. zum deutschen Kaiser proklamiert wird, fehlt der bayerische König. Das Haus Wittelsbach wird durch die Prinzen Luitpold und Otto vertreten, den Onkel und den Bruder des Monarchen.

Endgültig verloren ist Bayerns Souveränität damit noch nicht. In München muss der Landtag der Verfassungsänderung, die zum Verzicht auf die Unabhängigkeit notwendig ist, mit einer Zweidrittelmehrheit zustimmen. Die erste Kammer hat ihr Einverständnis längst erklärt – in der zweiten Kammer aber streiten die Abgeordneten zehn Tage lang. Die Meinungen gehen weit auseinander, in der Bevölkerung wie im Parlament. In Industriestädten wie Augsburg und Nürnberg versprechen sich die Bürger vom Beitritt einen wirtschaftlichen Aufschwung. In Ostbayern fürchtet man, Grenzland zu werden.

VERLIERER: 1871 wird Bayern Teil des neu gegründeten Deutschen Reichs

Am 21. Januar 1871, drei Tage nach der Kaiserkrönung in Versailles, entscheiden sich in München die Landtagsabgeordneten mit 102 zu 48 Stimmen für den Beitritt Bayerns zum Deutschen Reich.

°

DER KÖNIG LEIDET unter seinem Machtverlust. Zwar mag ihm mehr daran liegen, seinen Einfluss zu inszenieren, als ihn tatsächlich auszuüben. Aber das Trauma der verlorenen Souveränität verfolgt ihn. Es ist eine durch nichts wiedergutzumachende Kränkung, ein Schmerz, der chronisch wird und ihn zusehends in die Flucht treibt aus der bis zur Unerträglichkeit veränderten Welt.

Die ausländischen Diplomaten melden weiterhin Befürchtungen in ihre Länder, der König verliere langsam den Verstand: Vor Diners am Hof trinkt er zu viel, um seine Scheu vor Menschen zu überwinden, und spricht dann offen von Abdankungsplänen, erklärt, zu den Verträgen mit Preußen gezwungen worden zu sein, erkundigt sich nach schnell wirkenden Giften.

Bismarck (der mittlerweile ein gutes Verhältnis zu Ludwig pflegt) ist alarmiert. Der Kanzler des neuen Deutschen Reichs will seinen Verbündeten im Haus der Wittelsbacher nicht verlieren. Ludwigs Wünsche nach finanzieller Entschädigung, in den Vertragsverhandlungen noch unberücksichtigt geblieben, werden nun in Geheimverhandlungen erfüllt. Bismarck gewährt eine jährliche Zahlung von 300 000 Mark an ihn.

Anfang Mai 1871 beendet ein formeller Friedensschluss mit Frankreich den Krieg. Gut zwei Monate später ziehen die bayerischen Truppen wieder in München ein, angeführt vom Kronprinzen der Hohenzollern, bejubelt von Tausenden. Ludwig hält das alles nicht aus. Am Tag nach der Parade fährt er früh um vier nach Berg.

Seine Teilnahme am Festbankett, 900 geladene Gäste, sagt er ab – ohne Rücksicht auf diplomatische Verwicklungen, auf die Stimmung in der Bevölkerung. Ludwig entzieht sich, von nun an entschiedener denn je.

Hinter den Kulissen wütet er hemmungslos gegen die „räuberische Hohenzollern-Bagage“ und deren

„schändliche, falsche, satanische Politik". Nur Otto von Bismarck vertraut er.

Dem Kaiser begegnet Ludwig zum letzten Mal am 13. Juli 1874, bei einem Diner in München. Wilhelm I. ist auf der Durchreise. Am gleichen Tag hat Bismarck ein Attentat nur leicht verwundet überlebt. „Für Uns ist dies ganz besonders wichtig", lässt Ludwig den Kaiser wissen, „denn wäre der nicht gewesen, hättest Du uns schon 1866 annektiert und seither schon öfters."

Weitere Begegnungen mit Wilhelm meidet der König – so wie er überhaupt der Welt immer mehr auszuweichen scheint: Diners und Bälle bei Hofe werden immer seltener, im Sommer 1875 erscheint er bei einer Truppenparade zum letzten Mal in der Öffentlichkeit. All die Empfänge, Eröffnungen, Besuche und Besichtigungen, sämtliche Repräsentationspflichten übernehmen nun Familienmitglieder, Onkel und Cousins.

Nicht einmal bei den Feiern zum 700-jährigen Regierungsjubiläum der Wittelsbacher 1880 wird sich Ludwig noch blicken lassen, ein Affront. Was soll schon geschehen, findet er: „Revolution machen sie ja doch nicht."

Ein Theater besucht er nur noch in Privatvorstellungen, die allein für ihn angesetzt werden. Er will nicht bei Gefühlsausbrüchen beobachtet werden. Manche Werke lässt er eigens einstudieren, nicht selten neue Stücke schreiben, die an den Höfen der französischen Bourbonenkönige zu spielen haben. Die Schauspieler treten vor leere Ränge und müssen nach dem letzten Akt still auf der Bühne verharren, bis der König in seiner Loge bereit ist, in die Wirklichkeit zurückzukehren.

Die Blicke, die belanglosen Gespräche, das Lächeln und Grüßen: All das ganze Königsein vor Publikum erträgt Ludwig nicht mehr. Auch aus Eitelkeit – dick ist er geworden und hat die meisten Zähne verloren, das kann auch der Kinnbart nicht verbergen. Unsicher wirkt er auf jene, die ihm begegnen, spricht hastig, fahrig, vernuschelt.

Nachts sitzt er über Staatspapieren, lässt sich Bericht erstatten, fühlt sich unwohl in diesem Korsett aus lästigen Pflichten. Die meiste Zeit des Jahres verbringt er auf seinen Schlössern und Berghütten, „fern von der profanen Alltagswelt, der heillosen Politik, die mit ihren Polypenarmen mich umschlingen will und jede Poesie so gerne gänzlich ersticken möchte", wie er Wagner anvertraut.

Mehrmals versucht er in diesen Jahren, sich und sein Amt vor den Übergriffen Berlins, der katholischen Parlamentsmehrheit in München, seiner Minister, ja seiner Untertanen zu beschützen. „Wenn es wirklich so kommen wird, wie es den Anschein hat, dass das Volk beständig in das sich mischt, was meines königlichen Amtes ist, so danke ich jedenfalls ab. Entweder herrsche Ich oder das Volk, zusammen tun wir nicht gut", schreibt er einem Kabinettssekretär.

Allerdings ändern der Widerwille gegen das politische Tagesgeschäft, die Scheu vor Menschen, all die Angst und Weltabgewandtheit nichts an seinem Traum von absoluter Macht. Und so beauftragt er Vertraute mit dem Aufbau einer geheimen „Coalition", die ihm zurückbringen soll, was er für sein Geburtsrecht hält. „Wie eine eiserne, strenge, fürchterliche Inquisition muss die Coalition unsichtbar, aber doppelt machtvoll das ganze Land beherrschen und jede schlechte Regung im Keime ersticken, die freiheitlich demokratische, nationale Richtung sowie die ultramontane, römische bekämpfen."

Kurz: Ludwig will die Konterrevolution, wenn auch eine lautlose, unblutige. Er will als Monarch Alleinherrscher sein, sich nicht den Ansprüchen Preußens beugen müssen – und auch nicht dem Willen des Volkes. Die Wahl der Mittel überlässt er Mitverschwörern. Um Details kümmert er sich nicht, gibt sich mit Versprechungen zufrieden, nicht ahnend, dass fast nie etwas dahintersteckt.

Er scheint nicht einzusehen, nicht sehen zu wollen, wie realitätsfern der Gedanke an einen Putsch ist; dass er sich und sein Land nicht so einfach wieder losreißen kann vom Deutschen Reich – und dass es kein Zurück gibt zur absoluten Macht früherer Jahrhunderte.

Mehr als ein Jahrzehnt lang wird er diesen Plan verfolgen, immer neue Helfer rekrutieren und bezahlen. Und sich täuschen lassen von dem, was sie ihm über den Aufbau des Geheimbundes berichten.

Denn die Erfolge, die ihm seine Vertrauensmänner über die Arbeit der Coalition vermelden, sind größtenteils reine Erfindung: die Zahl von fast 10 000 Putschbereiten in Bayern, die meinungsmachenden Pressekampagnen, die geplante Unterwanderung der katholischen Kirche, die anonymen Drohbriefe an Gegner der Monarchie, vor allem Sozialdemokraten.

Selbst wenn Ludwig ahnen sollte, dass es kaum vorangeht mit seinem Geheimbund, hält ihn dies nicht davon ab, die Pläne weiterzuverfolgen. Zugleich aber wappnet er sich für den Fall, dass sein Umsturzversuch scheitern sollte, mit einem zweiten Plan: Wenn sein Traum in Bayern nicht zu verwirklichen ist, warum nicht anderswo?

Und so denkt er ernsthaft darüber nach, Bayern zu verlassen und sich anderswo ein Reich zu suchen, in dem er regieren kann, wie

VERRÄTER: Ein Putsch soll Ludwig die alleinige Macht im Staat verschaffen

SCHLOSS NEUSCHWANSTEIN hat die Form einer mittelalterlichen Burg, doch im Inneren ist Ludwigs berühmtester Bau mit Telefon, elektrischem Licht und Zentralheizung ausgestattet

es ihm passt. Er schickt den Direktor des bayerischen Reichsarchivs auf lange Erkundungsreisen nach Griechenland, Zypern, auf die Kanarischen Inseln.

Der Beamte empfiehlt dem König, doch besser in Bayern zu bleiben – und wenn das Fernweh all zu groß sei, einige Monate auf einer griechischen Insel zu verbringen. Doch sollte er sein Reich tatsächlich für immer verlassen wollen, kämen auch die Azoren, die Philippinen oder Rügen als neue Heimat in Betracht.

Für ein geplantes Königreich auf den Kanaren lässt Ludwig 1874 eine vorläufige Verfassung aufsetzen, aber weiter entwickeln sich die Pläne nie. Die folgenden Jahre bringen nur neue, nie verfolgte Vorschläge und Ziele: Ägypten, Afghanistan oder die brasilianische Insel Santa Catarina, auf der der König mit deutschen Auswanderern aus anderen Ländern Südamerikas einen „germanischen" Staat gründen will. Doch nirgendwo öffnet sich jene andere Welt, die Ludwig so sehr herbeisehnt.

ALSO ERSCHAFFT ER sie sich selbst – in den bayerischen Bergen, seinem Zufluchtsort vor den Zumutungen der Zeit. Die Landschaft ist erhaben, die Menschen sind ehrfürchtiger, unkritischer gegen ihren König als in der Stadt. Hier kann Ludwig seinen Untertanen unbefangen gegenübertreten, bei Ausfahrten und Wanderungen leutselig Gespräche beginnen, großzügig Schmuck und Geld verteilen. Hier ist er der Herrscher, der er sein will, hier entwirft er eine Welt nach seinen Vorstellungen.

Künstlicher Mondschein erhellt sein Schlafzimmer auf Schloss Hohenschwangau, an der Decke strahlt ein

HERRENCHIEMSEE ist Ludwigs teuerstes Projekt. Der Wittelsbacher will mit dem Prachtbau das Schloss von Versailles kopieren und so seinem Vorbild nacheifern: dem Franzosenkönig Ludwig XIV.

ganzer Sternenhimmel, um sein Bett stehen Nachahmungen von Orangenbäumen.

In der Nähe lässt der König schon seit 1869 anstelle der alten Burg Vorderhohenschwangau eine neue errichten, im Stil einer mittelalterlichen Festung, aber ausgestattet mit Wasserklosetts und einer elektrischen Rufanlage.

Die Burg liegt auf einem schmalen Bergrücken an der Pöllatschlucht, gleich gegenüber von Ludwigs Familiensitz Hohenschwangau. So wie sein Vater einst dieses baufällige Schloss im gotischen Stil hergerichtet hat, will Ludwig auf den Felsen über der Schlucht seine Ritterburg setzen (sie wird später den Namen „Neuschwanstein" erhalten). Ein Bau für die Ewigkeit, in dem sich Mittelalter und Moderne ineinanderfügen.

Gleichzeitig entsteht im Graswangtal das Schloss Linderhof, nach dem Vorbild eines Prachtbaus im Park von Versailles: die Privaträume im Obergeschoss eingerichtet im Louis-quinze-Stil, die Gartenanlagen mit Wasserspielen und Pavillons.

Oberhalb des Schlosses lässt der König in einem Berghang eine künstliche Tropfsteinhöhle samt See und Wasserfall anlegen, mit hölzernen Stalaktiten, Schlingpflanzen aus Gips, einer Felsenlandschaft aus Stahlgerüsten, Draht und Sackleinen, bestrichen mit einer Mischung aus Zement und Muschelkalk, versetzt mit Spießglas, das die Felsen glitzern lässt wie Einsprengsel aus Kristall.

Noch ehe die Arbeiten in Linderhof vollendet sind, beginnt Ludwig ein neues Bauprojekt, das teuerste von allen. Er hat die 238 Hektar große Herreninsel im Chiemsee erworben und lässt dort im Mai 1878 den Grundstein für ein neues Schloss legen, einen barocken Dreiflügelbau nach dem Vorbild von Versailles. 16 Jahre Bauzeit sind veranschlagt für dieses Denkmal an das Sonnenkönigtum.

Zu jedem seiner Bauprojekte fordert der König Pläne und Bildentwürfe an. Nächtelang korrigiert er sie bis in winzige Details, plant neu, plant um. Bei jedem Leuchter, jedem Türbeschlag nimmt er es genau bis zur Besessenheit, alles ist Teil eines verrätselten Gesamtkunstwerks voller versteckter Anspielungen und Verweise auf Geschichte, Literatur, Philosophie. Der König geht auf in der Rolle des verkannten Künstlers, der sein Glück nur abseits der Gesellschaft in der Einsamkeit finden kann.

°

UM 1880 GILT SEINE Aufmerksamkeit fast nur noch seinen Bauten. Die Aufenthalte in seinen Schlössern dehnen sich immer weiter aus, und wenn er doch aufbrechen muss nach München, will der König oft noch auf halbem Wege umkehren. Seinen Kabinettssekretär lässt er wissen, dass er die Landeshauptstadt, das „verfluchte Nest", gern anzünden würde. Oft spricht er stundenlang von Selbstmord. Die ohnehin seltenen Bankette sagt er manchmal in der Nacht zuvor kurzerhand ab, und wenn sie doch stattfinden, lässt er den Blumenschmuck vor seinem Platz so üppig auftürmen, dass er für seine Gäste kaum zu sehen ist. Nur Wein und Champagner versetzen ihn in die Lage, den Abend durchzustehen, und die Musik lässt er so laut spielen, dass Tischgespräche unmöglich werden.

In München fürchtet er um sein Leben. Angst macht ihm vor allem die Sozialdemokratie – völlig grundlos, wie der Polizeipräsident versichert. Dennoch verlässt Ludwig die Residenz nur noch mit einer großen Gendarmeneskorte und besteht darauf, dass vor seinen Spaziergängen die Wege des Englischen Gartens bewacht werden.

Die Schuld an dem wachsenden Einfluss der Sozialdemokraten gibt er Preußen. Sein Hass auf den Kaiser verliert nun jedes Maß: Einmal spuckt er im Vorbeigehen auf eine Büste Wilhelms I.

Sein Leben ist ihm zur Qual geworden, Kopf und Gebiss schmerzen, an den wenigen verbliebenen Backenzähnen sind notdürftig künstliche Zähne mit Darmsaiten befestigt. Einen Zahnarzt, der ihm dringend zu einer Prothese rät, lässt der König wissen, Ludwig XIV. habe auch keine getragen.

Meist steht er erst um 17 Uhr auf, geht dann morgens nach vielen Stunden Arbeit ins Bett, kann aber ohne eine Dosis des Schlafmittels Chloralhydrat nicht einschlafen. In den Bergen verbringt er ganze Nächte draußen, mit Kutsch- oder Schlittenfahrten.

Wie eine Geistererscheinung fliegt sein Schlitten in hellen Winternächten über leere Straßen, gezogen von vier Pferden, Rappen oder Schimmeln, die Bediensteten kostümiert mit samtenen Rokoko-Kostümen und weißen Zopfperücken. In späteren Jahren glühen die Seitenlampen und die gläserne Krone elektrisch auf, gespeist aus einer verborgenen Batterie.

Auf Schloss Linderhof lässt sich der König im vergoldeten Muschelkahn über den See in der Tropfsteinhöhle rudern und füttert herbeigeschaffte Schwäne. Eine Wellenmaschine versetzt das Wasser in Bewegung, Öfen heizen es auf Badetemperatur. Ein Elektrizitätswerk versorgt Bogenlampen mit Strom, fünf Beleuchtungsfarben wechseln sich ab.

Die Gesandten am Münchner Hof vermelden in ihren Geheimberichten immer neue Merkwürdigkeiten über das Verhalten des Königs – etwa Ehrfurchtsgesten, zu denen er seine Diener zwingt, entliehen dem Hofzeremoniell eines chinesischen Kaisers des 14. Jahrhunderts, dem sich alle Welt nur kriechend nähern durfte, die Stirn am Boden.

Er weigert sich, Minister und Sekretäre zu empfangen. Was er ihnen mitzuteilen hat, gibt er auf bleistiftbeschriebenen Zetteln bekannt, unter der Zimmertür weitergeschoben an einen Lakaien, der seine Wünsche in förmliche Schreiben an die Beamten übersetzen muss.

Husten, Niesen, Räuspern, Altbayerisch sprechen ist Bediensteten in Gegenwart Seiner Majestät verboten. Ein Kammerdiener, der dem König beim Ankleiden versehentlich in die Augen geschaut hat, muss zur Strafe ein Jahr lang eine schwarze Maske tragen, ein anderer ein Lacksiegel auf der Stirn als Zeichen seiner Dummheit.

Ludwig spuckt seinen Dienern ins Gesicht, er beißt sie, tritt und ohrfeigt. Schlägt mit Wut und Worten um sich. Minister und andere, auf die sein Zorn fällt, will er totprügeln lassen, nach Amerika deportieren oder in Verliesen einkerkern.

Im Februar 1885 geht der König dazu über, Soldaten der leichten Kavallerie als Kammerdiener abzuordnen. Sie wecken ihn und kleiden ihn an, tragen die Speisen auf und erledigen seine Korrespondenz. Und er setzt sie ein, um seine Fantasiewelten zu bevölkern. Im Berghaus im Wettersteingebirge rauchen sie mit ihm in maurischer Tracht türkische Pfeifen, in der Holzhütte in der Nähe von Schloss Linderhof liegen sie dem König auf Bärenfellen zu Füßen und trinken Met. Angeblich soll es auch zu erotischen Spielen gekommen sein.

Affären dieser Art wären keine Privatangelegenheit: Per Reichsgesetz stehen seit 1871 homosexuelle Handlungen zwischen Männern in Bayern unter Strafe.

Ludwig erfährt wohl nichts von den Gerüchten unter den Diplomaten, in den Bierkneipen. Die Krise, die ihn umtreibt, ist eine andere: Ihm geht das Geld aus. Die Mittel für seine Schlossbauten kommen nicht aus dem laufenden Staatshaushalt, sondern aus der Hof- und Kabinettskasse. Sie soll alle Kosten des königlichen Haushalts decken und hat jährlich mehr als vier Millionen Mark zur Verfügung – eine Summe, die längst nicht ausreicht für Ludwigs Bauleidenschaft.

Seit Jahren verschuldet er sich immer weiter, schon Anfang 1882 kann der Hofsekretär die laufenden Rechnungen nicht mehr pünktlich begleichen. Im Frühjahr 1884, die Schulden sind auf mehr als acht Millionen Mark gewachsen, wenden sich Handwerker mit einer Petition an den König: Viele von ihnen haben

PROBLEMFALL: Zweifel am Geisteszustand des Königs nehmen immer weiter zu

seit Jahren kein Geld erhalten. Sollten sie die königliche Kabinettskasse verklagen, könnten die Schlösser samt Einrichtung beschlagnahmt und gepfändet werden.

Dem Finanzminister gelingt es, einem Bankenkonsortium ein Darlehen über 7,5 Millionen Mark abzuverhandeln, die engsten Verwandten des Königs bürgen mit dem Familienvermögen. Und Otto von Bismarck gewährt eine Sonderzahlung von einer Million Mark.

Ludwig aber denkt gar nicht daran, das Geld zur Schuldentilgung zu verwenden. Noch ehe der Kreditvertrag unterzeichnet ist, kauft er heimlich über einen Mittelsmann die Burgruine Falkenstein bei Pfronten im Allgäu. Der König lässt weiterbauen. (Ein gutes Jahr später werden sich seine Außenstände auf 14 Millionen Mark belaufen.)

Der Verlust seiner Schlösser droht. „Wenn dies nicht rechtzeitig verhindert wird", lässt Ludwig wissen, „werde ich mich entweder sofort töten oder jedenfalls das verfluchte Land, in welchem so Schauderhaftes geschah, sofort und für immer verlassen."

Die Presse schreibt über die Geldprobleme des Monarchen, die Bevölkerung fürchtet Steuererhöhungen. Das Außenministerium sammelt vom Sommer 1885 an in einem Dossier Zeitungsberichte aus Bayern und dem Ausland, die offen über die Schulden und homosexuellen Beziehungen des Herrschers mutmaßen und seinen zurückgezogenen Lebensstil kritisieren.

Ludwigs Minister suchen nach einem Ausweg und nehmen Gespräche mit Prinz Luitpold auf, dem Onkel des Königs. Luitpold ist ein naher Verwandter und könnte stellvertretend die Regentschaft übernehmen. In der Verfassung ist dieser Schritt allerdings nur für den Fall einer Erkrankung des Monarchen vorgesehen, die länger andauert als ein Jahr (Ludwigs Bruder Otto kommt dafür nicht infrage; er steht seit Jahren unter ärztlicher Aufsicht, unheilbar an Schizophrenie erkrankt).

Ob Bayerns König noch geistig gesund ist, scheint fraglicher denn je. Immer verzweifelter versucht er, Geld für seine Bauprojekte aufzutreiben: Mal sollen Vertraute für ihn als Bittsteller auftreten bei den Reichen der Welt, dem Herzog von Westminster, dem Sultan von Konstantinopel, dem Schah von Persien. Dann wieder ordnet er Einbruchdiebstähle bei Banken in Paris oder Frankfurt an.

Den Ausschlag gibt die Vollmacht über eine Anleihe von bis zu 25 Millionen Mark, die er im Februar 1886 einer Stuttgarter Geldvermittlerin ausstellt. Die Frau ist eine Hochstaplerin, die Katastrophe nur im letzten Moment noch abzuwenden. Tags darauf beschließt das Kabinett des Königs, Ludwigs „Gesundheitsverhältnisse" überprüfen zu lassen.

Die Minister wenden sich an den Obermedizinalrat Bernhard von Gudden, einen Universitätsprofessor und Direktor der Kreisirrenanstalt München, zuständig auch für die Betreuung des Prinzen Otto. Und schon bei der ersten Besprechung mit den Kabinettsmitgliedern erklärt Gudden, er sei davon überzeugt, dass der König „originär verrückt" sei und damit regierungsunfähig. Ein entsprechendes Gutachten will er nach Aktenlage erstellen, eine persönliche Untersuchung hält er für nicht umsetzbar.

In den Reihen der Regierung bleiben Zweifel an Guddens Diagnose. Ein Sonderling und Fantast ist der König ganz sicher – aber geisteskrank?

Im April 1886 reichen erste Gläubiger bei Gericht Klage ein gegen die Kabinettskasse. Ludwig II. will sich nun vom Landtag Staatsgelder bewilligen lassen. Aber die Minister raten ihm dringend davon ab. Sie gehen davon aus, dass die Abgeordneten ihm das Geld verweigern würden, und wie stünde er dann da?

Der König solle besser seine selbst gewählte Isolation aufgeben und nach München zurückkehren, so das Kabinett; zudem einen Baustopp verhängen, radikal sparen und die Kavalleristen aus seiner Nähe entfernen.

Ludwig tobt. Auspeitschen lassen will er das „Ministergesindel". Einem seiner wenigen Vertrauten schreibt er: „Gar nicht regieren und nicht leben, wäre dem vorzuziehen, wie das Pack es vorschlägt."

Die Bauten, lässt er wissen, „müssen weitergehen: Mein Lebensglück hängt davon ab."

Dann beauftragt er seinen Hoffriseur mit der Suche nach neuen Ministern, einem neuen Kabinettssekretär.

Vier führende Nervenärzte verantworten das psychiatrische Gutachten, das sich auf gesammelte Zeugenaussagen und zahlreiche Briefe des Königs stützt – nicht jedoch auf persönliche Untersuchungen Ludwigs.

Am 8. Juni 1886 ergeht ihr Urteil: „Seine Majestät sind in sehr weit vorgeschrittenem Grade seelengestört, und zwar leiden Allerhöchstdieselben an jener Form von Geisteskrankheit, die den Irrenärzten aus Erfahrung wohl bekannt mit dem Namen Paranoia (Verrücktheit) bezeichnet wird." Tags darauf wird die Entmündigung des Monarchen beschlossen.

Ehe Prinz Luitpold in allen Zeitungen des Landes zum Regenten proklamiert wird, reist eine elfköpfige Kommission aus Politikern, Ärzten und Pflegern nach Neuschwanstein, zur noch nicht vollendeten, weiß strah-

MORDOPFER? Nach dem mysteriösen Tod des Königs gehen wilde Gerüchte um

lenden Burg, die der König auf die Felsen hat türmen lassen. Ausgerechnet hier, wo er sich vor der Welt verstecken will, will man ihm das Ende seiner Herrschaft verkünden und ihn in ärztlichen Gewahrsam überstellen. Der Versuch scheitert: an Gendarmen, die Ludwig aufmarschieren lässt, an wütenden Dorfbewohnern, bewaffnet mit Äxten, Knüppeln, Mistgabeln.

Die Kommission reist ab, ohne den König.

Ludwig scheint wie gelähmt. Kann sich weder zur Flucht entschließen über die Grenze nach Tirol noch zur Fahrt nach München, um dort vor sein Volk zu treten, wie Otto von Bismarck ihm per Telegramm anrät.

In Neuschwansteins unfertigem Thronsaal spricht er seine Gedanken in den leeren Raum, nur ein Diener hört sie: „Von der höchsten Stufe des Lebens hinabgeschleudert zu werden in ein Nichts – das ist ein verlorenes Leben. Dass man mir die Krone nimmt, könnte ich verschmerzen, aber dass man mich irrsinnig erklärt hat, überlebe ich nicht."

Er denkt laut an Suizid, dann wieder an Flucht, dann an sein Volk, das ihn doch befreien wollen müsste. Schaut stumm vom Balkon über die Bergwelt, schreitet durch alle Räume des Schlosses, das seine Fantasie geschaffen hat, und winkt grüßend wie zum Abschied den Wänden zu.

Als schließlich eine zweite Kommission aus München anreist, zwei Ärzte, fünf Pfleger und ein Gendarmeriehauptmann, fügt sich der König in sein Schicksal. In einer verschlossenen Kutsche bringt man ihn nach Schloss Berg, als Patienten unter ständiger Überwachung, die verriegelten Zimmertüren mit Sehschlitzen versehen, das Tischbesteck würdelos auf stumpfe goldene Obstmesser beschränkt.

Am 13. Juni 1886, Pfingstsonntag, einen Tag nach seiner Ankunft in Berg, brechen Ludwig und sein Arzt Bernhard von Gudden gemeinsam kurz vor 19 Uhr zu einem Spaziergang am Seeufer auf. Sie kehren nicht zurück.

Kurz vor 23 Uhr findet ein Suchtrupp ihre Leichen, im Wasser treibend.

°

DER PFARRER VON AUFKIRCHEN bei Starnberg, der die Toten ins Sterbebuch der Gemeinde einträgt, vermerkt als Todesursache des Königs: „Hat sich in seiner Geisteszerrüttung selbst in den See gestürzt." Und für den Obermedizinalrat Gudden: „Ist beim Versuch, den König zu retten, ertrunken."

Am 15. Juni 1886 beginnt in der Münchner Residenz die Autopsie. Am Körper des Königs – Größe 191 Zentimeter, Bauchumfang 120 Zentimeter, fast zahnloser Oberkiefer – finden die Mediziner keine äußeren Verletzungen. Dafür eine Asymmetrie und andere knöcherne Anomalien des Schädels und auffällige Schrumpfungserscheinungen im linken und rechten Stirnlappen. An der Leiche seines Psychiaters stellen die Ärzte Spuren eines Angriffs, einer versuchten Abwehr fest.

In München gehen nun Gerüchte um, Ludwig sei, geistig völlig gesund, in den Tod getrieben worden, schuld an seinem Schicksal sei der Prinzregent Luitpold. Ahnungen und Misstrauen wachsen zu anderen Wahrheiten, zu unerschütterlichen Überzeugungen, die auch mehr als ein Jahrhundert später noch bestehen.

Etwa: Ludwigs Tod war kein Suizid, sondern eine gescheiterte Flucht. Beim Versuch, schwimmend einen Kahn zu erreichen, den ihm Helfer, vielleicht sogar Österreichs Kaiserin Elisabeth, zur Rettung geschickt haben, soll der König ertrunken oder an einem Herzinfarkt gestorben sein.

Oder: Ludwigs Tod war ein Mord, ein Attentat, begangen vom preußischen Geheimdienst oder Gegnern in der eigenen Regierung.

Oder es war ein Unglücksfall, ein versehentlicher, fehlgeleiteter Schuss, abgefeuert von einem im Schlosspark patrouillierenden Gendarmen. Der königliche Leibfischer behauptet, bei der Bergung Einschusslöcher am Leichnam des Königs gesehen zu haben.

Auch auf diesen Vermutungen gründet der Mythos vom Märchenkönig, der Kult undenkbar ohne die finale Tragödie. Erst von ihrem Ende betrachtet, entfaltet seine Geschichte ihre ganze Wirkmacht.

Die Guglmänner, ein mysteriöser Bund, dessen Mitglieder sich öffentlich nur verhüllt in schwarzen Kutten und Kapuzen mit Sehschlitzen zeigen und traditionell bei Beisetzungen bayerischer Könige den Särgen voranschritten, glauben bis heute an eine Verschwörung gegen den König, einen Mord.

Jedes Jahr laden sie zum Todestag am 13. Juni zur Gedenkfeier. Denn in ihrer Erinnerung herrscht er noch ungebrochen, Ludwig II. von Bayern, absoluter König. ◊

LITERATURTIPPS

WILHELM WÖBKING
»Der Tod König Ludwigs II. von Bayern: eine Dokumentation«
Präzise Rekonstruktion der Ereignisse um den Tod des Königs (Rosenheimer).

CHRISTOF BOTZENHART
»Ein Schattenkönig ohne Macht will ich nicht sein«
Politische Studie, geht auch auf Ludwigs geheime Pläne für einen Systemwechsel ein (C. H. Beck).

IN KÜRZE

Ludwig II., seit 1864 Bayerns König, möchte wie ein absolutistischer Herrscher regieren – doch Verfassung und Parlament binden ihm die Hände. Er kann nicht verhindern, dass Bayern 1871 seine staatliche Souveränität an das Deutsche Reich abgeben muss. Immer mehr wendet er sich nun extrem teuren Bauprojekten zu. In Sorge um das Ansehen der Monarchie lassen seine Minister ihn 1886 für geisteskrank erklären. Kurz darauf stirbt der König unter mysteriösen Umständen.

Abseits der WELT

Armut, Elend und zehrende Arbeit prägen jahrhundertelang das Leben in den bayerischen Bergen. Hart schuften die Familien, um die langen Winter zu überstehen. Doch dann hält die Moderne Einzug in den Alpen, erreichen erste Eisenbahntrassen die Täler. Das Leben der Bergbauern wandelt sich rasant – auch in dem Allgäuer Dorf Gerstruben, dessen Bewohner 1892 eine schicksalhafte Entscheidung treffen

EIN HIRTE wacht im Schatten eines Zweitausenders über eine Schafherde. Für das Hüten des Viehs heuern viele bayerische Bergbauern Kinder aus noch ärmeren Regionen an – und entlohnen sie mit kaum mehr als ein paar Kleidungsstücken

DEN KÄSE, den die Allgäuer für den Handel herstellen, produzieren Sennen (oben) im Sommer direkt auf den Almen, wo sie in einfachen Hütten wohnen. Das Wissen um die Herstellung haltbarer Laibe stammt von Spezialisten aus der Schweiz und dem Limburgischen

STOLZ POSIERT eine fränkische Familie samt Nachwuchs für den Fotografen. Kind zu sein ist im rückständigen Bayern gefährlich: Mancherorts erlebt nicht einmal die Hälfte aller Mädchen und Jungen den fünften Geburtstag

SENNEN wie diese beiden Männer aus dem Allgäu kümmern sich um die Kühe, die in der warmen Jahreszeit nahe den Gipfeln weiden, melken sie und verarbeiten die Milch. Eine einsame Arbeit, die jährlich mit dem Viehscheid endet, dem Almabtrieb im Herbst

NUR WENIGE frostfreie Monate im Jahr bleiben den Bergbauern, um ihre Felder zu bestellen und die Almen zu bewirtschaften. Im Winter ist Zeit für Forstarbeiten: Mit Pferd und Schlitten transportieren diese Männer Baumstämme durch die verschneiten Allgäuer Alpen

UM 1870 erreicht die Industrialisierung das Allgäu. Großsennereien machen den Bergbauern nun Konkurrenz, viele müssen ihre Höfe aufgeben. Gleichzeitig wird die Region als touristisches Ziel immer beliebter: Diese Alm bei Oberstdorf bietet als eine der ersten Schlafplätze für Fremde

DAS DORF Gerstruben (hier die zugehörige Almhütte), gelegen an einem Hang unterhalb der Höfats im Allgäu, ist bis 1889 nur über einen schmalen Pfad erreichbar. Bei Schnee sind die neun Bauernhäuser oft wochenlang von der Außenwelt abgeschnitten

EIN BERGBAUERNHOF wird zumeist an den ältesten Sohn vererbt. Dessen Brüdern bleibt ein Leben als Knecht – oder ein Leben im Tal, wo viele in Handwerksbetrieben arbeiten. Diese Schreiner stammen aus dem Bregrenzerwald, der ab 1806 für einige Zeit zu Bayern gehört

EIN BAUERNPAAR in seiner Stube, um 1900. In den einfach eingerichteten Häusern gibt es meist kein fließend Wasser. Auf der Suche nach einem leichteren Leben ziehen immer mehr Familien vom Berg in die wachsenden Städte, wo es Arbeit in Fabriken gibt

DIE MEISTEN ALLGÄUER Bauern stellen im Laufe des 19. Jahrhunderts auf Milch- und Käsewirtschaft um. Wo früher auf Äckern etwa Flachs gedieh, dehnen sich nun üppige Wiesen aus – wie hier um Tiefenbach, bekannt für seine Schwefelquellen

TEXT: *Martin Pfaffenzeller*

Schroff erheben sich die Gipfelzacken der Höfats über das Dietersbachtal. Auf mehr als 2200 Meter steigt die Allgäuer Gebirgsformation hier empor und überragt inmitten steiler Wiesen und von Lawinen hinterlassener Geröllfelder das Bergbauerndorf Gerstruben.

Wohl seit dem 14. Jahrhundert ringen Menschen der Natur hier oben, 1150 Meter über dem Meeresspiegel, ihr Leben ab. Nach und nach haben sie Gehöfte an den Hang gebaut: die Wände aus Naturstein und Holzbalken, die Schindeldächer, mit Felsbrocken beschwert.

Neun Wohnhäuser, dazu Wirtschaftsgebäude und eine Kapelle, in der eine holzgeschnitzte Maria als „Himmelskönigin auf der Mondsichel“ wacht. Ein Sägewerk unten am Dietersbach.

Hier bestimmt vor allem der Wechsel der Jahreszeiten den Rhythmus des Lebens. Wer im Sommer nicht genug erntet, nicht genug Milch gewinnt und Käse herstellt, wer zu wenig Vieh hält, der riskiert, im Winter zu hungern.

So war es über all die Jahrhunderte. Doch jetzt, im Frühjahr 1893, ziehen die Gerstruber fort. Sie packen ihre Habe zusammen und lassen sich im Tal nieder, wo die Arbeit in den Handwerksbetrieben von Oberstdorf und Sonthofen einfacher und das Leben angenehmer ist.

Denn die Dorfbewohner haben ihr Land an Unternehmer aus Kempten verkauft. Die planen eine Talsperre für den Dietersbach, der unterhalb Gerstrubens entlangfließt. Das Schmelzwasser von den Gipfeln soll den Generator eines Elektrizitätswerks antreiben. Das Dorf wird in einem Stausee untergehen.

Die Menschen hier sind nicht die Einzigen, die in diesen Jahren ihre Heimat verlassen. Viele Bergbauern geben ihre Höfe in den Hochtälern auf: wegen einer besseren Arbeit in der Stadt, der Nähe zur Schule dort, dem Wunsch nach einem bequemeren Dasein. In den Geschichten der Bergbauern spiegelt sich der Wandel Bayerns. Eisenbahn und Freihandel schließen nach und nach selbst entlegenste Dörfer an die Welt an – und verändern das Leben ihrer Bewohner für immer.

So beendet die Modernisierung die jahrhundertealte Lebensform der Bergbauern, die den kargen Alpen Jahr um Jahr ihren Unterhalt abtrotzten, ganz gleich was unten im Tal geschah – oder noch weiter draußen in der Welt.

°

DIE ERSTE URKUNDLICHE Erwähnung des Dorfes stammt von 1361, als zwei Brüder ihren dortigen Besitz aufteilen. Wann sich die ersten Siedler auf den Wiesen unterhalb der Höfats niedergelassen haben, ist nicht bekannt. Doch sie bewirtschaften das Land anfangs wohl mit anspruchsloser Gerste – und die gibt dem Dorf seinen Namen: Gerstruben (etwa „Gerste auf Geröllfeld“).

Nur ein schmaler Pfad verbindet es mit dem Tal, in dem die nächste größere Gemeinde liegt: Über knapp sieben Kilometer und 300 Höhenmeter windet er sich an einem Fluss entlang und in Serpentinen durch den Wald hinab nach Oberstdorf im Norden.

Die Bauern versorgen sich selbst in ihrem Dorf, in dem der Winter sie wochenlang von der Außenwelt abschneidet und die Temperaturen noch Ende Mai unter den Gefrierpunkt fallen. Neben Gerste bauen sie wohl bald auch Dinkel und Rüben an, züchten Kühe und kultivieren Flachs. Mit dem Holz aus dem nahen Wald befeuern sie ihre Öfen und bessern die Dächer aus.

Hin und wieder erweist sich die Abgeschiedenheit des Dorfes als Vorteil – so während des Dreißigjährigen Krieges, als schwedische Söldner plündernd durch das Allgäu ziehen. Einmal machen sich hungrige Soldaten auf den Weg in das Dorf, um Kühe und Ziegen der Bauern zu rauben. Doch die Dorfbewohner lassen Felsbrocken auf die Eindringlinge hinunterdonnern, und da geben die Schweden ihren Raubversuch auf.

Wenig später sterben in Oberstdorf 800 der 1200 Einwohner an der Pest. Die Gerstruber aber bleiben verschont.

Winter um Winter, Sommer um Sommer gehen so dahin. Liegt Schnee, sitzen die Bauersfrauen in ihren Stuben und spinnen Flachs. Aus den Fäden weben sie grobes Leinen. Manche der Männer stellen Holzfässer her und bieten sie auf Märkten im Tal an. Neben dem Verkauf von gezüchtetem Vieh ist dies eine der wenigen Möglichkeiten, an Bargeld zu gelangen.

In den frostfreien Monaten werden die Felder bestellt und abgeerntet, zudem

IM HOCHSOMMER holen die Alpenbewohner das Heu ein. Auf ebenen Flächen können sie dafür Wagen nutzen, von Steilhängen hingegen müssen gewaltige Heubündel auf den Schultern abtransportiert werden. Eine gefährliche Arbeit, bei der es häufig zu Unglücken kommt

Käse gemacht. Aber der taugt lange Zeit fast nur für den Eigenbedarf und kaum für den Handel – auch weil er zu schnell verdirbt. Kein Vergleich zu den Sorten aus dem Schweizer Emmental oder dem niederländischen Limburg.

Noch 1820 verlangt ein Bauer auf seinem Hof bei Oberstdorf sechs Kreuzer Eintritt, als er ein zentnerschweres Käserad aus der Schweiz ausstellt. Er verbirgt den Emmentaler hinter einem grünen Vorhang, wie ein Wunderding.

Doch so soll es nicht bleiben. Unternehmer wollen hochqualitativen Käse herstellen, so wie die Schweizer und Niederländer. Um 1830 werben sie eidgenössische Spezialisten an, die auf Bergwiesen Milchvieh halten und um das Geheimnis guten Käses wissen. Und sie schicken Männer ins Limburgische, um von den Käsern dort zu lernen.

Die Fremden helfen den Allgäuern bei der Vereinheitlichung der Herstellungsprozeduren, erklären ihnen, welche Temperaturen beim Rühren der Milch zu herrschen haben, wie viel Kälberlab zum Ausfällen der Milch beizugeben ist, wie man die Masse presst, salzt und reifen lässt. Schon bald hat der Allgäuer Käse der Sorten Limburger und Emmentaler eine ähnliche Qualität wie die Originale.

Zum wohl wichtigsten Händler steigt Carl Hirnbein auf, ein Unternehmer aus dem Dorf Wilhams, 30 Kilometer von Gerstruben entfernt. Hirnbein

BIS 1900 VERWAISEN viele bayerische Bergdörfer. Die Einwohner von Gerstruben (oben) verkaufen ihr Land 1892 an Unternehmer, die das Tal in einen Stausee zur Stromgewinnung umwandeln wollen – und verlassen die Siedlung an der Höfats für immer

produziert den Käse in seinen eigenen Betrieben, rund zwei Dutzend besitzt er zeitweise – und beschäftigt bald mehr als 200 Menschen, darunter Hirten, Fuhrknechte und Sennen. Zudem schließt er Verträge mit Bergbauern, die ihm Milch und Käse zuliefern.

Viele der Äcker im Allgäu werden nun zu Heuwiesen – auch die Gerstruber Bergbauern setzen fortan auf Kühe und Käse. Im Sommer weiden die Tiere hoch oben auf den Almen nahe den Gipfeln.

Ihren Eigenbedarf an Milch decken die Gerstruber mit 60 Ziegen, um die sich ein 15-jähriger Junge kümmert. Er ist eines von Tausenden Hütekindern.

Viele von ihnen sind „Schwabenkinder" – Heranwachsende, die jedes Jahr aus den armen Berggebieten der Schweiz, Österreichs und aus Liechtenstein kommen. Dort sind Brot und Kartoffeln so knapp, dass viele Familien schon siebenjährige Kinder über den Sommer als Hilfskräfte in den Norden schicken. Bei den Bergbauern im Allgäu bekommen sie Essen und ein Dach über dem Kopf. Oft müssen sie die Nächte aber alleine draußen mit den Herden verbringen.

Zwar gilt in Bayern seit Beginn des 19. Jahrhunderts die Schulpflicht, doch da die Schwabenkinder aus dem Ausland kommen, sind sie von der Bestimmung ausgenommen. Ein üblicher Lohn am Ende der Saison sind ein Paar Schuhe, eine Hose, zwei Hemden und fünf Gulden. Die Schwabenkinder laufen oft barfuß, und an kalten Tagen ist ein frischer Kuhfladen häufig ihre einzige Möglichkeit, sich die Füße aufzuwärmen.

°

IM HOCHSOMMER schnallen die Gerstruber Steigeisen an ihre Stiefel. Sie klettern auf jene Bergwiesen, die so steil sind, dass dort keine Kühe grasen. Mit Handsensen mähen sie die Hänge ab, schleppen die Heubündel zu Schobern an Orten, wo die Lawinen sie nicht erreichen können. Erst wenn Schnee liegt, werden sie das Heu zu den Ställen im Dorf bringen.

Eine gefährliche Arbeit. Häufig stürzen Bauern bei der Ernte oder dem Transport ab. Doch das Heu aus den Hochlagen macht gut ein Drittel der Vorräte für die Kühe in Gerstruben aus.

Um 1850 beginnen die Dorfbewohner vom zunehmenden Alpentourismus zu profitieren, sie bewirten Bergsteiger und Wanderer. „Die freundlichen Bewohner bieten uns zur Erfrischung Milch, Butter, Honig und Käse", notiert einer über seinen Aufenthalt in Gerstruben.

Im Juni 1858, so erzählt man sich, besucht ein vornehmer Wanderer mit Begleitern das Dorf und erkundigt sich bei Anton Wolf, der gerade vor seinem Haus sitzt, ob es etwas zu trinken für sie gäbe. Da Wolf nur starke Ziegenmilch anzubieten hat, besorgt er dem Unbekannten Kuhmilch von einem anderen Hof. Als die beiden ins Gespräch kommen, verrät der geheimnisvolle Gast seinen Namen: Maximilian II. von Bayern.

Der König ist auf einer fünfwöchigen Wanderung vom Bodensee bis nach Berchtesgaden. Der Monarch will seine Untertanen besser kennenlernen, will erfahren, wie sie leben.

Nach dem aktuellen Zensus wohnen „35 Männer und Jünglinge, 28 Weiber und Jungfrauen, elf Jungen und neun Mädchen" in Gerstruben. Und vielleicht erfährt der König auf seiner Erkundung von einem großen Problem der Almbauern: der hohen Kindersterblichkeit.

In Bayern ist die Quote so hoch wie nirgendwo sonst in Europa. In Bayerisch-Schwaben, einem Gebiet, das neben dem Allgäu auch Teile der Donauebene umfasst, ist die Lage besonders dramatisch: Hier erlebt weniger als die Hälfte der Kinder den fünften Geburtstag. Auf den Höfen sind Mensch und Tier oft eng beisammen. Die Misthaufen – Symbole für den Status der Bauern – liegen direkt am Haus. Viele Mütter geben ihren Säuglingen Mehlbrei statt Muttermilch.

Wenn ein Kleinkind fiebert, rufen manche Eltern nicht etwa den Arzt, sondern lassen es einfach liegen – und sterben. Viele Bauern glauben, dass die Kinderseele dann ohne Umweg durch das Jammertal auf Erden direkt als Engel ins Paradies aufsteigt.

Sie nennen diese Vernachlässigung „Himmeln". Zudem müssen sie fortan einen Esser weniger versorgen.

Ab 1860 überwintern immer mehr Gerstruber Bergbauern mit ihrem Nachwuchs im Tal. Dort lernen die Kinder ein bequemeres Leben kennen. Viele wollen lieber als Handwerker im Ort bleiben oder in Großbetrieben wie der Bindfadenfabrik in Immenstadt arbeiten, als wieder in ihr Dorf zurückzukehren.

Vor allem für nachgeborene Söhne sind diese Alternativen verlockend – denn sonst müssten sie sich als Knechte verdingen oder dem ältesten Bruder zur Hand gehen, der in der Regel den Hof der Eltern übernimmt.

Allmählich hält die Moderne Einzug in das Leben der Bergbauern. Sie profitieren vom freieren Handel und dem Anschluss des Allgäus an das Eisenbahnnetz. Beides macht es möglich, ihren Käse nun sogar bis nach New York und Moskau zu exportieren: Innerhalb von zwei Jahrzehnten steigt die Käseherstellung im Allgäu um das Achtfache an.

Doch bereits in den 1870er Jahren sinken die Preise für die Milchprodukte. Zunehmend betreiben Unternehmer in den Tälern nun effizientere Großsennereien. Die Kleinbetriebe in den Bergen können kaum noch mithalten, unter anderem deshalb, weil sie nur im Sommer Käse für den Handel herstellen. Die Krise bedroht die Existenz der Bergbauern – auch die der Menschen in Gerstruben.

Als die Stromunternehmer aus Kempten der Dorfgemeinschaft 1892 anbieten, ihre Grundstücke oberhalb des Dietersbachs zu kaufen, treffen sich die Gerstruber, um das Angebot zu diskutieren. Bald sind die meisten für den Verkauf. Und die wenigen Familien, die bleiben wollen, können die Wege, Brücken, Scheunen und Brunnen alleine kaum in Ordnung halten. Daher fügen sie sich.

Viele hoch gelegene Dörfer werden in diesen Jahren von ihren Bewohnern aufgegeben. In Oberried, ein paar Täler von Gerstruben entfernt in den Bergen über Sonthofen, packen die letzten Einwohner 1889 ihre Sachen zusammen. Von der Oberbreitenau, einer Hochebene im Bayerischen Wald, zieht in den Jahrzehnten nach 1832 die Hälfte der Bewohner weg. Auch aus dem niederbayerischen Leopoldsreut, wo sich die Schneewehen im Winter neun Meter hoch türmen und das Wischwasser auf der Schultafel gefriert, wandern 16 Familien ab.

Als die letzten Gerstruber im Frühjahr 1893 ihr Dorf verlassen, passieren sie den Brunnen vor dem Haus Nr. 2. Über dem Trog steht eine Figur in einer Ritterrüstung, etwas mehr als einen Meter groß. In der linken Hand hält sie eine Lanze, in der rechten Hand einen Wasserkübel; es ist der heilige Florian, der dem Volksglauben nach darüber wacht, dass kein Brand ausbricht und keine Überschwemmung kommt.

Wahrscheinlich hat es kein Gerstruber je für möglich gehalten, dass Hochwasser hier oben einmal ein Problem werden könnte. Aber nun soll das Bergdorf in einem Stausee versinken.

Doch dann planen andere Investoren im Hindelanger Tal nahe Sonthofen ebenfalls ein Kraftwerk. Braucht das obere Allgäu so viel Strom? Schließlich sagen die drei Kemptener Unternehmer den Bau ab und verkaufen das Dietersbachtal 1896 weiter. Der neue Eigentümer Freiherr Cornelius von Heyl zu Herrnsheim macht es zu seinem Jagdgebiet, baut eines der Bauernhäuser in Gerstruben zur Sommerresidenz aus.

Bauern wohnen nun nicht mehr im Ort. Nach der Wende zum 20. Jahrhundert muss niemand mehr oben auf den steilen Hängen Heu ernten und verirrten Geißen hinterhersteigen, um zu überleben. Stattdessen drängen immer mehr Menschen vom Land in die Arbeiterquartiere der Städte: Ganz Bayern, mittlerweile Teil des Deutschen Kaiserreiches, hat den Anschluss an die Moderne gefunden.

Wer um 1900 noch in den Bergdörfern des Voralpenlandes lebt, der hat dieses Dasein zumeist frei gewählt.

Und immer mehr Ansiedlungen in den bayerischen Hochtälern erschließen sich nun eine neue Einnahmequelle, bei der den Menschen ihre traditionelle Lebensweise hilft: den Tourismus. ◊

ALTE KLUFT FÜR EINE NEUE ZEIT

Schmidt: Traditionalist und Tourismusmanager

Bayerns Trachten sind fast in Vergessenheit geraten. Bis ein Volkskundler es sich zur Aufgabe macht, mit ihnen das Oktoberfest wiederzubeleben

TEXT: *Astrid Hansen*

Am 29. September 1895 präsentieren die Bayern erstmals nach langer Zeit wieder ein ganz besonderes Spektakel: den großen Trachtenumzug zu Beginn des Oktoberfests. Mindestens 1000 Menschen in mehr als 120 Gruppen aus allen Teilen Bayerns marschieren durch die Münchner Innenstadt zum Festplatz auf der Theresienwiese.

Da sind die Jachenauer Bauern mit ihren mächtigen Gürtelschnallen. Die Assenfurter Bäuerinnen in scharlachroten Glockenröcken und seidenen Schürzen. Die Schwäbinnen mit kleinen Goldhäubchen.

Vorn im Festwagen sitzt der Mann, der das farbenreiche Schauspiel organisiert hat: Maximilian Schmidt – Schriftsteller, Volkskundler und Gründer des bayerischen Fremdenverkehrsverbandes.

Mit seiner Arbeit will er helfen, die alten Bräuche zu bewahren. Doch zugleich treibt den 63-Jährigen auch der Ehrgeiz, das über die Dekaden etwas fade gewordene Oktoberfest wieder attraktiver zu machen.

Schon die Ausrichtung des ersten Oktoberfestes war eine politische Entscheidung. Maximilian I. Joseph stand nach seiner Selbstproklamation zum König am Neujahrstag 1806 vor der gewaltigen Aufgabe, das alte Bayern mit großen Teilen Schwabens und Frankens zu einer neuen Nation zu vereinen. Ein Volksfest, auf dem Bürger, Bauern und Mägde aus dem gesamten Königreich gemeinsam feiern, kam da gerade recht.

Einen Anlass bot die Hochzeit des Kronprinzen Ludwig mit Prinzessin Therese von Sachsen-Hildburghausen im Oktober 1810. Höhepunkt der Hochzeitsfeierlichkeiten war ein Pferderennen auf einer Wiese vor der Stadt. Zudem brachten Kinder in bäuerlichen Trachten in einem prächtigen Umzug der Königsfamilie Produkte aus Handwerk und Landwirtschaft dar.

Das Fest fand so großen Anklang, dass es auf Betreiben der Münchner Bürgerschaft fortan jedes Jahr abgehalten wurde, außer in Kriegs- und Notzeiten. Immer neue Attraktionen kamen hinzu, Sacklaufen und Baumklettern, später Feuerwerke und Tanzplätze.

Vor allem unter Maximilian II., ab 1848 auf dem Thron, wurde das Defilee der Trachtenträger zum Sinnbild für die Huldigung der Regionen gegenüber ihrem Herrscher. Trachten waren für den Monarchen ein Symbol für die Einheit des bayerischen Staates: Er förderte das Tragen traditioneller Kleidung und zeigte sich selbst darin. Unter seinem Nachfolger Ludwig II. (den die identitätsstiftende Wirkung solcher Volkstraditionen nicht interessierte) geriet der Umzug aber in Vergessenheit. Erst Prinzregent Luitpold besann sich wieder auf den Trachtenumzug.

Dessen Neuorganisation wird 1895 dem umtriebigen Schmidt übertragen. Doch in vielen Bezirken gibt es gar keine Festtagstrachten mehr. Offenbar haben Bauern und Handwerker sie als unmodern aussortiert.

Daraufhin reist Schmidt wochenlang durch Bayern, um Teilnehmer für den Umzug zu gewinnen. Bisweilen muss er historische Kleidungsstücke aus mehreren Dörfern zusammensuchen, um nur eine einzige Gruppe auszustatten.

Längst hat er den touristischen Wert der Trachten erkannt. Der Volkskundler, der sich Dialekte buchstabieren lässt, um sie exakt wiederzugeben, achtet auf die historische Genauigkeit der Kleider. Und so wird der Umzug ein voller Erfolg.

Inspiriert durch Schmidt, entdecken immer mehr modebewusste Städter Dirndl, Janker und Lederhosen als Kleidung für den Urlaub in den Bergen. Im Jahr 1900 entsteht in München ein Geschäft für Volkskunstmoden, das später das gesamte Oktoberfest mit Trachten ausstattet.

Schmidt hat eine Oktoberfesttradition begründet, die bis heute besteht. Als er 1919 im Alter von 87 Jahren stirbt, tragen die Münchner eine hochverehrte Persönlichkeit zu Grabe.

Sein Einsatz für die „Wiesn“ aber wird bald vergessen. Bis 2011 Dutzende von ihm beschriftete Fotografien auftauchten, die er in einem Münchner Atelier hatte anfertigen lassen: von jenen Gruppen, die am 29. September 1895 mit ihrem Umzug unter dem Jubel der Zuschauer das Oktoberfest in München eröffneten. ◊

EIN PAAR aus dem Ort Jachenau, das am Oktoberfest 1895 teilnimmt. Volkskundler Schmidt will mit diesen Trachten nicht nur das Münchner Volksfest aufwerten – sondern zugleich altes Brauchtum bewahren

DIE LEUCHTENDE *Stadt*

Keine deutsche Metropole ist um 1900 so kunstversessen wie München: Das Publikum strömt in Theater und Ausstellungen, an der Akademie brillieren Traditionalisten – und in einem Viertel im Norden ersinnen radikale Neuerer die Zukunft

ERRUNGENSCHAFTEN der Moderne wie die elektrische Tram – hier am Karlsplatz – machen das Leben in München angenehm. Freigeister von überall her aber schätzen auch etwas anderes: die Liberalität der Stadt

E

TEXT: *Oliver Fischer*

Ein nebeliger, ungemütlicher Novemberabend in München. Schnee liegt in den Gassen. Im Weinlokal „Eckel" in der Theresienstraße drängen sich Studenten und Künstler, literaturinteressierte Beamte und Offiziere. Und als vorn im Saal ein junger Mann mit gepflegtem Schnurrbart zu lesen beginnt, hat er den düsteren Herbst schon nach den ersten Worten vertrieben:

„München leuchtete. Über den festlichen Plätzen und weißen Säulentempeln, den antikisierenden Monumenten und Barockkirchen, den springenden Brunnen, Palästen und Gartenanlagen der Residenz spannte sich strahlend ein Himmel von blauer Seide, und ihre breiten und lichten, umgrünten und wohlberechneten Perspektiven lagen in dem Sonnendunst eines ersten, schönen Junitages."

Was für ein Idyll! Thomas Mann liest an diesem 18. November 1901 aus seiner Erzählung „Gladius Dei" („Schwert Gottes"). Genauer: Er schwärmt, schwelgt, preist. Denn dieser 19 Seiten lange Text beginnt wie eine Hymne auf Bayerns Hauptstadt und ihre Liebe zu den Künsten.

Thomas Mann berichtet von offenen Fenstern, aus denen Klavierklänge und Geigentöne dringen. Von Reisenden aus allen Nationen, die die Freitreppen der Museen emporeilen. Er beschreibt Studenten, die auf den Straßen Richard-Wagner-Melodien pfeifen. Erzählt von Malern, die mit ihren Geliebten in offenen Wagen wie Fürsten umherfahren. Von Geschäften, deren Schaufenster voller Jugendstilvasen, Kopien von Renaissancestatuen und Reproduktionen unterschiedlichster Meisterwerke sind.

Nichts davon ist schriftstellerische Fantasie. Der Autor, 26 Jahre alt, kennt die Stadt genau. Geboren in Lübeck, lebt er seit sieben Jahren mit Unterbrechung in München, mitten im Künstlerviertel Schwabing (wo er auch seinen Lübeck-

KUNSTZENTRUM
Einheimische, Zugewanderte, Verweilende: In München leben um 1900 außergewöhnlich viele kreative Köpfe

FRANZ VON LENBACH
(1836–1904)
Altmeisterliche Porträts machen ihn zum wohl einflussreichsten Künstler Münchens

ANITA AUGSPURG
(1857–1943)
Das Atelier der Fotografin ist bei Hofe und in Künstlerkreisen beliebt

FRANZ VON STUCK
(1863–1928)
Der Jugendstil-Maler wird international gefeiert, lehrt an Münchens Akademie

ALEXEJ VON JAWLENSKY
(1864–1941)
Von München aus prägt der Russe mit starken Farben den Expressionismus

RICHARD STRAUSS
(1864–1949)
Seine Opern machen den zeitweiligen Münchner Hofkapellmeister weltberühmt

Roman „Buddenbrooks“ beendet hat, der seit wenigen Wochen in den Buchläden ausliegt).

Seine Beschreibungen des Münchner Alltags sind so präzise, dass die Zuhörer im Weinlokal oft auflachen. Etwa wenn er von Künstlern mit „runden Hütchen auf den Hinterköpfen“ erzählt, die ihre Miete mit schnell hingetupften Bildern bezahlen. Viele im Saal kennen einen dieser „unbesorgten Gesellen“, wie Mann sie nennt.

Und auch beim „Schönheitsgeschäft Blüthenzweig“ muss keiner im Publikum lange rätseln. Der Name spielt auf die Firma Hanfstaengl an, eines von vielen Unternehmen in der Stadt, die mit der Kunstliebe der Münchner gute Geschäfte machen: Mit neuester Technik stellt die Firma fotografische Reproduktionen berühmter Gemälde her; fast 20 000 Motive hat sie im Angebot, die sie bis in die USA verkauft.

Vor diesem Geschäft lässt Thomas Mann eine (nun allerdings rein fiktive) Gestalt auftreten, die den Frieden der kunstverliebten Stadt stört: Hieronymus, einen frommen Jüngling mit wulstigen Lippen, der – gekleidet wie ein Mönch in schwarzem Mantel mit Kapuze – an den Bußprediger Savonarola aus dem Florenz der Renaissance erinnert. Er betritt die Verkaufsräume von Blüthenzweig und verlangt, dass ein Madonnenbild aus dem Schaufenster entfernt wird – denn zu lustvoll, so findet er, entblößt die heilige Muttergottes ihre Brust für das Jesuskind. Doch der Geschäftsinhaber weigert sich und lässt den lächerlichen Frömmler am Schluss der Geschichte auf den Odeonsplatz hinauswerfen.

Schon bald nach diesem Abend im Weinlokal „Eckel“ wird „Gladius Dei“ zu einer der bekanntesten Schilderungen der Isarstadt. Vor allem die Münchner selbst lieben die Novelle, denn Manns elegischer Lobpreis bestärkt sie in dem Gefühl, in einer außergewöhnlichen Stadt zu leben, einem bayerischen Arkadien.

Der erste Satz – „München leuchtete“ – wird rasch bekannt. Kaum ein Reiseführer, der ihn nicht zitiert. Werbeleute setzen ihn als Slogan ein. Sogar eine Medaille, mit der der Oberbürgermeister der Stadt heute verdiente Bürger auszeichnet, trägt den Namen „München leuchtet“.

Doch viele Freunde der Novelle übersehen die feine Ironie, mit der Thomas Mann seine Hymne geschrieben hat. Denn vieles am Münchner Kunstbetrieb kommt ihm – wie man aus anderen seiner Schriften weiß – oberflächlich und selbstgefällig vor.

Und sie vergessen, dass der frömmlerische Hieronymus, als er am Schluss gedemütigt auf dem Odeonsplatz steht, der Stadt zur Strafe für ihren Schönheitskult den Untergang vorhersagt – und das Schwert Gottes, das Gladius Dei, auf den kunstversessenen Ort herabfahren sieht.

Um 1900 aber kann niemand bestreiten, dass München strahlt. Bayerns Hauptstadt ist in den Jahrzehnten zuvor zur Metropole gewachsen. Eine halbe Million Menschen wohnt hier – allein in den letzten fünf Jahren sind 100 000 hinzugekommen.

Wer hier lebt, genießt viele Annehmlichkeiten der Moderne: Millionen Liter Frischwasser schießen täglich durch eine neu angelegte Leitung aus einem Tal nahe den Alpen und machen München zu einer der gesündesten Großstädte Europas. In der Innenstadt beleuchten elektrische Bogenlampen nachts die meist kopfsteingepflasterten Straßen. Tagsüber verkehren hier stromgetriebene Trambahnen, drängen sich zwischen Pferdedroschken und Fußgängern hindurch.

60 000 Passagiere transportieren sie pro Tag, fahren bis in Vororte wie Giesing im Süden, wo Bauunternehmer Mietskasernen für Arbeiter errichten. Oder ins vornehmere, östlich gelegene Bogenhausen, wo gerade ein elegantes Wohnviertel mit Luxusapartments entsteht. Und im Herzen der Metropole, am Marienplatz, lassen die Stadtoberen schon zum zweiten Mal binnen zehn Jahren das Rathaus erweitern und nun mit einem 80 Meter hohen, kathedralenhaften Turm bekrönen – Symbol für Münchens neue Größe.

Regiert wird die Stadt von liberal gesinnten Beamten, Kaufleuten und Fabrikanten, die sich in politischen Wahlvereinen organisiert haben. Gemeinsam halten sie die Mehrheit im Kollegium der Gemeindebevollmächtigten wie auch im Magistrat. Stärkste Oppositionspartei ist das katholische Zentrum, das verbissen den Einfluss der Kirche auf die Schulen verteidigt.

Die Sozialdemokraten holen immer mehr auf, sie sind 1905 bereits mit elf Gemeindebevollmächtigten und drei Magistratsräten vertreten. Doch wählen darf nur, wer das Bürgerrecht erworben hat. Und die Kosten dafür entsprechen dem halben Monatslohn eines Arbeiters; viele Anhänger der SPD können ihre Stimme daher nicht abgeben.

400 000 Auswärtige reisen jedes Jahr an – mehr als Berlin besuchen. Am Hauptbahnhof

MÜNCHEN profitiert vom Kunstsinn des bayerischen Prinzregenten – und vom Geld seiner Bürger. Mondäne Flaniermeilen entstehen, etwa am Odeonsplatz (oben). Und ein paar Straßen weiter nördlich das Künstlerviertel Schwabing

gibt es nun ein Auskunftsbüro, in dem Touristen Broschüren und Informationen erhalten.

Vor allem die Kunstsammlungen und Ausstellungen ziehen Besucher an, die prächtigen Theater und Konzertsäle – Orte, von denen gebildete Bürger im ganzen Land schwärmen.

Schon seit der Zeit von König Ludwig I. gilt München als Kunststadt. Der ab 1825 regierende Monarch, ein großer Verehrer der Antike, hat Museen und Bühnenhäuser errichten lassen, die wie griechische Tempel oder Renaissancepaläste wirken – etwa die Glyptothek, in der der König seine antike Skulpturensammlung unterbrachte oder die Pinakothek mit ihrer Gemäldegalerie.

So groß ist die Zahl dieser „antikisierenden Monumente“, wie Thomas Mann sie nennt, dass Reiseführer die Stadt als „Isar-Athen“ preisen.

°

DOCH ALL DAS IST NICHTS gegen die Kunstbegeisterung unter Ludwigs Sohn Luitpold. Der im Volk beliebte Prinz regiert seit 1886, zunächst kurz anstelle seines Neffen Ludwig II. (siehe Seite 50), dann für dessen geisteskranken Bruder Otto.

Luitpold ist sehr an Malerei interessiert und mit vielen Künstlern befreundet. Zuweilen fährt er frühmorgens in seiner Kutsche durch die Straßen, um einen von ihnen im Atelier zu besuchen – ohne Ankündigung, was eines Tages dazu führt, dass ihm der junge, aufstrebende Maler Max Slevogt im Nachthemd die Tür öffnet.

Doch stärker noch als der freundliche Wittelsbacher treibt das Geld die Blüte der Kunst voran. So ist etwa an der Prinzregentenstraße, Münchens neuem Prachtboulevard, 1901 ein Festspielhaus für Richard Wagners Opern eröffnet worden – ein Theater, mit dem die Münchner Bayreuth Konkurrenz machen wollen.

Die privaten Investoren versprechen sich von dem Theater eine Aufwertung des eleganten Wohnviertels, das sie hier gerade errichten. Der Kulturbau, so hoffen sie, wird die Immobilienpreise steigen lassen und ihre Profite erhöhen.

Es ist bereits der dritte Theaterneubau in der Stadt während Luitpolds Amtszeit. 1908 wird noch eine vierte Spielstätte hinzukommen, wodurch sich die Zahl der Münchner Bühnen innerhalb von nur zwölf Jahren verdoppelt.

Auch die Zahl der Künstler nimmt zu: In München finden sie viele Galerien, die ihre Werke verkaufen. Und Firmen wie Hanfstaengl, die sie reproduzieren und in alle Welt verbreiten.

Bayerns Hauptstadt wird in diesen Jahren zu einem Zentrum des europäischen Kunsthandels. Tausende Besucher, darunter viele Galeristen, Kuratoren und Sammler schieben sich jeden Sommer durch die großen Kunstausstellungen im Glaspalast, einer kühnen Gusseisen-Konstruktion nahe dem Hauptbahnhof.

Sie kaufen dort Werke etablierter Gegenwartskünstler wie etwa des gefeierten Porträtmalers Friedrich August von Kaulbach oder des bekannten Realisten Wilhelm Leibl.

SO RASANT wächst München, dass die Stadtoberen für ihre Verwaltung um 1865 ein neues Rathaus errichten müssen. Dem ersten Teil im neugotischen Stil (oben) folgen bis 1905 noch zwei weitere große Bauabschnitte

Und nur zwei Kilometer nördlich des Glaspalasts lernen die Maler von morgen: an der Kunstakademie, die – so Thomas Mann in „Gladius Dei“ – „ihre weißen Arme zwischen der Türkenstraße und dem Siegestor ausbreitet“.

Studenten aus ganz Europa eilen jeden Morgen zwischen den kannelierten Säulen des Portals hindurch in den lang gestreckten Bau. Hochgelobte Künstler wie Franz von Stuck unterrichten hier die jungen Leute. Die Ausbildung ist auf handwerkliche Perfektion im Stil der alten Meister ausgerichtet und hat einen guten Ruf – selbst im fernen Spanien wird sie geschätzt: Pablo Picasso schreibt 1897 in einem Brief an einen Freund, hätte er einen Sohn, würde er ihn zum Kunststudium nach München schicken.

Die Akademie ist eine streng geführte Anstalt, in der Studenten sich vor ihren Professoren verbeugen müssen. Doch nur ein paar Meter nördlich der Kunsthochschule und des nahe gelegenen Siegestors beginnt ein Ort anarchischer Freiheiten: Schwabing.

Erst seit 1890 gehört das frühere Bauerndorf zu München und wirkt vielerorts noch immer ländlich: Zwischen Neubauten liegen Nutzgärten, auf den Straßen gehen Frauen in Hauskitteln zum Einkauf. Doch dazwischen laufen viele Kunststudenten, sind mit Zeichenmappen oder gerollten Leinwänden in den Händen unterwegs zur Akademie. Wegen der günstigen Mieten haben sie sich in Schwabing angesiedelt, ebenso wie viele ausgebildete Maler und Bildhauer, Musiker, Literaten und Journalisten.

Die Neuzugezogenen verändern das Viertel in den Jahren vor der Jahrhundertwende rasch. Kaufleute eröffnen Geschäfte für Pigmente, Farbtuben und andere Malutensilien. Hausbesitzer bauen ihre Dachgeschosse zu Ateliers aus.

Passanten können schon von der Straße die großen Mansardenfenster sehen, die meist nach Norden ausgerichtet sind – so fällt den Tag über ein gleichmäßig helles Licht in den Raum, die Wirkung der Farben verändert sich vom Morgen bis zum Abend kaum. In manchen Straßen lassen geschäftstüchtige Bauherren ganze Atelierhäuser hochziehen, mit Bildhauerwerkstätten im Erdgeschoss, damit sich Skulpturen einfacher hinein- und hinaustransportieren lassen.

Wirte eröffnen neue Lokale, etwa das „Café Stefanie“ in der Amalienstraße, das bald einer der beliebtesten Treffpunkte des Viertels ist. Zu jeder Tageszeit hängt hier dichter Zigarettenqualm in der Luft und mischt sich mit dem leichten Muff aus den schweren Polstermöbeln.

Studenten, Maler und Schriftsteller hocken auf den Bänken, lassen Dominosteine klackern oder debattieren über radikal neue Wege in der Kunst. Am Billardtisch stehen Frauen mit weit geschnittenen Reformkleidern, die es ihnen erlauben, sich freier zu bewegen – und die so gegen konventionelle Vorstellungen von Weiblichkeit und Korsettmode rebellieren.

Dazu versammeln sich hier Sinnsucher, Aussteiger und Möchtegerngenies aus Deutschland, Ungarn und dem Balkan. Angelockt von Schwabings Flair, sind sie an die Isar gezogen, schwadronieren nun bis um drei Uhr morgens über die Philosophie Friedrich Nietzsches oder erklären: Ein vollkommener Mensch sei nur, wer beide Geschlechter lieben kann.

Kaum ein anderer Ort in Europa, an dem so kühn gedacht, so fantastisch gesponnen, so frei gelebt wird wie in Schwabing. Und wohl nirgendwo sonst finden sich auf solch engem Platz so viele Männer und Frauen, die in den folgenden Jahren Kunst- und Literaturgeschichte schreiben werden: Maler wie Paul Klee, Alexej von Jawlensky und viele andere, Schriftsteller wie Thomas Mann, Frank Wedekind und Stefan George.

Hohenzollernstraße Nr. 6, 1901: Im Hinterhaus ist das Arbeiten der Bildhauer zu hören. Im Treppenhaus ranken sich Blumengirlanden die Wände hinauf, gemalt in einem neuen, von Pflanzenornamenten geprägten Stil, den die in München erscheinende Zeitschrift „Jugend" fördert und in ganz Deutschland bekannt macht.

Wer oben durch die Tür tritt, gelangt in eine kleine Stube, in der mehrere Frauen vor Staffeleien stehen. Durch ein übergroßes Fenster fällt helles Licht. Zwischen den Künstlerinnen läuft ein Mann mit Anzug und Zwicker hin und her, der seine Erläuterungen mit leichtem Akzent abgibt: Dr. Wassily Kandinsky.

Der 35-Jährige ist Mitbetreiber der Schwabinger Malschule „Phalanx", zu der auch die Bildhauerklasse im Erdgeschoss gehört. Kandinsky wurde in Moskau geboren und hat dort Jura und Nationalökonomie studiert, ehe er nach der Promotion beschloss, ein neues Leben als Maler zu beginnen – und 1896 nach München zog.

Wie ein Verliebter lief er in den ersten Monaten durch die Stadt. „Die blaue Trambahn zog durch die Straßen wie verkörperte Märchenluft, die das Atmen leicht und freudig machte", schwärmt er Jahre später in einem Rückblick.

Ein Jahr lang studierte er an der staatlichen Akademie bei Franz von Stuck. Doch die Malweise dieses berühmten Mannes, der wie die meisten Professoren vor allem mit gedämpften Tönen arbeitete, passte nicht zu Kandinsky.

Ihm schwebte – noch sehr undeutlich – eine Art der Malerei vor, die sich ganz auf die Leuchtkraft der Farben konzentriert, die für den Russen wie Wesen mit einem eigenen Charakter sind.

Gemeinsam mit anderen Unzufriedenen – darunter dem Jugendstilkünstler Hermann Obrist – gründet Kandinsky die Gruppe „Phalanx", benannt nach einer als unbesiegbar geltenden, geschlossenen Gefechtsformation der griechischen Antike, und organisiert nun Ausstellungen.

1903 etwa zeigt die Gruppe Bilder des Impressionisten Claude Monet. Dessen Stil ist an der Akademie als handwerklich unsolide verpönt. Doch zur Vernissage fährt selbst Prinzregent Luitpold vor, ein gewaltiger Erfolg für die Gruppe.

Ihre Malschule in der Hohenzollernstraße unterhalten die Phalanx-Künstler, um Geld zu verdienen – aber auch, um gemeinsam mit den Schülerinnen und Schülern nach neuen Formen der Kunst zu suchen.

Es gibt viele solcher privaten Lehranstalten in Schwabing. Die größte ist die des Slowenen Anton Ažbe, der an drei Standorten im Viertel fast 200 Klienten unterrichtet. An diesen Schulen schreiben sich junge Leute ein, die von der Kunstakademie abgelehnt wurden oder von der traditionell ausgerichteten Lehre dort enttäuscht sind – aber auch Frauen, die an der Akademie aus Prinzip nicht aufgenommen werden.

Kandinsky, als einfühlsamer Lehrer bekannt, zieht besonders viele weibliche Schüler an. 1902 meldet sich in seinem Institut eine gerade erst nach München gezogene junge Frau an: Gabriele Münter. Sie wird bald zu seiner Lebensgefährtin (und zu einer herausragenden Künstlerin).

Bis zu sieben Stunden am Tag unterrichtet Kandinsky, anschließend arbeitet er an eigenen Werken, bis er müde und erschöpft ist. Er experimentiert mit Jugendstil und Impressionismus, malt immer wieder Motive aus Schwabing wie den Nikolaiplatz oder den Nördlichen Friedhof – Bilder, bei denen sich Farben und Formen mehr und mehr von der Wirklichkeit lösen.

°

WÄHREND SICH KANDINSKY in eine Traumwelt aus Farben zurückzieht, setzen sich ein paar Hundert Meter weiter andere Schwabinger Künstler Woche für Woche mit der realen Welt auseinander, voller Biss und ohne Kompromisse.

Kaulbachstr. 91, nahe dem Englischen Garten. Hier residiert die Redaktion des „Simplicissimus", einer Wochenzeitschrift für Satire, Politik und Literatur – das frechste und aggressivste Blatt des Deutschen Reichs. Seine Hauptgegner: Spießbürger, Geistliche und der Kaiser in Berlin.

Der wohl wichtigste Mitarbeiter ist Thomas Theodor Heine, ein hochbegabter Zeichner und Karikaturist. Man kann ihn häufig von seinem nahe gelegenen Atelier in die Redaktion laufen sehen, in der Hand Zeichenblätter, darunter oft der Entwurf für das nächste Titelbild. Sein Stil ist beeinflusst von der Kunst

FRANK WEDEKIND
(1864–1918)
Mit Gedichten und Dramen attackiert der Starautor die bürgerliche Moral

WASSILY KANDINSKY
(1866–1944)
Mitten in Schwabing treibt der gebürtige Russe die Malkunst Richtung Abstraktion

LUDWIG THOMA
(1867–1921)
Seine Spötteleien veröffentlicht der Bayer im Satireblatt »Simplicissimus«

THOMAS THEODOR HEINE (1867–1948)
Kaum jemand in Deutschland zeichnet böser als der seit 1889 an der Isar lebende Karikaturist

STEFAN GEORGE (1868–1933)
Seine Lyrik ist voller Mythen und Rätsel – elitär wie sein Dichterzirkel

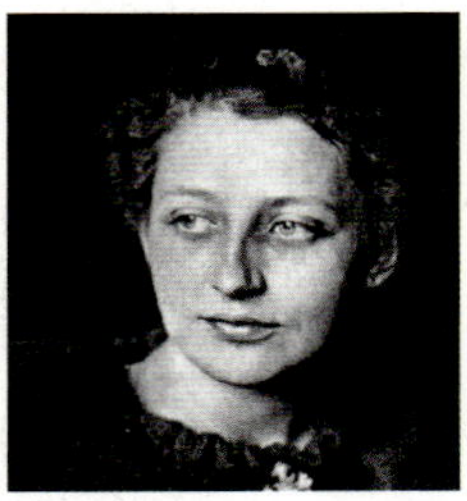

FRANZISKA ZU REVENTLOW (1871–1918)
Gegen jede Konvention lebt die Adelige in einer Wohngemeinschaft und fordert freie Liebe

des Franzosen Henri de Toulouse-Lautrec und äußerst provokant.

Als die Wiener Staatsanwaltschaft den „Simplicissimus" im Frühling 1896 in Österreich verbieten lässt, fertigt er für die Ausgabe vom 23. Mai 1896 eine Titel-Illustration an: Sie zeigt österreichische Gendarmen, die mit gezückten Säbeln auf ein Werbeplakat des Magazins losgehen – sowie eine rote Bulldogge, die einem der Beamten ans Bein pinkelt. Dieser zähnefletschende Hund wird zum Wappentier der Zeitschrift: als Kampfansage an Obrigkeiten aller Art.

Der „Simplicissimus" gibt vielen Schwabinger Literaten die Möglichkeit, Geld zu verdienen und Texte zu publizieren, etwa Joachim Ringelnatz, Jakob Wassermann oder Ludwig Thoma.

Thomas Mann arbeitet ab 1898 für gut ein Jahr als Redakteur beim „Simplicissimus", sitzt in einem elegant eingerichteten Büro und prüft für 100 Mark monatlich viele der eingehenden Manuskripte; zuvor hat er hier selbst einige Erzählungen veröffentlicht.

Zu den Mitarbeitern gehört auch Frank Wedekind, Deutschlands prominentester Skandalautor, seit er in seinem Drama „Frühlings Erwachen" die erdrückende bürgerliche Sexualmoral angegriffen hat. Seine Spezialität beim „Simplicissimus" sind Spottgedichte. 1898 reimt er eines auf Kaiser Wilhelm II., und das genügt für eine Anklage wegen Majestätsbeleidigung.

Die Staatsanwaltschaft in Leipzig (wo der „Simplicissimus" gedruckt wird) ermittelt gegen Wedekind und will ihn festnehmen lassen. Doch der Autor erhält von Münchner Polizisten eine Warnung und kann in die Schweiz fliehen. Offenbar halten die liberalen bayerischen Behörden Majestätsbeleidigung nur dann für gravierend, wenn sie die Wittelsbacher trifft – und nicht den ungeliebten Hohenzollern-Herrscher in Berlin.

Eine der ungewöhnlichsten Mitarbeiterinnen des „Simplicissimus" ist eine lebenshungrige junge Adelige: Franziska Gräfin zu Reventlow. Bereits als Kind hat sie im Husumer Schloss ihrer Eltern gegen die strenge Erziehung der Mutter rebelliert und schon früh Werke des Norwegers Henrik Ibsen gelesen, der in Dramen wie „Nora" die Emanzipation der Frauen feiert. Ähnlich wie Ibsens Heldin ging Franziska ihren eigenen Weg, verließ ihren Mann – und siedelte 1896 nach Schwabing über, um frei von erstickenden Konventionen zu leben.

Inzwischen wohnt sie dort in einer Art Kommune in einem alten Haus mit verwahrlostem Garten – gemeinsam mit ihrem aktuellen Liebhaber, einem polnischen Glasmaler, sowie dem Schriftsteller Franz Hessel und ihrem unehelichen Sohn Rolf (den Namen des Kindsvaters wird sie nie verraten, möglicherweise vermag sie ihn selber nicht zu benennen).

Als Malerin hat sie keinen Erfolg, daher arbeitet die Gräfin als Autorin und Übersetzerin, schreibt Satiren für den „Simplicissimus" oder Witze, für drei Mark pro Stück. Zudem wirbt sie in Aufsätzen für die sexuelle Befreiung der Frau: „So geht mir doch mit der Behauptung, die Frau sei monogam! Weil Ihr sie dazu zwingt, ja! Weil Ihr sie Pflicht und Entsagung lehrt, wo Ihr sie Freude und Verlangen lehren solltet!"

°

DAS IST FÜR DIE meisten Bürger des Kaiserreichs eine verstörende Botschaft – doch hochwillkommen in dem wohl mythenschwersten aller Schwabinger Intellektuellenkreise: dem Zirkel um den Dichter Stefan George.

Der ist in diesen Jahren ein Mann ohne festen Wohnsitz, hält sich aber meist in München oder Berlin auf. Er ist eine imposante, aber auch etwas unheimliche Erscheinung, mit seinem sehr flachen Gesicht, in dem nur die Stirnwülste stark vorspringen. „Kommt einem nicht recht wie ein wirklicher Mensch vor, wiewohl er lachen kann", schreibt Franziska von Reventlow über ihn.

Wenn George in München ist, wohnt er bei dem Schriftsteller Karl Wolfskehl in der Leopoldstraße mitten in Schwabing. Dorthin bittet er mit durch Boten überbrachten Einladungskarten seine Getreuen: den Schriftsteller Ludwig Derleth, den Grafologen Ludwig Klages, dazu Universitätsdozenten, Maler und oft auch einen der Jünglinge, für die George schwärmt.

Die Mitglieder dieses Kreises sprechen einen sehr eigenen Jargon, unterteilen die Menschheit in „Enorme", das sind sie selbst (und die, die sie dazu bestimmen) – und „Belanglose". Sie sind fasziniert von der Religion der griechischen Antike, die sie für kraftvoller halten als das ermattete, verbürgerlichte Christentum der Gegenwart.

Viele von ihnen haben begeistert das populäre Buch „Das Mutterrecht" des Schweizers Johann Jakob Bachofen gelesen. Dieser Gelehrte vertritt die (nicht belegte) These, dass die Frühzeit der Menschheit vom „Häterismus" bestimmt war: einer Art Gruppenehe, in der Frauen Mutterschaft und freie Liebe ohne moralische Verdammung miteinander verbinden konnten.

Georges Anhänger schätzen eine erotisch freizügig lebende Mutter wie Franziska zu Reventlow daher sehr – als Wiedergeburt eines vermeintlich uralten Ideals. Ihre Verehrung von Müttern geht so weit, dass Männer in Gehröcken bei einem Treffen ergriffen vor einer stillenden Frau niederknien.

Die Gräfin zu Reventlow nimmt all dies aufmerksam und meist amüsiert wahr. Ihre Erlebnisse im George-Kreis hält sie später in dem Roman „Herrn Dames Aufzeichnungen" fest. Darin beschreibt sie auch eines der berühmten Kostümfeste, mit denen der Dichter die (vermeintlich) rauschhaften Feiern des Altertums wiederbeleben will.

Stefan George hat sich an diesem Abend, dem 22. Februar 1903, als der Römer Gaius Iulius Caesar verkleidet. Mit einer weißen Toga und Goldkranz auf dem Kopf schreitet er zu Beginn der Feier durch Wolfskehls Wohnung.

Ihm folgen der Hausherr, der mit Weinlaub im Haar den Gott der Ausschweifungen und Fruchtbarkeit Dionysos darstellt, und ein Archäologe mit schwarzem Kleid und Schleier, der als römische Matrone erscheint.

Vor und neben ihnen laufen Jünglinge mit Weinbechern sowie eine Bacchantin, die ein Becken schlägt. Die Gäste – mehrere Dutzend Schwabinger und Auswärtige – murmeln dazu eine Litanei. Nach dem Umzug beginnen die Besucher unter den dröhnenden Klängen eines Gongs zu tanzen. Später vergnügen sich einige in den Winkeln der Wohnung miteinander.

In der gesamten Stadt raunt man von diesen „Orgien" (wobei die Vorstellungen, die die Münchner Bürger sich davon machen, wohl um ein Mehrfaches bunter sind als die Realität).

Vieles, was Stefan George und seine Getreuen tun und denken, klingt nach infantilem Getue und esoterischem Unsinn. Aber harmlos ist es nicht. Zahlreiche Anhänger des George-Kreises verachten Vernunft und Individualität, Christentum und Judentum. All das sind in ihrem Jargon „molochitische", das heißt: lebenszersetzende Elemente.

„Kosmisch", also lebensbejahend, sind in ihrer kruden Logik dagegen römische und germanische „Ursubstanzen", die in manchen Menschen angeblich fortleben.

Manche Mitglieder des Zirkels, darunter der Grafologe Klages, denken offen antisemitisch. Thomas Mann, der mehrere George-Anhänger persönlich kennt, wird einen von ihnen – den Dichter Ludwig Derleth – später im Roman

DAS ISARTOR war im Mittelalter eines der großen Hauptportale Münchens. Um 1900 durchqueren es Touristen – gut 400 000 Besucher reisen jedes Jahr in die Stadt

IM ZENTRUM erhebt sich das Alte Rathaus, dessen Grundform samt Turm um 1480 errichtet wurde. Als die Verwaltung 1874 in den neuen Bau zieht, dient der alte Prunksaal im Inneren nur noch zur Repräsentation

„Doktor Faustus" porträtieren: als geistigen Vorläufer des Faschismus.

So bunt, so aufregend und manchmal abgründig das Leben der Maler und Literaten in Schwabing auch ist: Sie machen nur einen kleinen Teil der Münchner Kunstszene aus. Und auch wenn manche von ihnen später weltbekannt werden – in den ersten Jahren des 20. Jahrhunderts kennt außerhalb des Viertels kaum jemand die Namen von Wassily Kandinsky oder Gabriele Münter.

Die Kunst der Stadt wird vielmehr von drei Männern beherrscht, die mit ihren Gemälden seit Jahren das Publikum begeistern und für ihre Verdienste um die Kunst von den Wittelsbachern in den Adelsstand erhoben wurden: Franz von Stuck, Friedrich August von Kaulbach sowie Franz von Lenbach.

Lenbach, geboren als Sohn eines Maurermeisters, hat sich mit betörenden Porträts im Stile Tizians und Rembrandts ein Vermögen ermalt, lebt nahe der Glyptothek in einem Palais, das verschwenderisch ausgestattet ist mit Damasttapeten und Renaissancemöbeln.

Er sitzt der „Münchener Künstlergenossenschaft" vor, die jedes Jahr die großen Ausstellungen im Glaspalast organisiert – und bestimmt mit, wessen Werke präsentiert werden. Es ist schwer, ohne seine Gunst im Münchner Kunstbetrieb Erfolg zu haben.

Einer der wichtigsten Treffpunkte für einflussreiche Männer wie ihn ist ein Garten nahe dem Hauptbahnhof. Meist mittwochs lässt er sich mit seiner Kutsche hierhinbringen, läuft dann zwischen Nussbäumen und Kastanien hindurch bis zur Kegelbahn am Ende der Grünanlage.

Das Grundstück gehört der Familie Seidl, die in der Nähe eine Großbäckerei betreibt. Die Seidls sind ein kunstsinniger Clan und laden schon seit mehr als 20 Jahren Maler und Bildhauer zum Kegeln in ihren Garten; neben Lenbach auch den verehrten Akademiedirektor Friedrich August von Kaulbach. Dazu gesellen sich Verwandte der Seidls aus der Bierbrauer-Dynastie Sedlmayr, häufig schaut auch Prinz Rupprecht vorbei, der Enkel des Prinzregenten.

Etwa 30 Männer sitzen an einem runden Tisch vor Maßkrügen oder stehen am Rand der Bahn und plaudern (Frauen sind beim Kegeln nicht erwünscht). Nützliche Kontakte werden hier geknüpft oder vertieft.

Es gibt viele solcher Zirkel, in denen sich Münchens reiche und mächtige Familien treffen. Da sind etwa die großen Gesellschaften, die der Brauereibesitzer Georg Theodor Pschorr regelmäßig in seinem Haus gibt. Dort verkehren unter anderem die Maffeis, eine der reichsten Familien Bayerns, der eine Lokomotivenfabrik gehört. Sowie der Architekt Jakob Heilmann, der das größte Bauunternehmen des Landes führt und zusammen mit seinem Schwiegersohn Max Littmann das Prinzregententheater errichtete.

Münchens mächtige Unternehmerdynastien sind oft miteinander verwandt oder verschwägert. So hat eine Tochter des Bäcker-Clans Seidl in die Familie der Handschuhfabrikanten Roeckl eingeheiratet, die ihre Waren bis nach England und in die USA exportiert.

Münchner Großfamilien kontrollieren nicht nur ihre eigenen Unternehmen, sondern sitzen häufig auch in den Aufsichtsräten anderer Firmen und mischen gerne in der Politik mit: Die Bierbrauer Sedlmayr etwa, die Verwandten der Bäckerfamilie Seidl, stellen Abgeordnete im Bayerischen Landtag und im Berliner Reichstag, sind zudem im Aufsichtstrat der Bayerischen Vereinsbank tätig. Und die Brauerfamilie Pschorr hat Mitglieder im Gemeindekollegium, im Kommerzienrat und der Handelskammer.

Wer diesen höchsten Kreisen Münchens angehört, der kann ein weitverzweigtes, vielfältiges Netz von Beziehungen nutzen.

Von den Treffen auf der Kegelbahn profitieren besonders Männer wie der Architekt Gabriel von Seidl aus dem Großbäcker-Clan.

Er freundet sich mit Franz von Lenbach an, der den zwölf Jahre Jüngeren „mein Seidl" oder „Gabi" nennt und ihn an seine Kunden empfiehlt: Wen der Maler porträtiert, dem baut Seidl oft später ein Haus. Doch auch Lenbach profitiert von den Runden im Seidl'schen Garten – vor allem bei seinem Lieblingsprojekt: dem Bau eines Münchner Künstlerhauses mit Festsaal und Restaurant, in dem sich Maler, Bildhauer und Bürger bei Bällen und Konzerten begegnen können.

Seit Jahren wirbt Lenbach beim Magistrat der Stadt und beim Finanzminister für diese Idee. Als er endlich von der Kommune günstig ein Grundstück beim Karlsplatz erhält, fehlt ihm bald Geld für den Bau – bis seine Kegelbrüder, die Brauereibesitzer Sedlmayr, eine große Summe stiften. Als Architekten setzt der gut vernetzte Lenbach seinen Freund durch: Gabriel von Seidl.

Das im Jahr 1900 eröffnete Künstlerhaus wird ein Meisterwerk. Seidl hat sich der von einem österreichischen Architekten propagierten Auffassung angeschlossen, dass Städtebau „malerisch" sein, also auf Betrachter anziehend und harmonisch wirken solle. Auf diese Weise wollen sich Seidl und andere Architekten von dem klotzigen, abweisenden Stil abgrenzen, in dem zu dieser Zeit etwa in Berlin ganze Viertel hochgezogen werden.

Der mehrgeschossige Hauptbau des neuen Künstlerhauses liegt daher etwas zurückgesetzt von der Straßenfront und ist auf dem Grundstück leicht zur Seite geschoben – starre Symmetrie soll bei dieser Art der Architektur unbedingt vermieden werden. Bezüge zur heimatlichen Bautradition sind erwünscht. Und so bekrönt Seidl den Hauptbau mit geschwungenen Renaissancegiebeln, wie man sie etwa an Augsburger oder Nürnberger Bürgerhäusern findet.

Davor errichtet Seidl einen eingeschossigen Trakt, der sich mit Flachdach und Rundbogenfenstern deutlich vom Hauptbau unterscheidet und wie nachträglich hinzugefügt aussieht.

Auch das ist Programm: Gebäude sollen wie organisch gewachsen erscheinen, nicht wie in einem Zug errichtet. Um die Passanten mit einer malerischen Silhouette zu erfreuen, verziert Seidl den Bau mit Säulen, Türmchen und Pavillons.

Ähnliche Ideen wie Seidl verfolgt der Münchner Stadtplaner Theodor Fischer. Auch er ist vom Gedanken eines „malerischen" Stils begeistert. Straßen sollen nicht langweilig geradeaus laufen, meint Fischer, sondern den Bürgern Überraschungen und Abwechslung bieten.

Vor Seidls Bayerischem Nationalmuseum lässt er – in Zusammenarbeit mit dem Architekten – daher eine Grünfläche anlegen, die sich auf die Prinzregentenstraße hinausschiebt und so die Achse unterbricht. Während Kutschen und Automobile hier einen Schlenker machen müssen, können Passanten in dem kleinen Park rasten.

Im weiteren Verlauf des neuen Boulevards, am rechteckigen Prinzregentenplatz, setzt Fischer seine Vorstellungen ebenfalls um. Sechs Straßen münden hier ein – aber nicht etwa sternförmig, das wäre zu monoton, sondern in unregelmäßigen Abständen und aus unterschiedlichen Winkeln.

Fischer und Seidel erschaffen so eine Atmosphäre der Behaglichkeit, die München unverwechselbar macht (und die Thomas Mann in „Gladius Dei" so eindrücklich beschreibt).

°

AUCH IN DER MALEREI werden in der Stadt nach wie vor Akzente gesetzt. Ab 1910 zeichnet sich in München eine der revolutionärsten Umwälzungen der Kunstgeschichte ab: der Weg in die Abstraktion.

Wassily Kandinsky hat in den Jahren zuvor weiter nach einer neuen Sprache für seine Malerei gesucht. Mittlerweile kann man in seinen Bildern kaum noch Figuren oder Gegenstände erkennen.

Nur mit Mühe lässt sich etwa auf seinem kürzlich geschaffenen Ölbild „St. Georg III" der Drache ausmachen, dem der Ritter die Lanze ins Maul stößt. (Das genaue Datum seines ersten komplett abstrakten Bildes ist in der Forschung umstritten.)

Beifall bekommt Kandinsky für diese Arbeiten nicht. Selbst vielen Schwabinger Kollegen sind seine Bilder zu radikal. Im Dezember 1911 weigert sich die „Neue Künstlervereinigung Mün-

LITERATURTIPPS

NORBERT GÖTZ U. A.
»Die Prinzregentenzeit«
Praller Ausstellungskatalog über alle Facetten der Kunststadt München (Münchner Stadtmuseum).

JÜRGEN KOLBE
»Heller Zauber«
Thomas Manns Münchner Jahre in Texten und Bildern (Siedler).

THOMAS MANN
(1875–1955)
Die Karriere des späteren Literatur-Nobelpreisträgers beginnt in Schwabing

RAINER MARIA RILKE
(1875–1926)
Der große Lyriker der Moderne studiert ein Jahr in München, unter anderem Philosophie

GABRIELE MÜNTER
(1877–1962)
Die Expressionistin gibt ihren Gefühlen mit großen Farbflächen Ausdruck

PAUL KLEE
(1879–1940)
Prägende Jahre erlebt Klee in München – als Maler und als Grafiker

FRANZ MARC
(1880–1916)
Der Expressionist gründet mit Wassily Kandinsky die Gruppe »Der Blaue Reiter«

ERNST LUDWIG KIRCHNER
(1880–1938)
In einer Münchner Malschule erhält der Expressionist entscheidende Impulse

chen" mit vorgeschobenen Gründen, ein weitgehend abstraktes Werk von ihm auf einer Gruppenausstellung zu zeigen.

Ein Eklat, immerhin hat Kandinsky diesen Verein drei Jahre zuvor selbst gegründet. (Die Gruppe „Phalanx" mit der Malschule hat sich 1904 wegen Geldproblemen aufgelöst.)

Kandinsky und Gabriele Münter treten aus der Künstlervereinigung aus, ebenso der Münchner Franz Marc, mit dem sich die beiden ein Jahr zuvor angefreundet haben. Marc malt zarte, abstrahierende Bilder von roten Pferden und gelben Kühen, die für ihn Symbole eines reinen, ursprünglichen Daseins sind.

Wassily Kandinsky fühlt sich Marcs Kunstauffassung nahe. Und gründet mit ihm eine neue Gruppe, den „Blauen Reiter". Später erklärt der Russe: „Beide liebten wir Blau, Marc Pferde, ich Reiter. So kam der Name von selbst."

Rasch organisieren sie eine erste Ausstellung in einer Münchner Galerie. Zudem arbeiten sie, häufig in Kandinskys Wohnung in der Schwabinger Ainmillerstraße, an einem Almanach, der ebenfalls „Der Blaue Reiter" heißen soll.

Es ist keine Programmschrift für einen bestimmten Stil, sondern eine Sammlung von Denkanstößen und Anregungen für alle, die nach neuen Wegen in der Kunst suchen.

Unter den mehr als 100 Abbildungen sind auch Kinderzeichnungen zu sehen sowie Hinterglasmalereien bayerischer Dorfkünstler.

Der Maler August Macke, der sich der Gruppe angeschlossen hat, verfasst einen Aufsatz über Masken indigener Völker und Puppenspiele bei Griechen, Japanern und Siamesen. Ein mit Kandinsky befreundeter russischer Komponist schreibt über „Anarchie in der Musik".

Und Kandinsky erläutert in seinem Beitrag, dem längsten des Bandes, sein Konzept des künstlerischen Schaffens: Unabdingbare Voraussetzung sei eine neue Innerlichkeit, der Verzicht auf Gegenständliches im Bild gleichbedeutend mit der Abwendung vom Materialismus der Zeit – ein Aufbruch in ein höheres Reich reiner Geistigkeit.

Ihm und seinem Ko-Redakteur Marc ist wohl bewusst, dass sie mit dem Almanach Großes geschaffen haben. Stolz posieren sie für ein Foto auf dem Terrassendach neben Kandinskys Wohnung mit dem Umschlag des Bandes. Und tatsächlich kann der Verleger in den folgenden Jahren immer neue Auflagen drucken.

Der Almanach beeinflusst das ausdrucksstarke Schaffen der Expressionisten. Er wird in viele Sprachen übersetzt, macht Kandinskys Ideen über abstrakte Kunst weltweit bekannt und wird zur wohl wichtigsten Programmschrift für Künstler des Jahrhunderts.

IN KÜRZE

München um 1900 verbindet scheinbar Widersprüchliches: Modernität mit Behaglichkeit, höfische Kultur mit künstlerischer Radikalität. Doch gerade durch dieses besondere Gemisch erlebt die Stadt eine kulturelle Blüte, die weithin ausstrahlt.

Einige Monate nach Erscheinen des „Blauen Reiters" stirbt Prinzregent Luitpold. 26 Jahre lang hat der kunstsinnige Wittelsbacher München und Bayern geprägt. Sein Tod scheint wie ein Menetekel für den Anbruch einer anderen, einer unfreieren Zeit.

Schon seit Jahren wird das einst so liberale Klima in der Stadt bekämpft. Wie der besessene Hieronymus in Thomas Manns Novelle gehen fromme Eiferer gegen die Kunst vor. Unterstützt von der katholischen Kirche, hat sich ein „Münchner Männerverein zur Bekämpfung der öffentlichen Unsittlichkeit" gegründet. Diese Gruppe flutet die Behörden mit Beschwerden – gegen den Verkauf von Aktbildern, gegen frivole Kabaretts oder angeblich unmoralische Theaterstücke.

Der Sittlichkeitsverein stört sich besonders an den Dramen von Frank Wedekind. Mit seinen Protesten erreicht er, dass die Polizeibehörde, die für die Überwachung der Bühnen zuständig ist, die Aufführung fast aller dramatischen Werke des Autors verbietet. Die Zeit, da Beamte dem bedrängten Schriftsteller mit einem Tipp zur Flucht verhalfen, ist vorbei.

Wedekind verbittert insbesondere, dass einer seiner ehemaligen Kollegen vom „Simplicissimus" die Feinde der Kunstfreiheit auch noch unterstützt: Im Jahr 1912 wird Thomas Mann Mitglied des Zensurbeirats, eines Gremiums aus Honoratioren, das die Polizei mit Empfehlungen unterstützen soll.

Weshalb sich Thomas Mann darauf einlässt, ist nicht bekannt. Nach dem Erfolg mit den „Buddenbrooks" und der Heirat mit der Millionärstochter Katia Pringsheim ist er aus Schwabing

NAHE DER Innenstadt (oben) fließt die Isar, jahrhundertelang vor allem Wasserversorgung und wichtiger Handelsweg. Nun erholen sich hier die Städter an begrünten Uferpromenaden

fortgezogen und lebt nun im neu angelegten, schicken Wohnviertel Bogenhausen. Möglicherweise schmeichelt es ihm, dass er in ein Gremium aus Professoren und Hofräten berufen wird.

°

FRANZISKA VON REVENTLOW hat München da bereits verlassen. Ihr Geliebter, der polnische Puppenspieler und Glasmaler, hat sich von ihr getrennt. Sie ist zermürbt von dauernden Geldsorgen und daher zeitweise gezwungen, sich zu prostituieren. Sie hofft auf einen Neuanfang im Tessin und zieht an den Monte Verità nahe dem Lago Maggiore, wo mehrere Aussteiger eine Kolonie gegründet haben.

Und im Frühjahr 1913, weniger als drei Jahre nach ihrem Fortgang, lässt sich ein gescheiterter Maler aus Wien, zerfressen von Kränkungen und Hass, am Rand des Künstlerviertels in der Schleißheimer Straße nieder: Adolf Hitler.

Im August 1914 ist die Epoche der Kunststadt München endgültig beendet. Wie der fromme Fanatiker in Thomas Manns Erzählung prophezeit hat, erscheint ein Schwert über dem Ort: Der Erste Weltkrieg beginnt.

Ausländer wie Alexej von Jawlensky und Wassily Kandinsky müssen Deutschland umgehend verlassen. Gabriele Münter begleitet Kandinsky in die Schweiz (wo ihre Beziehung kurz darauf zerbricht).

Zwei weitere Mitglieder des „Blauen Reiters“, Franz Marc und August Macke, melden sich freiwillig für den Kriegsdienst. Beide sterben bei den Kämpfen in Frankreich.

Daheim in München feiert währenddessen Thomas Mann – wie viele Intellektuelle – den Krieg, nennt ihn in einem Aufsatz „Reinigung“ und „Befreiung“.

Und auch der „Simplicissimus“, der seit fast 20 Jahren die Stimme der Aufmüpfigen ist, der voller Witz die Obrigkeiten verspottet, lässt sich vom nationalistischen Taumel infizieren. Die Redaktion erklärt ihren Lesern, nun ganz ernst, in diesen Zeiten dürfe es eine Kritik an der Regierung „selbstverständlich“ nicht mehr geben. ◊

ENDE EINER UTOPIE

Nur wenige Monate nach dem Ende des Ersten Weltkriegs stürzt die Ermordung des Ministerpräsidenten Kurt Eisner den jungen Freistaat Bayern ins Chaos. Die Regierung flieht ins sichere Bamberg, in München rufen revolutionäre Arbeiter- und Soldatenvertreter am 7. April 1919 eine Räterepublik aus. Die bayerische Hauptstadt wird zu einem Laboratorium linker Utopisten. Doch die Gegenseite rüstet schon zum Angriff

TEXT: *Curt Schneider*

EIN TOTENKOPF prangt auf dem Geschützwagen dieser rechtsnationalen Freikorpskämpfer. Gemeinsam mit der Reichswehr ziehen sie gegen die Räteherrschaft, die sich in München etabliert hat

Der 7. April 1919 ist ein strahlender Frühlingstag in München. Wer Arbeit hat, macht sich an diesem Montagmorgen auf den Weg. Da werden grellrote Plakate an die Litfaßsäulen geklebt: „An das Volk in Baiern!“, heißt es da in schwarzen Lettern. Was dann folgt, lässt sich so zusammenfassen: Bayern ist ab sofort sozialistische Räterepublik, revolutionäre Arbeiter haben Seite an Seite mit Bauern und Soldaten die Regierung übernommen.

Der 7. April wird zum Nationalfeiertag erhoben. Alle Bürokratie soll „unverzüglich ausgetilgt“ werden. Bayern soll dem Vorbild Russlands folgen, in dem seit 1917 Lenins Räte regieren, und damit Abschied vom „fluchwürdigen Zeitalter des Kapitalismus“ nehmen.

Überrascht lesen viele die Bekanntmachung: schon wieder Revolution – der nächste Umsturz seit dem Ende des Weltkrieges ein halbes Jahr zuvor.

Die erste Erhebung hat das Königreich Bayern am 8. November 1918 zur Republik gemacht, hat die konstitutionelle Monarchie beendet und dafür gesorgt, dass die Staatsgewalt fortan allein vom Volk ausgeht – und nicht mehr wie zuvor vor allem vom König.

Nach mehreren unruhigen Monaten amtiert seit drei Wochen die aktuelle Staatsregierung. Doch es sieht nicht gut aus für Bayerns Ministerpräsidenten Johannes Hoffmann von der SPD. Politische Morde überschatten die junge Demokratie: Kurt Eisner, Hoffmanns Vorgänger im Amt, ist auf offener Straße erschossen worden. Für das im Land kursierende Notgeld gibt es kaum noch etwas zu kaufen. Gewalt, Mangel und Hunger treiben immer mehr Menschen in die politische Radikalität. In ihren Augen hat die gerade erst etablierte Ordnung schon wieder abgewirtschaftet.

Vor allem die äußerste Linke polemisiert gegen den Landtag und die Regierung Hoffmann. Sie weiß die Arbeiter hinter sich, viele der heimgekehrten Soldaten und einen großen Teil der Bauern.

Sie will keine Herrschaft des ganzen Volkes, sondern die Diktatur des Proletariats. Sie setzt auf die Macht von „Räten“, wie sie nach dem Muster des revolutionären Russlands in den Monaten zuvor in vielen Ländern Europas entstanden sind, um die Politik mitzugestalten.

In diesen Räten sitzen Arbeitervertreter, gewählt von Belegschaften in den Betrieben, Soldaten aus den Kasernen sowie Bauern. Verteidiger der parlamentarischen Demokratie haben in diesen Volksgremien immer weniger zu sagen. Eine Versammlung von Soldaten fordert etwa Anfang April die Einführung einer Räterepublik in Bayern. Der Landtag dürfe nicht mehr zusammentreten.

Nachdem Soldatenräte den Abgeordneten erklärten, sie könnten nicht mehr für den Schutz des Landtags garantieren, fliehen Parlamentarier und Regierung aus München. Hoffmann fährt am 6. April nach Nürnberg. Doch der dortige Bürgermeister warnt ihn vor den radikalen Arbeitern am Ort und empfiehlt ihm Bamberg. Das ist katholisch-konservativ, und es gibt dort nur wenige organisierte Proletarier. Bamberg also.

München bleibt führungslos zurück.

Es ist dieses Machtvakuum, in das die Revolutionäre in der Nacht auf den 7. April stoßen: Im Wittelsbacher Palais, dem Wohnsitz des letzten Königs, konstituieren sich rund 100 Angehörige der Räte zum Revolutionären Zentralrat einer neuen Republik.

Die Versammelten, darunter auch einige linke Intellektuelle wie die Schriftsteller Ernst Toller und Erich Mühsam, sehen sich dazu befugt, die Macht im Freistaat zu übernehmen. Und dekretieren: Ab Montag, den 7. April 1919, 12.00 Uhr, sei Bayern eine Räterepublik – geführt also von den Gremien der Arbeiter, Bauern und Soldaten. Die bayerischen Landesbehörden werden telegraphisch über diesen Schritt informiert.

Dann bricht der Morgen an. Zahlreiche Menschen sammeln sich auf den Plätzen der Münchner Innenstadt. Sie wollen erfahren, was jetzt geschieht.

Auf einer Parkbank am Karlsplatz – dem Stachus – stehend, wendet sich Erich Mühsam an die Menge und erklärt, was für eine Republik da ausgerufen worden sei. Einige buhen ihn aus, andere pflichten ihm bei.

Die Revolutionäre stoßen in ein MACHTVAKUUM

Zur gleichen Zeit sammeln sich am Marienplatz vor dem Rathaus Studenten, die für die parlamentarische Demokratie eintreten und gegen die Herrschaft des Proletariats. Es kommt zum Gerangel mit Arbeitern. Die Menge löst sich auf.

Am Odeonsplatz, vor der Residenz, werden von monarchistischen Bürgern sogar Hochrufe auf den König laut, bis schließlich Soldaten einschreiten.

Sehr groß ist die Begeisterung für die neue Republik offenbar nicht. Aber noch verläuft alles recht friedlich. Beamte und Sicherheitskräfte verhalten sich ruhig, auch wenn in München nun das Proletariat regiert – offiziell jedenfalls, denn viele der führenden Köpfe der Räterepublik sind Intellektuelle, die utopischen Idealen nachhängen.

KURT EISNER
Der Sozialist ruft im November 1918 den Freistaat Bayern aus. Wenige Monate später wird er ermordet

JOHANNES HOFFMANN
Ab März 1919 ist der SPD-Politiker Ministerpräsident – und muss vor Revolutionären aus München fliehen

Der 25-jährige Autor Ernst Toller, Chef der Münchner USPD, einer radikalen Abspaltung der SPD, wird zum Vorsitzenden des Revolutionären Zentralrats gewählt. De facto wird er damit Regierungschef.

Der Dichter Gustav Landauer – der an diesem Tag seinen 49. Geburtstag feiert – ist nun Volksbeauftragter für Volksaufklärung, eine Art Kultusminister. Bislang hielt der Anarcho-Sozialist Vorträge über Hölderlin, nun entwirft er das Manifest der Räterepublik.

Auch Erich Mühsam, 51, einer der prominentesten Revolutionäre, gehört dem Zentralrat an. Am Morgen ist der Schriftsteller bereits um sechs Uhr früh ins Telegraphenamt gestürmt und hat eine Jubelnachricht an Lenins kommunistische Regierung in Moskau abgesetzt: „Bayern ist Räterepublik ... die Diktatur des Proletariats verwirklicht ... es lebe die Weltrevolution!"

Doch so einfach ist es nicht. Noch im Verlauf des Montags erscheinen Flugzeuge über der Stadt und werfen Zettel ab, auf denen zu lesen ist, das Kabinett Hoffmann sei nicht zurückgetreten, sondern die einzig rechtmäßige Regierung und allein befugt, Befehle zu erteilen.

Zwar bleibt die Aktion ohne Wirkung. Doch so mancher Münchner wird wohl bereits jetzt ahnen, was bald kommen muss. Die Regierung Hoffmann in Bamberg sowie die SPD-Reichsregierung in Berlin werden eine Abspaltung Bayerns nicht hinnehmen. Beide werden um München kämpfen. Mit allen Mitteln.

Aber auch aus den Reihen der Räte droht der neuen Republik Gefahr. Denn die Kommunistische Partei beteiligt sich nicht an der neuen Regierung. Der Zentralrat hat sie zwar zur Teilnahme eingeladen, aber die Kommunisten weigern sich; sie wollen die Macht lieber für sich alleine.

Am Ende werden der Münchner Räteherrschaft nur knapp vier Wochen bleiben. Vier Wochen, in denen Ungeheures gedacht und angestoßen wird – und Utopisten an der Isar beginnen, ihre himmelstürmenden Ideen umzusetzen.

Seit die Münchner im November 1918 ihren Monarchen vertrieben und die Republik ausgerufen haben, ist die Stadt ein Laboratorium der anarchischen Linken und der Kommunisten. (Als Reaktion darauf entstehen hier aber auch ultrarechte Gruppierungen, die aus München die Hauptstadt der nationalsozialistischen Bewegung machen werden.)

In jenen Tagen, als linke Schriftsteller an die Macht streben, lässt sich ein Mann namens Adolf Hitler in den Münchner Soldatenrat wählen, nur um wenig später einen glühenden Hass gegen diese Linken zu entwickeln.

Die Extreme, die schließlich die Weimarer Republik von rechts und von links zermalmen werden, treffen in München bereits im April und Mai 1919 tödlich entschlossen aufeinander.

Weshalb aber das utopische Experiment der Linken ausgerechnet in München entsteht und wie es sich vier Wochen gegen alle Widerstände halten kann, das ist die bizarre wie tragische Geschichte der Münchner Räteherrschaft.

°

MÜNCHEN, 7. NOVEMBER 1918. Viele Menschen hungern. Die anfängliche Euphorie bei der Mobilmachung 1914 ist längst der Gewissheit gewichen, dass der Krieg nicht zu gewinnen ist. Vor allem Arbeiter und Bauern fühlen sich von den alten Parteien nicht mehr vertreten. 1917 hat sich eine linke Gruppe von der SPD abgespalten, die USPD. Ihre Vertreter dringen auf ein sofortiges Ende des Krieges. In München hat sich der Journalist Kurt Eisner an die Spitze der USPD gesetzt, war im Januar 1918 eine treibende Kraft beim Streik der Rüstungsarbeiter.

Nun, da Deutschland mit seinen Kräften am Ende ist und die Oberste Heeresleitung den Krieg verloren gibt, haben in Kiel die Matrosen der Marine gemeutert – und Arbeiter und Soldaten im ganzen Reich mitgerissen.

An diesem 7. November also zieht Eisner nach einer Kundgebung auf der Theresienwiese mit gut 1000 Anhängern zum Sturm auf die Kasernen im Norden der Stadt. Die Soldaten reagieren erst verzagt, rufen vom Fenster aus, die Offiziere hätten sie eingesperrt, sie könnten nicht herauskommen. „Dann tretet eben die Türen ein", fordern die Demonstranten. Und tatsächlich folgen die Soldaten dem Aufruf, setzen ihre Offiziere fest und schließen sich dem Zug an.

Bayerns letzter König Ludwig III., 73 Jahre alt und offenbar nicht im Bilde über die Lage im Land, spaziert gerade im Englischen Garten. Ein Passant warnt ihn: „Revolution is Majestät, gengs S' heim!" Als der König in die Residenz zurückkehrt, haben die Wachen bereits ihre Posten verlassen.

Niemand stellt sich Kurt Eisners Zug in den Weg. Im „Mathäserbräu“, einer Bierhalle in der Innenstadt, wählen die Versammelten schließlich einen Arbeiter- und einen Soldatenrat als ihre Interessenvertretung, besetzen Hauptbahnhof und Telegraphenamt.

Am Abend dringen Eisner und seine Leute in den Landtag ein – dem entgeisterten Pförtner nehmen sie einfach die Schlüssel ab. Um 23 Uhr verkündet Eisner dort vor den Räten drei entscheidende Punkte: Bayern tritt aus dem Krieg aus, die Monarchie ist abgeschafft, und Bayern ist ab sofort ein Volks- und Freistaat, eine Republik. Befugt hat ihn dazu niemand, außer den gerade anwesenden Räten. Die bestimmen Eisner auch gleich zum neuen Ministerpräsidenten.

Es ist eine unblutige Revolution. Die Staatsmacht lässt sie geschehen, muss sie geschehen lassen, löst sich einfach auf. Die Soldaten laufen ihr ohnehin davon. Jedes Vertrauen in die Obrigkeit ist nach vier Jahren Krieg, nach all den Hungerwintern, nach den ewigen Sieges- und Durchhalteparolen erloschen. Und alle wollen endlich Frieden.

So hebt kaum jemand die Hand zur Verteidigung des morschen Systems, es implodiert, im Reich und in Bayern.

Die Macht in München gehört jetzt dem, der sie sich nimmt. Der Kriegsminister des bayerischen Königs versucht zwar noch mit einer Division, die Revolution niederzuschlagen. Aber die Soldaten beider Lager verbrüdern sich. Von der Münchner Frauenkirche weht nun die rote Fahne.

In der Nacht flüchtet der König mit dem Auto aus München. Nach 738 Jahren, in denen das Haus Wittelsbach Bayern regiert hat, ist die Dynastie am Ende. Zwei Tage später, am 9. November, muss Kaiser Wilhelm II. abdanken, wird auch in Berlin die Republik ausgerufen.

Eisners Regierung führt in Bayern umgehend das Frauenwahlrecht und den Achtstundentag ein. Banken und Unternehmen will der neue Kabinettschef vorerst nicht sozialisieren, denn dafür sei die Wirtschaft derzeit zu schwach.

Eisner sieht die Räte nur als Zwischenstufe auf dem Weg zur allgemeinen Volksherrschaft und lädt seinen Freund Gustav Landauer aus Krumbach nach München ein, um an der „Umbildung der Seelen“ mitzuwirken.

Leicht ist diese Aufgabe nicht. Zeitungen nennen den aus Berlin stammenden Eisner einen „galizischen Juden“. Münchens Erzbischof Faulhaber beschimpft ihn als „Zorn Zions“ – der USPD-Führer hat es gewagt, die kirchliche Schulaufsicht abzuschaffen. Dennoch hofft er auf einen Sieg bei den für Januar 1919 angesetzten Landtagswahlen.

Aber es kommt anders: Die USPD erhält nur 2,5 Prozent der Stimmen. Gewinner sind die Bayerische Volkspartei mit 35 Prozent und die SPD mit 33 Prozent. Die Regierung Eisner ist gescheitert.

Der USPD-Führer, ganz Demokrat, akzeptiert die Niederlage und will am 21. Februar 1919 im Landtag als Ministerpräsident abdanken. Mit der Rücktrittserklärung in der Tasche marschiert er zu Fuß zum Landtag. Sein Büroleiter hat ihn davor gewarnt, den gleichen Weg wie immer zu nehmen – zu aufgeheizt sei die Stimmung gegen ihn, ein Attentat nicht auszuschließen. Doch Eisner ignoriert die Bedenken. Ein Fehler.

Vor dem Palais Montgelas treffen ihn von hinten zwei Kugeln in den Kopf. Der Täter, der Student Anton Graf Arco auf Valley, ein Reaktionär, der Eisner für einen Verräter hält, hat ihn abgepasst. Dessen Leibwächter schießen auf Arco. Der Attentäter überlebt. Der Ministerpräsident aber ist sofort tot.

Als die Nachricht vom Attentat den Landtag erreicht, hält Erhard Auer von der SPD eine Gedenkrede auf Eisner. Da stürmt ein Metzgergeselle mit einer Pistole herein und schießt Auer nieder, den er für den Hintermann des Attentats hält. Bei der daraufhin im Landtag ausbrechenden Schießerei sterben zwei Männer. Auer überlebt schwer verletzt.

Erst jetzt erkennen die Münchner, wen sie mit Eisner verloren haben: einen Mann, dem eine Revolution gelungen ist, der den Krieg für Bayern beendet, die Monarchie weggefegt und die Herrschaft des Volkes verwirklicht hat – und das alles ohne Blutvergießen. „Die hundert Tage der Regierung Eisner“, befindet der Schriftsteller Heinrich Mann, „haben mehr Ideen, mehr Belebung der Geister gebracht als die fünfzig Jahre zuvor.“

100 000 Menschen säumen den Trauerzug für Eisner hinaus zum Ostfriedhof. Unter ihnen auch der verkrachte Soldat Adolf Hitler.

Der Ministerpräsident tot, der Landtag vorerst paralysiert: In dieser chaotischen Lage und aufgewühlt von den politischen Morden wählen die Münchner Arbeiter- und Soldatenräte einen Zentralrat, beanspruchen die Macht im Land für sich und berufen für Ende Februar einen gesamtbayerischen Rätekongress nach München ein.

Auch in anderen bayerischen Städten haben sich inzwischen Räte gebildet – in Arbeiterhochburgen wie Nürnberg und Augsburg, aber auch in kleineren Städten wie Rosenheim, Passau, Lindau und sogar in Bauerndörfern wie Jandelsbrunn im Bayerischen Wald.

Trotz dieser Entwicklung hält sich der soeben gewählte Landtag in Mün-

AM 14. APRIL 1919 beginnt die zweite Phase der Räteherrschaft: Nach einem gescheiterten Putschversuch von Anhängern der Regierung Hoffmann übernehmen die Kommunisten die Macht (Straßensperre in München)

AM 7. APRIL 1919 erklärt eine Versammlung von Arbeiter-, Soldaten- und Bauernvertretern Bayern zur Räterepublik. Anfangs stellt sich den Aufständischen niemand entgegen (bewaffnete Streife)

SCHON BALD nach der Machtübernahme formieren sich die Gegner der Räteherrschaft. Der nach Bamberg geflohene Ministerpräsident Hoffmann bittet die Reichsregierung um Hilfe – und die entsendet Reichswehr und Freikorpseinheiten nach Bayern (Patrouille von Rotarmisten)

chen allein zur Regierungsbildung befugt. Einstimmig votieren die Abgeordneten am 17. März 1919 für Johannes Hoffmann von der SPD als neuen Regierungschef. Er ist damit der erste frei gewählte Ministerpräsident Bayerns.

Doch wer hat wirklich die Macht: Hoffmann und der Landtag – oder der Zentralrat der Arbeiter und Soldaten?

Johannes Hoffmann hat für den 8. April den Landtag einberufen und ist gleich nach dieser Ankündigung nach Berlin gefahren, um sich für den Notfall die militärische Unterstützung des Deutschen Reichs zu sichern.

In München herrschen jetzt LITERATEN

Unterdessen verschlechtert sich die Versorgungslage in München immer weiter. Ein scharfer Wintereinbruch im März verschlimmert die Situation nochmals. Gegen Lebensmittelmarken gibt es gerade noch einen Achtel Liter Milch, ein kleines Glas voll – und auch das nur jeden zweiten Tag. Die übliche Lebensmittelration in der Stadt beträgt Anfang April 1000 Kalorien. Um halbwegs satt zu werden, muss man hohe Preise auf dem Schwarzmarkt zahlen.

°

UND SO KOMMT ES am 7. April 1919 zur nächsten Revolution. Als Reaktion kappt die Regierung Hoffmann von Bamberg aus Zugverbindungen nach München. Damit fehlen nun die dringend benötigten Kohlelieferungen aus dem Ruhrgebiet. Fabriken drohen stillzustehen. Und auch die Nahrungsmittel werden immer knapper: Werden in der ersten Aprilwoche noch rund 600 Schlachtkälber nach München transportiert, sind es in der dritten Aprilwoche nur noch 16. Die Milchlieferungen gehen um zwei Drittel zurück.

Die Stadt, so plant Hoffmann von Bamberg aus, soll systematisch ausgehungert und anschließend militärisch niedergerungen werden.

Zur Linderung der Not ordnet die Räteregierung Sofortmaßnahmen an: Schleichhandel und Wucher sind zu bekämpfen, Preise sollen kontrolliert werden. In einigen Hotelküchen und Gaststätten beschlagnahmen Arbeiterräte zentnerweise Fleisch, Fett und Getreide.

Aber satt werden die Stadtbewohner davon nicht, da die Bauern immer weniger Waren in die Stadt liefern.

Um zumindest den Wohnungsmangel zu bekämpfen, beschließt die Regierung, alle leer stehenden Häuser zu beschlagnahmen, auch Schlösser und Palais. Tatsächlich gelingt binnen Tagen die Registrierung Hunderter Wohnungen.

Mit seinen Ankündigungen weckt das Regime die absonderlichsten Hoffnungen. In den Vorzimmern der Machthaber drängen sich die Bittsteller. Ernst Toller beschreibt das später so: „Eine Partei revolutionärer Bürger hat sich gebildet, sie fordert die Verhaftung früherer Kegelbrüder und Vereinskollegen. Verkannte Lebensreformer bieten ihre Programme zur Sanierung der Menschheit an. Die einen sehen die Wurzel des Übels im Genuss gekochter Speisen, die anderen in der Goldwährung, die dritten im Tragen unporöser Unterwäsche."

Kurios ist auch der neue Außenminister: Erich Mühsam hatte sich selbst als Volksbeauftragten für das Außenressort vorgeschlagen, war aber von den Genossen abgelehnt worden, weil er ihnen zu weltfern erschienen war. Er sei ein „so ausgesprochen literarischer Bohemien, dass sich niemand ihn in einer würdigen Amtsposition vorstellen konnte", erinnert sich ein Weggefährte.

Daher wird im Zentralrat der Journalist Dr. Franz Lipp vorgeschlagen, den zwar kaum einer kennt, der aber Beziehungen ins Ausland zu haben scheint, da er früher für die italienische Zeitung „Corriere della Sera" berichtet habe. Mangels Alternativen wählt man ihn.

Am Morgen des 8. April erscheint Lipp im Ministerium, überreicht den Vorzimmerdamen Blumen, schreitet in sein Büro und beginnt mit der Arbeit. Die besteht darin, als Erstes den Kontakt zur Reichsregierung in Berlin abzubrechen und der Schweiz den Krieg zu erklären, weil die sich weigert, der Räterepublik Lokomotiven zu überlassen.

Lipp trifft sich nie mit anderen Regierungsmitgliedern, er telefoniert nicht, schickt stattdessen Telegramme. Seine fixe Idee ist der Abortschlüssel, den Ministerpräsident Hoffmann angeblich mit nach Bamberg genommen hat.

Schließlich zwingt Regierungschef Toller ihn zum Rücktritt. Lipp aber erscheint wieder im Büro. Toller schickt ihn daraufhin ins Sanatorium.

Die neue Regierung macht Bayern zum Experimentierfeld utopischer Ideen. Besonders tut sich dabei Silvio Gesell, der Volksbeauftragte für Finanzen, mit seinen Theorien zu Freigeld und Freiland hervor: Da Geld keinem Verfall unterliege, anders als Arbeitskraft und Waren, sei der Geldbesitzer den Arbeitern überlegen. Damit störe Geldbesitz das freie Spiel der Kräfte und müsse daher einem von oben verordneten Wertverlust unterliegen. Je länger ein Sparer oder Spekulant Geld zurückhalte und nicht ausgebe, desto höher müsse der Verlust sein, etwa durch ein Verfallsdatum, das auf die Geldscheine aufgedruckt werde. Damit entfalle der Anreiz, Geld zu horten.

Ähnlich sieht Gesell den Grundbesitz, der ebenfalls keinem natürlichen Wertverlust unterliege: Aller Boden müsse enteignet und fortan vom Staat an seine Bürger verpachtet werden. Die Einkünfte seien dann an Mütter nach ihrer Kinderzahl zu verteilen, um sie wegen ihrer unbezahlten Arbeit wirtschaftlich unabhängig zu machen. Gesell arbeitet

ERICH MÜHSAM
Der Autor ist ein prominentes Mitglied des Zentralrats – einer Art Regierung der Revolutionäre

GUSTAV LANDAUER
Früher hat der Dichter über Hölderlin doziert. Nun ist er Kulturbeauftragter der Räterepublik

ERNST TOLLER
Der Schriftsteller ist erst 25 Jahre alt, als der Zentralrat ihn zum Regierungschef der Räterepublik wählt

an der radikalen Umgestaltung des Finanzwesens. Im Grunde sind ihm proletarische Ideale gleichgültig, er würde sein Freigeld auch in einer Monarchie oder einer Demokratie verwirklichen.

Für all diese Experimente hat die Räterepublik indes nur wenig Spielraum. Die Münchner sind ohnehin in Angst, ihr Geld könnte entwertet werden. Sie stürmen die Banken und wollen ihre Ersparnisse abheben. Umgehend muss die Regierung die Konten sperren. Das Vertrauen in das neue Regime sinkt rapide.

Dennoch: Eine radikale Umgestaltung soll alles Denken und Handeln der Menschen erfassen, vor allem in der Erziehung. Über der Münchner Universität wird die rote Fahne aufgezogen.

Fortan entscheidet ein revolutionärer Hochschulrat. Landauer, der Kulturbeauftragte, will als Erstes die theologische und die juristische Fakultät streichen. Von zentraler Bedeutung sei dagegen ab sofort die philosophische Fakultät.

Aus den Schulen, bislang Untertanenschmieden, sollen Bildungsorte für Freigeister werden, in denen Kritik ausdrücklich willkommen ist. Stundenplan und Prügelstrafe sollen verschwinden, ebenso die Schulbank als Sinnbild der überkommenen Lernanstalt.

Allerdings gibt es nun wieder eine Pressezensur. Schon die Proklamationserklärung der Räterepublik verfügte die Sozialisierung der Presse. Die „Münchner Neuesten Nachrichten", eine liberale Zeitung, wird per Dekret kurzerhand zum Organ des Revolutionären Zentralrats.

Das Blatt muss nun seitenlang Ausführungen über „Das unwahre Prinzip unserer Erziehung" sowie Proklamationen der Regierung abdrucken. Die Leser konstatieren „überströmende Langeweile". Den Schriftsteller Thomas Mann erinnern die Ausgaben der Zeitung nun „an die ehemalige Faschingsnummer".

Ist das also die Diktatur des Proletariats? Sind die utopischen Ideen für einen Stahlarbeiter von Interesse, für eine Näherin, für die vielen Kriegsheimkehrer ohne Perspektive? Wäre ihnen am Ende ein Teller warmer Suppe vielleicht lieber als die gesamte Räterepublik? Darauf wird die Regierung keine Antwort geben.

Auch in der Justiz verfolgt das neue Regime ungewöhnliche Ideen und setzt Revolutionstribunale ein.

Die bestehen aus jeweils sieben „revolutionären Volksgenossen": verdienten Mitgliedern der Linksparteien. Diese Richter ohne jede juristische Ausbildung sind weder an Gesetze noch an eine Prozessordnung gebunden – der Traum aller Revolutionäre, die mit dem alten System gründlich aufräumen wollen. Und der Albtraum all jener, die das Recht hochhalten. Denn die Tribunale entscheiden nach freiem Ermessen.

Schon am 11. April 1919 treten die ersten im Justizpalast zusammen. Sie urteilen schnell – und überraschend milde. 300 Verfahren werden eröffnet, die meisten Angeklagten freigesprochen. Ein Kommunist mokiert sich über diese Tribunale, die keinem Konterrevolutionär etwas zuleide täten.

A

Am 13. April kommt es zum nächsten Umsturzversuch, diesmal veranlasst von Ministerpräsident Hoffmann. Der sieht darin die letzte Möglichkeit, die Räteregierung mit eigenen, also bayerischen Mitteln loszuwerden. Denn schon drängt der SPD-Reichspräsident Friedrich Ebert aus Berlin zur Eile: Mit der Räterepublik müsse endlich Schluss gemacht werden.

Doch was soll Hoffmann tun? Er hat keine regulären Truppen, jedenfalls nicht in München. Bleibt nur die „Republikanische Schutztruppe", eine zur Sicherung der Landesregierung gegründete militärische Vereinigung.

In der Nacht zum 13. April 1919 verhaftet sie in Hoffmanns Auftrag meh-

MIT PANZERZÜGEN rücken Reichswehr- und Freikorps-einheiten Ende April 1919 gegen die bayerische Hauptstadt vor, um die Räteherrschaft militärisch in die Knie zu zwingen

ANFANG MAI können die Verteidiger Münchens der Übermacht nicht mehr standhalten. Regierungs-truppen (unten) ziehen in die Stadt ein

rere Mitglieder des Zentralrats, darunter Mühsam. Nicht gefasst wird Ernst Toller – er wird durch einen anonymen Anruf gewarnt und kann sich in der Wohnung eines Freundes hinter einem Bücherregal verbergen. In seinem Versteck entwirft er einen Appell an alle Revolutionäre im Deutschen Reich, der bedrohten Räterepublik zu Hilfe zu eilen.

Um fünf Uhr morgens telegraphiert der Anführer der Schutztruppe eine Siegesmeldung zu Hoffmann nach Bamberg. Das aber ist mehr als voreilig.

Denn die Nachricht von der Verhaftungswelle verbreitet sich schnell in München. Als die Schutztruppe ein Versammlungslokal der Kommunisten stürmen will, wehren sich die so heftig, dass sich die Angreifer zurückziehen müssen.

Das ist für die Kommunisten das Fanal zum Gegenangriff. Tausende Arbeiter und Soldaten sammeln sich auf der Theresienwiese und marschieren zum Hauptbahnhof, dem Hauptstützpunkt der Putschisten, von dem aus Mühsam und andere Gefangene per Zug nach Nordbayern gebracht worden sind.

„Zum Kampf!“, rufen die Leute unterwegs. Am Bahnhof fahren die Arbeiter und Soldaten schweres Geschütz gegen Hoffmanns Schutztruppe auf: Maschinengewehre und Minenwerfer.

Aus Flugzeugen schweben Flugblätter in die Stadt, die die Räteregierung mit ihren „landfremden Agitatoren“ für abgesetzt erklären. In immer neuen Wellen stürmen die Arbeiter gegen den Bahnhof, mehrere Stunden lang.

„Vorwärts! Auf! Sturm!“, ruft einer, und schon wird der Revolutionär und Schriftsteller Oskar Maria Graf mitgerissen, in das Bahnhofsgebäude hinein.

IM TRIUMPH paradieren Freikorpskämpfer in Münchens Zentrum. Viele von ihnen machen nun systematisch Jagd auf die Revolutionäre – und töten mehr als 600 Menschen

Schließlich: „Sieg, Sieg! Hoch die Räterepublik!“ Als die Offiziere der Schutztruppe am Abend per Lokomotive aus dem Bahnhof fliehen, sind 21 Menschen tot – vor allem Unbeteiligte.

Die Räteherrschaft hat sich als wehrhaft erwiesen. Aber sie ist nun nicht mehr die friedliche Republik der Utopisten und der Schöngeister. Denn den blutigen Sieg über die Schutztruppe haben vor allem Kommunisten erkämpft. Daher rufen sie nun selbstbewusst eine neue, kommunistische Räterepublik aus und verkünden einen mehrtägigen Generalstreik sowie die Aufstellung einer „Roten Armee“.

Widerstand von der alten Räteregierung gibt es nicht. Die Macht haben nun andere. Vor allem einer: Rudolf Egelhofer. Er hat den Sturm der Arbeiter auf den Hauptbahnhof angeführt.

Am Tag des Putsches ist er 23 Jahre alt geworden, ein gebürtiger Münchner, im Krieg einfacher Matrose. Egelhofer wird Stadtkommandant und Oberkommandierender der Roten Armee. Umgehend verhängt er den Ausnahmezustand und befiehlt die Entwaffnung des Bürgertums zugunsten des Proletariats. Wer binnen zwölf Stunden nicht seine Pistolen und Gewehre abgegeben habe, werde erschossen, lässt er erklären. Mit den requirierten Waffen stattet er die Rotarmisten aus.

Nun sammeln sich von allen Seiten die Feinde der Räteherrschaft. Ministerpräsident Hoffmann muss nach dem Scheitern seines Putsches die Reichsregierung um Hilfe bitten. Darauf hat Berlin nur gewartet und lässt seine Truppen los, darunter die Freikorps – Freiwilligenverbände aus entlassenen Frontsoldaten, die unter dem Kommando früherer kaiserlicher Offiziere stehen.

Die eigenen militärischen Mittel des Deutschen Reichs sind kläglich, die Reichswehr ist erst im Aufbau begriffen. Die SPD-Regierung in Berlin hat daher einen faustischen Pakt mit den ultrakonservativen und nationalistischen Militärs der alten preußischen Armee geschlossen.

So aber gewinnen in der Weimarer Republik von Beginn an rechte Kräfte die Gewalt über Truppen und Kanonen.

Ein preußischer General, Ernst von Oven, leitet die Operation gegen die Münchner Räte.

Nordbayern ist da bereits weitgehend in der Hand der Regierung Hoffmann – Würzburg etwa ist nach nur drei Tagen Räteregierung auf die Seite des Landtags zurückgekehrt.

Hoffmann lässt Südbayern nun von allem Verkehr, von allen Nachrichten samt Telefon- und Telegraphenleitungen abschneiden, die Reichsbank kappt den Bargeldnachschub. Aus Richtung der Bayerischen Alpen marschiert das Freikorps Werdenfels auf München.

Egelhofer kann 12 000 Mann aus den Betrieben und Kasernen der Stadt dagegensetzen, darunter Weltkriegsveteranen, aber auch Jünglinge, Greise und freigelassene russische Kriegsgefangene. Was seiner Armee fehlt, sind Übung, schwere Waffen, Nachschub. Wären ein paar Monate Zeit, ließe sich vielleicht eine schlagkräftige Truppe formen, aber Egelhofer hat diese Zeit nicht.

SCHON AM 15. APRIL stehen die ersten 800 Mann der Angreifer bei Dachau kurz vor München. Egelhofer wirft seine Rote Armee in den Nordwesten der Stadt: Arbeiter, Soldaten, Literaten.

Offiziere hat diese Truppe nicht, deren Aufgabe müssen erfahrene Frontkämpfer oder Unteroffiziere übernehmen. Dennoch gelingt es dem Freiwilligenheer, den Gegner zurückzuschlagen. Als Ernst Toller dazustößt, bieten ihm Kämpfer die Kommandogewalt an: Einer

GEFANGENE ROTARMISTEN. Die siegreichen Truppen verüben in der Stadt zahlreiche Massaker: angeblich als Reaktion auf die – allerdings wenigen – Untaten, die die Kommunisten während der Verteidigung der Räteherrschaft begangen haben

müsse ja seinen Kopf hinhalten. Und: „Die Hauptsach is, dich kennen wir!"

So wird der Schriftsteller zum Truppenkommandeur. Am nächsten Morgen kehrt er nach München zurück, um Landkarten von Dachau zu besorgen – findet aber keine. Die Karten sind offenbar von den Gegnern requiriert worden. Dennoch schafft er es, Dachau zurückzuerobern, ein unerwarteter Triumph.

Für Toller gehören Autorität, Gehorsam und Disziplin zum alten Kaiserreich und nicht in die moderne Räteherrschaft. Ihm gelten Freiwilligkeit und Einsicht als soldatische Tugenden. Das geht nicht lange gut: Viele seiner Leute kehren nach den ersten Erfolgen vor Dachau nach München zurück. Resigniert stellt Toller schließlich fest: „Wir sind gezwungen, die eigenmächtigen Urlauber aufzuhalten, wir müssen Regeln der alten militärischen Disziplin einführen." Den Wirten verbietet er den Ausschank von Alkohol, um seine Leute dienstfähig zu halten.

Sein Erfolg ist trotzdem nicht von Dauer. Zwar kann die Rote Armee einige Städte rund um München sichern, etwa Freising, Rosenheim und Kaufbeuren. Aber schon rücken neue Einheiten von Reichswehr und Freikorps heran.

Am 20. April marschieren die angreifenden Truppen in Augsburg ein. Rund 35 000 Soldaten nehmen nun auch München von allen Seiten in die Zange. Panzerzüge, Panzerwagen, Flugzeuge: Die Macht des Deutschen Reichs steht gegen das ausgehungerte München.

So wie die Reichsregierung in Berlin muss auch Hoffmann dafür mit den Rechten gemeinsame Sache machen. Die hetzen mit nationalistischen Parolen. Das dabei verwendete Muster wird Deutschland noch lange verfolgen: In München seien jüdische, bolschewistische Geisteskranke am Werk, die es mit Stumpf und Stiel auszurotten gelte.

21. April: Mit vorgehaltener Waffe beschlagnahmen Rotarmisten das Auto des päpstlichen Nuntius in München. Eugenio Pacelli, der spätere Papst Pius XII., flüchtet bald darauf aus der Stadt.

22. April: Am letzten Tag des Generalstreiks paradieren 12 000 Bewaffnete durch die Ludwigstraße. Es ist die letzte Heerschau der Roten Armee. Rudolf Egelhofer gibt in Matrosenuniform Durchhalteparolen aus.

26. April: Egelhofer lässt ein Hotel durchsuchen, in dem die rechtsradikale Thule-Gesellschaft residiert. Ihr Wappen ist ein Hakenkreuz, man grüßt sich mit „Sieg und Heil" und gibt den „Münchner Beobachter" heraus (aus dem später der „Völkische Beobachter" der Nationalsozialisten hervorgehen wird). Einige Mitglieder werden verhaftet.

29. April: 25 Kilometer südlich von München fällt Starnberg an ein Freikorps aus Württemberg.

30. April: Die Rote Armee muss Dachau aufgeben. Die Kraft reicht nicht aus. Die Räteherrschaft beginnt sich unter der Wucht der feindlichen Angriffe aufzulösen. Viele bewaffnete Arbeiter werfen die Gewehre fort und gehen heim.

Ein Ausschuss der Räte bietet Hoffmann die Niederlegung der Waffen an, wenn die Reichstruppen vor der Stadt bleiben. Doch der Ministerpräsident lehnt ab. Berlin und Bamberg gehen auf keine Bedingungen ein. Sie wollen die völlige Niederwerfung der Räterepublik.

Dazu haben sie ihren Soldaten die standrechtliche Erschießung jedes Kämpfers erlaubt, der sich ihnen widersetzt.

Das brutale Vorgehen der Reichstruppen ist das Todesurteil für zehn Gefangene der Roten Armee im Münchner Luitpold-Gymnasium. Unter ihnen sind einige adelige Mitglieder der „Thule-Gesellschaft“: Friedrich Wilhelm von Seydlitz, Gustav von Thurn und Taxis, Hella von Westarp.

Die Hinrichtung der zehn im Schulhof ist die einzige hervorstechende Gräueltat der Linken in München. Die Reichstruppen wüten weitaus brutaler: 52 Tote in einer Kiesgrube, 21 Handwerker am Karolinenplatz, 22 Exekutierte in Starnberg.

Die Marinebrigade Ehrhardt trägt das Hakenkreuz am Stahlhelm. Bei den Regierungstruppen: die späteren NSDAP-Größen Heinrich Himmler, Ernst Röhm, Rudolf Heß. Der Korpsführer Ritter von Epp wird später NS-Statthalter in Bayern.

1. Mai: Rotarmisten gelingt es mit Minenwerfern, einen Panzerzug zu zerstören, dessen Besatzung sich zum Hauptbahnhof vorkämpfen wollte. Sie haben ihre Geschütze auf der Hackerbrücke aufgebaut, die vor der Station quer über die Bahngleise verläuft. Bis zum nächsten Tag halten sie die Stellung, dann beenden Regierungstruppen mit Granatenfeuer die Blockade des Bahnhofs.

2. Mai: Für 12.00 Uhr ist der allgemeine Sturm auf München von allen Seiten angesetzt. Verstärkt durch Panzerwagen, rücken Hoffmanns Leute vor. In Großhadern am Stadtrand zerren Soldaten Gustav Landauer aus dem Haus der Witwe Eisners, wo er sich versteckt gehalten hat.

Gegenwehr gibt es vor allem in Arbeitervierteln wie Giesing und Haidhausen, am Schlachthof sowie im Zentrum rund um Stachus und Sendlinger Tor. Allein um den Kiosk auf dem Stachus tobt ein stundenlanger Kampf.

Zum letzten Gefecht kommt es am gegenüberliegenden „Mathäserbräu“, in dem Kurt Eisners Umsturz im November 1918 seinen Anfang genommen hatte.

Am Abend des 2. Mai ist schließlich ganz München in der Hand der Regierungstruppen. Nun beginnen die „Säuberungen“. In den Arbeitergegenden töten die Soldaten tagelang nach Belieben. Mehr als 600 Menschen sterben, weil sie eine Waffe getragen haben oder die falsche Armbinde oder einfach eine Arbeiterkappe.

In den Biergärten der besseren Viertel spielen die Militärkapellen fortan wieder patriotische Lieder. Oskar Maria Graf beobachtet, wie feine Damen der Gesellschaft auf der Ludwigstraße einen Zug Gefangener verhöhnen, bespucken, Ohrfeigen austeilen. Der Schriftsteller notiert über die Münchner Arbeiter: „Sie sind alle Hunde gewesen, wie ich, haben ihr Leben lang kuschen und sich ducken müssen, und jetzt, weil sie beißen wollten, schlägt man sie tot.“

Zu spät kommen Lenins Glückwünsche aus Moskau zum 1. Mai: Die Arbeiterklasse, die sich befreit habe, so der Sieger der Oktoberrevolution erfreut über den Umsturz in München, feiere an diesem Tag nicht nur in der Sowjetunion – sondern auch in Sowjetbayern.

°

DIE MÜNCHNER Räteherrschaft ist beendet. Im Terror der rechten Gewalt geht das München der Künstler und Literaten endgültig unter; jenes München, das einstmals leuchtete, so wie es Thomas Mann beschrieben hat. Und das im November 1918 trotz der Verrohungen durch den Weltkrieg eine ganz und gar unblutige Revolution hervorbrachte.

In München setzten sich linke Autoren an die Spitze der Bewegung, weil die Stadt schon lange vor dem Krieg ein Sammelbecken der Künstler und Literaten war. Weil die Schriftsteller im Krieg zu den Ersten gehörten, die sich offen gegen das System wendeten. Und weil sie Ideale propagierten, die mit dem Zusammenbruch des Kaiserreichs auf fruchtbaren Boden fielen.

Als sie jedoch ihre Utopie an der Isar wahr werden lassen wollten, wurde der Traum zum Albtraum.

Ernst Toller kann sich zunächst bei Freunden verstecken, wird im Juni 1919 verhaftet und wegen Hochverrats verurteilt. 1924 kommt er frei, flieht 1933 vor den Nationalsozialisten ins Ausland und begeht 1939 in New York Selbstmord.

Rudolf Egelhofer entdecken die Häscher in der Wohnung einer befreundeten Ärztin unter einem Berg Wäsche. Er wird am 3. Mai 1919 in der königlichen Residenz erschossen.

Gustav Landauer wird ins Gefängnis München-Stadelheim gebracht. Im Hof malträtieren ihn die Wachen mit Gewehrkolben. Als er sich, auf dem Bauch liegend, noch bewegt, schießt ihm ein Vizewachtmeister zweimal in den Rücken. Die Wucht der Projektile reißt ihm sein Herz heraus. Den Leichnam wirft man ins Waschhaus.

Erich Mühsam wird 1919 wegen Hochverrats zu 15 Jahren Haft verurteilt. Bei einer Amnestie 1924 entlässt man ihn aus dem Gefängnis – gleichzeitig mit dem ebenfalls in Haft befindlichen Adolf Hitler. Im Februar 1933 sperrt das NS-Regime Mühsam erneut ein.

Der Mann, der einige der kühnsten Träume der Räteherrschaft hervorgebracht hat, stirbt am 10. Juli 1934 im KZ Oranienburg. SS-Männer erhängen ihn in der Latrine. ◊

LITERATURTIPPS

MICHAELA KARL
»Die Münchener Räterepublik«
Sehr gut lesbare Kurzbiografien aller entscheidenden Akteure (Patmos).

R. HERZ / D. HALFBRODT
»Fotografie und Revolution, München 1918/19«
Hervorragender Museumskatalog (Nishen).

IN KÜRZE

Nach Ende des Ersten Weltkriegs kommt es in Bayern gleich zu mehreren Revolutionen: Auf die Ausrufung des Freistaats im November 1918 folgt fünf Monate später die Errichtung einer – anfangs linken, später streng kommunistischen – Räteherrschaft. Doch Bayerns legitime Regierung unter Führung der SPD schlägt den Aufstand mit Hilfe von Reichswehreinheiten und rechtsradikalen Freikorps nieder. München wird nun zu einem Zentrum reaktionärer Republikfeinde.

1923

Adolf Hitler

Der PUTSCH von MÜNCHEN

TEXT: *Johannes Böhme*

Niemand beschimpft die Weimarer Republik so hasserfüllt wie Adolf Hitler. Am 8. November 1923 versucht der Vorsitzende der rechtsextremen NSDAP, mit seinen Gefolgsleuten Bayerns Regierung zu stürzen, um anschließend gegen Berlin zu marschieren. Der Staatsstreich scheitert – und wird doch zum Triumph

WEGEN SEINES Umsturzversuchs muss sich Hitler 1924 vor einem Münchner Gericht verantworten. Am Tag der Urteilsverkündung posiert er mit anderen Angeklagten, darunter dem früheren Reichswehrgeneral Erich Ludendorff (Mitte)

Adolf Hitler will sich umbringen. Es ist der 11. November 1923, und die Polizei wartet vor der Tür. Der per Haftbefehl gesuchte Aufrührer, der drei Tage zuvor versucht hat, Bayerns Regierung zu stürzen, hat sich in der Villa seiner Gönnerin Helene Hanfstaengl am Staffelsee versteckt. Vergebens, die Ordnungshüter haben ihn gefunden. Hysterisch schreit Hitler mit dem Revolver in der Hand: „Das ist das Ende! Mich von diesen Schweinen verhaften lassen – niemals! Lieber tot!“ So zumindest wird es Helene Hanfstaengl später berichten.

Der Putschversuch des 34-Jährigen war als Startsignal für einen „Marsch auf Berlin“ gedacht, bei dem die Weimarer Republik zu Fall gebracht werden sollte. Doch sein Coup scheiterte bereits am Münchner Odeonsplatz. Im Handgemenge hat er sich die Schulter ausge-

renkt. Unter starken Schmerzen ist er in die 70 Kilometer entfernte Villa geflohen. Doch die Behörden haben kaum mehr als 48 Stunden gebraucht, um ihn dort ausfindig zu machen. Nun stehen die Polizisten vor der Tür.

Hitlers Gastgeberin ist eine Amerikanerin mit deutschen Wurzeln. Ihr Mann Ernst, Sohn einer wohlhabenden Münchner Verlegerfamilie, hat einige Jahre lang in New York gelebt. Das Ehepaar gehört zur Münchner High Society, unterstützt offen Hitlers Partei.

Und es ist Helene Hanfstaengl, die in diesem Moment Entschlossenheit zeigt. Mit einer schnellen Bewegung entwindet sie dem Rasenden die Waffe (so jedenfalls stellt sie es später dar). Sie lässt den Kommandeur der Polizeitruppe ins Haus und führt ihn zu Hitler, der einen weißen Schlafanzug trägt, den lädierten Arm in eine Schlinge gesteckt.

Sein Widerstandsgeist ist gebrochen. Als ihm der Polizist erklärt, er wolle ihn verhaften, reicht Hitler ihm höflich die Hand und bittet darum, vor Anpöbelungen geschützt zu werden.

Auf der Straße nimmt ihn das Polizeikommando in Empfang. Ziel ist das Gefängnis in Landsberg.

In diesem Moment scheint die politische Laufbahn des NSDAP-Chefs beendet zu sein. Ihm drohen ein Verfah-

MÜNCHEN IST der ideale Ort für Adolf Hitlers Pläne: Nirgendwo in Deutschland finden sich mehr Antisemiten und Demokratiefeinde. Im November 1923 will er seinen Hetzreden Taten folgen lassen (Foto vom 4. November 1923)

DER PUTSCH: Während Hitler am 8. November 1923 im »Bürgerbräukeller« die nationale Revolution ausruft, besetzen bewaffnete Anhänger das bayerische Hauptquartier der Reichswehr. Einer der Kämpfer: Heinrich Himmler, der spätere SS-Führer (mit Fahne)

ren wegen Hochverrats und die Abschiebung in sein Heimatland Österreich.

Tatsächlich aber ist dies erst der Anfang seiner Karriere. Denn Bayerns Justiz wird dafür sorgen, dass der Prozess gegen Adolf Hitler zum Startpunkt seines unglaublichen Aufstiegs gerät.

°

LANGE HAT HITLER nach Menschen gesucht, die seiner Wut zuhören: als 20-Jähriger in einem Männerheim in Wien, später in Münchner Cafés, wo es den erwerbslosen Österreicher 1913 hinzog, dann in den Schützengräben des Ersten Weltkriegs. Doch Publikum für seine Tiraden fand er kaum. Bis sich ihm in Bayern nach Krieg und sozialistischer Revolution ideale Umstände bieten.

Im April 1919 ist das bayerische Bürgertum schockiert von der Machtübernahme linker Arbeiter- und Soldatenräte, die eine eigene Republik ausrufen (siehe Seite 88). Entsprechend erleichtert sind weite Teile der Münchner Gesellschaft,

DIE TRUPPEN der NSDAP verfügen zwar über Lkw und Maschinengewehre, doch den regulären Einheiten von Reichswehr und Landespolizei sind sie unterlegen (Hitler-Anhänger während des Putsches)

als paramilitärische Freikorps-Einheiten in die Stadt einrücken und das kommunistische Treiben brutal beenden. Für das Chaos in der Stadt machen sie andere verantwortlich: „landfremde Elemente", Juden, Marxisten. Die rechten Truppen werden als Heilsbringer gefeiert.

Den meisten Bürgern ist nach den Schreckenstagen des kurzen kommunistischen Putsches alles recht, um eine erneute linke Machtübernahme zu verhindern. Viele verängstigte Münchner sympathisieren mit den radikalen Nationalisten. Denn nur ihnen trauen sie zu, die Kommunisten in Schach zu halten.

Die vor dem Ersten Weltkrieg eher liberale Stadt entwickelt sich zum Zentrum rechtsradikaler Kräfte. Dazu trägt eine Generation junger Männer bei, die wie Hitler fanatisiert und voller Hass aus dem Krieg zurückkehren.

Hinzu kommt, dass die Landesregierung alles tut, um die Rechtsradikalen zu unterstützen. 1920 wird ein überzeugter Monarchist bayerischer Ministerpräsident. Gustav Ritter von Kahr erklärt Bayern umgehend zu einem Ort, an dem all jene willkommen sind, die die Weimarer Demokratie ablehnen.

In Bayern sind sie sicher. Selbst jene Reichswehroffiziere, die sich 1920 an einem gescheiterten Putsch gegen die demokratisch gewählte Reichsregierung beteiligt haben, können sich hier frei bewegen.

Mehr als 70 „völkische" Gruppierungen gibt es 1920 in Deutschland, 15 davon in München. Ihre Mitglieder glauben an die Überlegenheit der „deutschen Rasse", sie hassen alles Jüdische und verabscheuen den Marxismus.

Zuspruch gibt es genug: Die wohlsituierten Mitglieder der geheimen „Thule-Gesellschaft" etwa überlegen, wie man die Münchner Arbeiterklasse von einem nationalen Sozialismus überzeugen könnte. Die antidemokratische Terrortruppe „Organisation Consul" plant in der bayerischen Hauptstadt die Ermordung des Außenministers Walther Rathenau (und verübt das Attentat im Juni 1922). Und wenn im „Kindlkeller" gegen Juden gehetzt wird, ist die Bierhalle voll bis auf den letzten Platz: 7000 Menschen, vereint im Hass.

Aber noch gibt es niemanden, der all diese Bemühungen bündelt. Keinen Anführer. Noch nicht.

Es ist Hitlers rhetorisches Talent, das ihn in den drei Jahren nach Kriegsende in München bekannt macht. Damit fällt er bereits in der Armee auf. Als er im Juli 1919 an einer Schulung der Nachrichten-Abteilung der Reichswehr teilnimmt, bei der die Armee Kriegsheimkehrer wie ihn gegen sozialistische Gedanken immunisieren will, sticht er durch besonderen politischen Eifer hervor. Bereits einen Monat später setzt ihn die Reichswehr bei einer weiteren Schulung als Ausbilder ein. Dort hält er das erste Mal in seinem Leben Reden vor einer größeren Menschenmenge.

Hitlers Ton begeistert die Zuhörer

Die Veteranen lassen sich begeistern von seinem radikalen Ton, von seinem Hass auf Juden. Hitlers „Fanatismus" habe sie zur Aufmerksamkeit geradezu gezwungen, erinnert sich ein Zuhörer. Der 30-jährige österreichische Gefreite entdeckt seine Begabung: Er kann Menschen durch seine Sprache erreichen. Mehr noch, er kann sie mitreißen.

Von der Reichswehr wird er nun als nationalistischer „Aufklärungsredner" eingesetzt. Und findet schnell eine politische Heimat: Im September 1919 observiert er als Agent der Reichswehr ein Treffen der völkischen „Deutschen Arbeiterpartei" – und meldet sich prompt zu Wort. Er redet sich dabei derart in Rage, dass der Parteivorsitzende Anton Drexler hinterher meint: „Mensch, der hat a Gosch'n, denn kunnt ma braucha."

Hitler lässt sich nicht lange bitten. Einige Tage nach dem Treffen tritt er in die Partei ein, Mitgliedsnummer 555 (die DAP hat ihre Zählung bei 500 begonnen, um größer zu erscheinen).

Sie konkurriert zu jener Zeit mit Münchens anderen völkischen Gruppierungen. Nur wenig deutet darauf hin, dass sie schon bald die dominierende rechtsradikale Kraft sein wird.

Wenn es für die DAP eine Hoffnung gibt, dann ist es der Rhetoriker Hitlers: 1920 wird er zu ihrem wichtigsten Bierkeller-Redner. Anfangs spricht er in kleineren Lokalen vor ein paar Hundert Leuten. Im Februar 1920 wagt die Partei eine erste Großveranstaltung im „Hofbräuhaus". Es kommen 2000 Menschen. Und es wird stürmisch gejubelt, als Hitler gegen Juden hetzt und gegen den Versailler Vertrag und schließlich verkündet: „Unsere Parole heißt nur Kampf."

Von nun an ist er für die Partei – die sich jetzt Nationalsozialistische Deutsche Arbeiterpartei nennt – nahezu unverzichtbar.

Ab April 1920 ist die Agitation für die NSDAP und gegen die verhasste Weimarer Republik seine Hauptaufgabe, die Reichswehr hat er verlassen. Immer mehr Menschen strömen in den folgenden Monaten in die Bierkeller und Hallen, um ihn, den schärfsten Hetzer gegen „jüdische Halsabschneider und Profiteure", zu hören. Die 6000 Sitze des „Circus Krone" füllt er bald mühelos.

Zudem findet Hitler wohlhabende Unterstützer. Viele geben Geld, laden ihn ein zu ihren Soireen in den Salons der feineren Münchner Gesellschaft, wo er sich anfangs noch etwas ungelenk anstellt, aber als Kuriosum umschwärmt wird.

Im Juli 1921 fordert er schließlich den Parteivorsitz mit „diktatorischer Machtbefugnis". Die bisherigen Anführer der NSDAP fürchten, ihren wichtigsten Agitator zu verlieren, wenn sie ihm nicht nachgeben – und stimmen zu.

Die NSDAP zieht derweil immer mehr Mitglieder an und bleibt dennoch nur eine von vielen rechten Gruppen in Deutschland und ist zudem außerhalb des Freistaates kaum bekannt.

Auch ihre Kampfmiliz, die Sturmabteilung (SA), ist im Vergleich mit anderen bewaffneten Gruppen in Bayern, die teilweise Zehntausende Mann unter Waffen haben, eher klein.

Hitler selbst sieht sich anfangs offenbar nicht als den künftigen Führer. In einer Rede im Mai 1923 erklärt er: „Unsere Aufgabe ist, dem Diktator, wenn er kommt, ein Volk zu geben, das reif ist für ihn."

All das ändert sich im November 1923. Vier Jahre nach Gründung der Weimarer Republik ist die politische Stimmung in Deutschland extrem angespannt. Französische und belgische Truppen haben Anfang des Jahres das Ruhrgebiet besetzt, da Deutschland mit Reparationszahlungen für die Schäden im Ersten Weltkrieg in Rückstand geraten ist. Viele Bürger sind wütend, sie fühlen sich durch den Einmarsch in ihrer nationalen Ehre verletzt.

Zudem befindet sich Deutschland in einer Wirtschaftskrise. Die Inflation ist außer Kontrolle geraten. Ein Dollar ist Anfang November 1923 mehr als 418 Milliarden Mark wert. Für einen Laib Brot bezahlt man 5,6 Milliarden Mark. In Bayern ruft die Regierung den Ausnahmezustand aus und setzt den früheren Ministerpräsidenten Gustav Ritter von Kahr als Generalstaatskommissar mit diktatorischen Vollmachten ein.

In dieser instabilen politischen Lage sehen die Nationalsozialisten ihre Chance für einen Umsturz gekommen.

Hitler braucht Verbündete, um die Wut der Menschen auszunutzen. Die NSDAP zählt zwar immerhin schon 55 000 Mitglieder, hat aber noch nie an einer Wahl teilgenommen.

Am 7. November 1923 erfährt er, dass die drei mächtigsten Männer Bayerns am nächsten Tag bei einer politischen Veranstaltung im Münchner „Bürgerbräukeller" sein werden: Generalstaatskommissar von Kahr, Otto von Lossow, der Kommandeur der Reichswehr in Bayern, und Hans von Seißer, Chef der bayerischen Landespolizei.

Hitler fasst einen Plan: Er will diese Männer zur Rebellion gegen Berlin zwingen – indem er sie als Geiseln nimmt.

Der Richter zeigt viel **Verständnis**

Am Abend des 8. November marschiert er mit bewaffneten SA-Männern in den mit 3000 Zuschauern besetzten „Bürgerbräukeller", droht Kahr, Lossow und Seißer mit deren Ermordung und bringt sie tatsächlich dazu, per Handschlag im aufgehetzten Saal einer nationalen Revolution zuzustimmen.

Aber als die drei in der Nacht freigelassen werden, ignorieren sie das ihnen abgepresste Versprechen und befehlen loyale Reichswehrtruppen aus ganz Bayern zur Unterstützung der Münchner Polizei herbei. Die ersten Putschisten werden noch vor Mitternacht festgenommen.

Hitler sieht am nächsten Morgen seine einzige Chance in einem Marsch durch München mit 2000 Anhängern, der die Bevölkerung mobilisieren soll. Doch schon am Odeonsplatz werden die Männer von bewaffneten Polizisten gestoppt. 30 Sekunden dauert der Schusswechsel, dann liegen 13 Gefolgsleute Hitlers sowie vier Polizeibeamte und ein Passant tot am Boden. Der Putsch ist gescheitert. Hitler flieht mit einem Auto.

Zwei Tage später wird er in der Villa am Staffelsee festgenommen.

°

ALS DER VERSCHWÖRER zur Untersuchungshaft in das Gefängnis von Landsberg eingeliefert wird, ist er blass und schweigsam. Hitler kommt in einen Bereich für besonders privilegierte Gefangene. Die dortige „Festungshaft" ist im Reichsstrafgesetzbuch politischen Häftlingen und Duellanten vorbehalten: all jenen also, die ihre Verbrechen in vermeintlich „ehrenhafter Gesinnung" begangen haben. Die Haftbedingungen sind deutlich entschärft – vor allem, wenn es sich um Nationalisten handelt.

Während die meisten anderen Gefangenen in engen, dunklen Zellen sitzen, hat Hitler Platz für einen kleinen Schreibtisch und viel Licht, das durch zwei große Fenster hineinströmt.

Er bewohnt das beste Zimmer des Gefängnisses und verfällt dennoch in eine Depression. Er tritt in Hungerstreik, magert ab, wirkt nach wenigen Tagen wie ein „Haufen Elend, niedergeschlagen, unrasiert", so ein Gefängniswärter. Weil er außer Wasser nichts zu sich nimmt, wird er auf die Krankenstation verlegt.

Seine Partei ist verboten, Anhänger sind auf der Flucht, er selbst muss mit hoher Strafe rechnen – auf Hochverrat stehen mindestens fünf Jahre Gefängnis. Er scheint ein gebrochener Mann zu sein.

Doch dann kommen die Briefe. Helene Hanfstaengl schreibt ihm, sie habe ihn nicht von einem Suizid abgehalten, nur damit er sich jetzt zu Tode hungere.

Andere schicken Pakete; Winifred Wagner, Schwiegertochter des Komponisten Richard Wagner, sendet ihm eine Wolldecke, Jacke, Strümpfe, Lebensmittel und Bücher. Im Gefängnis kommen derart viele Delikatessen an, dass Hitler den Überfluss an ein Kloster spendet.

MILDE STRAFE: Nach der Gerichtsverhandlung wird Hitler für knapp neun Monate in Landsberg inhaftiert – in komfortablen Verhältnissen und im Kreise von Parteigenossen wie Rudolf Heß (2. v. r.)

Er begreift, dass seine politische Karriere doch noch nicht beendet ist. Im Gegenteil: Nach dem Putschversuch hat er mehr Bewunderer als je zuvor.

Seine Depression klingt ab, er nimmt wieder Nahrung zu sich. Und er findet ein neues Ziel: Er will seinen Prozess zur großen Abrechnung mit der Demokratie, den Juden sowie den Zauderern Kahr, Lossow und Seißer machen.

Mit manischer Energie bereitet er sich auf den 26. Februar 1924 vor.

Neun weitere Verschwörer sind mit ihm angeklagt, darunter der spätere SA-Chef Ernst Röhm sowie Erich Ludendorff, ehemaliger Reichswehrgeneral und großer Stratege des Ersten Weltkriegs, ein Antisemit und Antidemokrat – am Abend des Putsches war er neben Hitler im „Bürgerbräukeller" aufgetreten.

Hitler tritt vor ein ihm zugeneigtes Publikum: Der leitende Richter Georg Neithardt ist, ganz im Sinne der bayerischen Landesregierung, überzeugter Nationalist. Wie der Justizminister Franz Gürtner ist er der Meinung, dass sich Hitlers nationale Überzeugung in einem geringeren Strafmaß niederschlagen sollte. Neithardt äußert öffentlich Verständnis für die „selbstlose" deutsche Gesinnung des NSDAP-Führers.

Der Justizminister hält Neithardt daher für die beste Wahl, um das Verfahren zu leiten. Er hat allerdings unterschätzt, wie weit der Richter in seiner Nachsichtigkeit zu gehen bereit ist.

Denn Neithardt lässt dem Häftling im Gerichtssaal alle Freiheiten. Hitler darf an einem der Tage vier Stunden lang reden, darf die Juden als „größten Feind der arischen Menschheit" bezeichnen. Unterbrochen wird er nicht.

Ein Gerichtsreporter nennt das Verfahren „politischen Karneval". Der Angeklagte treibt seine Tiraden so weit, dass Gürtner schließlich den Richter darauf hinweist, seine Prozessführung mache einen peinlichen Eindruck. Neithardt antwortet, er vermöge Hitlers Wortschwall nicht zu bremsen.

Stärker einschreiten kann die Regierung nicht, ohne selbst das Recht zu brechen. Sie will es aber vermutlich auch nicht. Neithardt hat als Vorsitzender Richter die Kontrolle über das Verfahren und kann nicht aus politischen Gründen abgesetzt werden – das lässt die Verfassung der Weimarer Republik nicht zu.

Das Urteil, das er am 1. April 1924 spricht, ist mild. Hitler wird zu fünf Jahren Festungshaft verurteilt, mit Aussicht auf Bewährung bereits nach sechs Monaten. Die vom Gesetz zwingend vorgeschriebene Ausweisung des Österreichers lehnt der Richter ab: Hitler denke und fühle deutsch, so seine Begründung.

Den Eindruck, den der Angeklagte bei vielen der Anwesenden hinterlässt,

IM DEZEMBER 1924 wird Hitler aus der Festungshaft entlassen (oben). Schon im Jahr darauf kann er die zwischenzeitlich verbotene NSDAP neu gründen – und seinen Aufstieg fortsetzen

fasst einer der Richter so zusammen: „Ein kolossaler Kerl, dieser Hitler!"

Alle wichtigen Zeitungen berichten über den Prozess. Es ist der Moment, in dem der Name des Putschisten in ganz Deutschland bekannt wird.

°

ZURÜCK IN LANDSBERG, bleibt Hitler nicht lange allein: Seine Mitkämpfer, darunter mehr als 40 SA-Männer, treten im Mai 1924 ihre Strafe an.

Die Männer sitzen unter Bedingungen ein, wie sie eher in einem Hotel herrschen: Sie müssen weder putzen noch ihr Bett selbst machen, sie dürfen rauchen und Alkohol trinken und bekommen ihr Essen von anderen, weniger privilegierten Gefangenen serviert.

Hitler gefällt sich in der Rolle des Anführers, der sich von seinen Leuten „Chef" nennen lässt und in weißem Hemd und Lederhose durch die Anstalt spaziert. Noch wohler fühlt er sich, als einige seiner engsten Begleiter zu ihm stoßen, etwa Emil Maurice, sein Fahrer aus München, oder Julius Streicher. Der Kopf der NSDAP-Ortsgruppe in Nürnberg hatte während des Hitler-Putsches das Münchner Rathaus besetzt.

Und da ist Rudolf Heß, der spätere Stellvertreter des „Führers", der am 8. November 1923 zwei Minister entführt hat. Der ehemalige Kampfpilot ist gebildet, aber psychisch labil. Er weicht seinem Vorbild nun kaum noch von der Seite. Mit Heß bespricht Hitler seine Ideen, diskutiert über Politik und Geschichte und geht mit ihm im Gefängnisgarten spazieren, während er zum Rest seiner Anhänger meist eine gewisse Distanz bewahrt.

Und immer mehr reift in ihm der Plan, ein politisches Buch zu schreiben, ein Manifest, das seine Weltanschauung zusammenfasst. Das Manuskript nennt er zunächst etwas umständlich „Viereinhalb Jahre Kampf gegen Lüge, Dummheit und Feigheit". Später wird es einen griffigeren Titel bekommen: „Mein Kampf".

In dem Werk bekommt Hitlers politisches Programm erstmals Konturen: Er verbindet die Verachtung für den Kommunismus nun untrennbar mit dem Hass auf die Juden. Das Hauptziel des Nationalsozialismus sei die „Vernichtung" des „jüdischen Bolschewismus", schreibt er. Die Eroberung von „Lebensraum" in der Sowjetunion sei notwendig für den Unterhalt der deutschen „Herrenrasse".

Seine Radikalität verfestigt sich beim Schreiben. Er habe während der

Arbeit an dem Buch endgültig begriffen, dass er bislang zu milde gewesen sei, sagt er später. In Landsberg manifestiert sich die Idee für den Genozid an den Juden.

Das Schreiben wird bald nur unterbrochen durch kurze Spaziergänge und den Empfang von Besuchern: Ernst Hanfstaengl ist häufig zu Gast, auch Alfred Rosenberg, der spröde Chefredakteur der Parteizeitung, der an der Stelle von Hitler nun kommissarisch die versprengten Nationalsozialisten führt.

Zu Hitlers Geburtstag am 20. April 1924 kommen 21 Gratulanten. Das wichtigste Geschenk macht ihm Helene Bechstein: eine neue, aus New York importierte Schreibmaschine. Auf ihr tippt Hitler große Teile von „Mein Kampf".

Oft steht er um 5.00 Uhr auf, lässt sich von Heß eine Tasse Tee machen und schreibt dann den Tag hindurch.

„Landsberg war meine Hochschule auf Staatskosten", behauptet Hitler später. Erst dort habe er die Richtigkeit seiner Anschauungen begriffen. In der Ruhe der Haft, umgeben von Schmeichlern, beginnt er sich nicht mehr als Vorbereiter jenes großen Mannes zu sehen, der Deutschland retten wird – sondern glaubt nun, selbst dieser Mann zu sein.

Viel wichtiger aber ist die Einsicht, dass die NSDAP nur durch Wahlen an die Macht kommen kann. Die neue Strategie heißt daher: Beteiligung an der Demokratie. Um dann, nach dem Wahlsieg, ebendiese Demokratie abzuschaffen.

LITERATURTIPPS

IAN KERSHAW
»Hitler, 1889–1936«
Ausgewogene und enorm detailreiche Darstellung (Pantheon).

NS-DOKUMENTATIONSZENTRUM MÜNCHEN
»München und der Nationalsozialismus«
Leserfreundliche Übersicht über die Rolle der bayerischen Landeshauptstadt in der NS-Zeit (C. H. Beck).

IN KÜRZE

In den frühen Jahren der Weimarer Republik ist München die Hochburg rechtsextremer Demokratiefeinde. Einer der erfolgreichsten Demagogen in diesem Milieu ist Adolf Hitler, der Führer der Splitterpartei NSDAP. Im November 1923 versucht er, die bayerische Regierung zu stürzen und so eine „nationale Revolution" in ganz Deutschland auszulösen. Der Putsch scheitert, doch dank der parteiischen bayerischen Justiz kann Hitler sein zerstörerisches Werk schon bald fortsetzen.

Als er am 20. Dezember 1924, nach nur 13 Monaten, auf Bewährung freikommt, wird er dringend erwartet. Denn die anderen Anführer der nach dem Putsch in Bayern verbotenen NSDAP haben sich zerstritten. Alfred Rosenberg und Julius Streicher konnten sich auf keine Strategie und keinen Anführer einigen.

Aber Hitler bleibt anfangs fast unsichtbar. Zwei Monate lang hält er keine Rede, sondern verbringt etliche Tage in seiner Wohnung in der Münchner Thierschstraße. Der Grund für die Zurückhaltung: Er will Heinrich Held, den neuen bayerischen Ministerpräsidenten, dazu bewegen, das Verbot der NSDAP aufzuheben. Er verhält sich ruhig, um nicht aufzufallen.

Seine einzige politische Aktion in diesen Tagen ist daher ein Treffen mit Held. Er versichert, keinen weiteren Putsch anzetteln zu wollen. Und tritt dabei so kleinlaut auf, dass das Verbot der NSDAP tatsächlich kurz darauf aufgehoben wird. Man habe Hitler gezähmt, glaubt Held. Ein Irrtum.

Schon bald baut die NSDAP eine reichsweite Organisation auf. Hitler wird der unbestrittene Anführer der völkischen Bewegung in Deutschland.

Und wirkt dennoch zunächst wie ein Schreihals jenseits der Realität.

Denn die Situation hat sich, in Bayern wie in ganz Deutschland, nach 1923 stabilisiert: Eine Währungsreform beendet die Hyperinflation, die Wirtschaft wächst, den Menschen geht es besser, der politische Radikalismus der ersten Jahre nach Krieg und Revolution ebbt ab.

Im Mai 1928 erreicht die NSDAP bei Reichstagswahlen nur 2,6 Prozent in ganz Deutschland. Und selbst in München, das die Nationalsozialisten später „Hauptstadt der Bewegung" nennen werden, bekommen sie nicht mehr als 10,7 Prozent der Stimmen.

Aber die stabilen Jahre der Weimarer Republik währen nur kurz. Am 24. Oktober 1929 brechen die Aktienkurse der New Yorker Börse ein, und bald darauf erreicht die Weltwirtschaftskrise auch Deutschland. Tausende Fabriken schließen, Hunderttausende Arbeiter werden entlassen. 1932 sind mehr als 5,5 Millionen Menschen ohne Brot und Lohn. Und in der Krise wenden sich immer mehr Menschen der NSDAP zu.

Diejenigen, die um ihre Existenz fürchten, sehen im System der Weimarer Republik die Ursache ihrer Probleme. Sie wählen die Nationalsozialisten oft aus Protest, nicht aus Überzeugung. Doch sie wählen sie: Im Juli 1932 gewinnt die NSDAP 37,4 Prozent der Stimmen, ein halbes Jahr später ernennt der Reichspräsident Adolf Hitler zum Kanzler.

Rudolf Heß wird sein Stellvertreter. Im Mai 1941 fliegt er mitten im Krieg eigenmächtig nach England – offenbar in der irrigen Hoffnung, er könne ein Bündnis mit den Briten einfädeln. Er wird später als Kriegsverbrecher verurteilt und erhängt sich 1987 im Gefängnis.

Die Hanfstaengls lassen sich 1936 scheiden. Laut ihrem Mann konnte Helene die Nationalsozialisten da schon länger nicht mehr ertragen. Sie geht zurück in die USA, wo sie 1973 stirbt.

Richter Georg Neithardt wird 1933 zum Oberlandesgerichtspräsidenten befördert; 1941 stirbt er. Ein Gericht, das 1950 seine Verwicklung in den Nationalsozialismus prüft, kommt zwar zu dem Ergebnis, der Richter sei als Belasteter einzustufen, stellt dann aber das Verfahren ein. Die Witwenrente seiner Frau bleibt daraufhin unangetastet.

Wilhelmine Neithardt erhält sie bis zu ihrem Tod am 1. Juli 1992. ◊

KÖNNER DES FEINEN UND DES DERBEN

Valentin: Körper- und Wortakrobat

Mit schrägen Pointen und absurder Persiflage begeistert der Komiker Karl Valentin ein Massenpublikum – aber auch Intellektuelle

TEXT: *Hanno Scheerer*

Ausgerechnet ein Preuße liefert die treffendste Beschreibung dieses Münchner Originals: „Ein zaundürrer, langer Geselle, mit langen, spitzen Don-Quichotte-Beinen, mit winkligen, spitzigen Knien, einem Löchlein in der Hose, mit blankem, abgeschabtem Anzug. Er ist sanft und zerbrechlich, schillert in allen Farben wie eine Seifenblase; wenn er plötzlich zerplatzte, hätte sich niemand zu wundern", schreibt der Berliner Kurt Tucholsky 1924.

Und Bertolt Brecht stellt fest: „Dieser Mensch ist ein durchaus komplizierter, blutiger Witz."

Für viele ist Karl Valentin der größte deutsche Komiker jener Jahre. Der sieht sich selbst eher als Volkssänger; als einen von vielen Kleinkünstlern, die mit humoristischen Auftritten die Münchner unterhalten. In Wirtshäusern und Singspielhallen parodieren sie typische Figuren der Hauptstadt wie den „Gigerl", den Vorstadtgigolo, der nie arbeitet, aber trotzdem zu leben versteht.

Der Künstler, 1882 als Valentin Ludwig Fey in einer Münchner Vorstadt geboren, macht wohl seinem Vater zuliebe eine Schreinerlehre, doch ab 1907 präsentiert er seinen ausgezehrten Körper als „lebende Karikatur" in immer neuen Rollen: etwa als „Barfußtänzerin" in Strumpfhosen oder „Schwerer Reiter", ein klapperdürrer Soldat.

Das Münchner Publikum ist begeistert von seinen Parodien. Und als seine Bühnenpartnerin und Geliebte Liesl Karlstadt ihn 1924 dazu überredet, die Einladung zu einem Gastspiel in Berlin anzunehmen, feiert ihn auch die Avantgarde der Reichshauptstadt.

Dass Valentin das bayerische Massenpublikum ebenso wie Berliner Intellektuelle begeistert, liegt an den zahlreichen Facetten seiner Bühnenpersönlichkeiten. Da ist das Münchner Urvieh, das in viel zu enger Kleidung das Publikum allein durch seine groteske Figur zum Lachen bringt. Oder der Wortakrobat, der Sprache bis zur Absurdität malträtiert, wenn er zum Beispiel in „wissenschaftlichen" Vorträgen den Regen als „primöse Zersetzung lufthähnlicher Mibrollen und Vibromen" bezeichnet.

Die Berliner sehen in ihm einen sozialkritischen Tragiker – so wenn er als kleinbürgerlicher Vater die Firmung seines Sohnes in einem feinen Lokal feiern will, aber trunken und randalierend des Etablissements verwiesen wird.

Valentin selbst ist ein Asthmatiker und Hypochonder, ein Exzentriker, der Veränderungen hasst und technische Entwicklungen wie das Auto für zu schnell hält.

Für seine Kunst aber nutzt er Neuerungen sofort. Schon 1912 richtet er sich ein Filmstudio ein. Bisweilen sind seine Stummfilme experimentell und surreal, 1922 etwa zeigt „Mysterien eines Frisiersalons" einen Friseur, der einen Kunden mit dem Rasiermesser köpft, erschossen wird – und am Ende die tennisballgroße Kugel aus seiner Brust holt.

Die Münchner lassen sich bald lieber in Kinos als in Singspielhallen unterhalten, viele Traditionslokale müssen schließen. Auch der Tonfilm ist nichts für Valentin, denn der Freigeist lässt sich keine Texte vorsetzen, will lieber improvisieren – und findet kaum Regisseure und Produzenten, die da mitmachen.

Die Zensurbehörde des NS-Regimes erschwert seine Arbeit erheblich. Und nach dem Krieg ist schillernder Witz gar nicht mehr gefragt – zumal Valentins Humor immer grüblerischer wird, etwa den Schrecken der Atombombe behandelt. Die Deutschen wollen nun jedoch leichte Unterhaltung.

Verzweifelt und verarmt stirbt Valentin 1948 in seinem Haus in Planegg an einer Lungenentzündung – „im Ausland", wie der Urmünchner sein nur wenige Kilometer von der Stadt entferntes Wochenenddomizil stets genannt hat. Doch schon zehn Jahre später entdecken die Deutschen den Künstler wieder. Bald schon erscheinen Valentins gesammelte Werke, entsteht ihm zu Ehren ein Museum, werden seine Stücke gespielt, seine Sketche im TV gezeigt.

Valentins Humor ist fast zeitlos populär, wohl weil er in nüchternen Worten Situationen zusammenfasst, die jeder Mensch schon einmal erlebt hat, etwa wenn er so lakonisch wie präzise feststellt: „Es ist schon alles gesagt, nur noch nicht von allen." ◊

SEINE PARODIEN volkstümlicher Gestalten werden nicht nur in München gefeiert. Mit seiner Partnerin Liesl Karlstadt tritt Valentin (Mitte) auch in Berlin auf

LUCKY ENGR
R R SIDING
EVAC. HOSP.
83RD DIV.
AIR
FIELD
COYOTE
15
MPH
D.A.O.
83d
DIV ARTY
COYOTE-A
DP-8
DOMINO R C
MED. CO
QM
CLASS
CHAIN BAKER
C P
DOMINO
EXCHANGE
783 ORD. CO
DET 3112 S
3022 0
BKRY 3 A
BLACKSTONE
COLLECTING
POINT
VOLKSBANK PASSAU

MIT AMERIKAS HILFE

Zwölf Jahre lang war Bayern ein Zentrum der nationalsozialistischen Diktatur. Nach dem Ende des Zweiten Weltkrieges gehört es zur US-Besatzungszone. Mit aller Kraft fördern die Amerikaner fortan die Demokratie. Unter den politischen Gruppierungen, die sich nun formieren, ist auch die Christlich-Soziale Union. Doch die neue Partei ist von Beginn an in zwei gegnerische Lager gespalten

TEXT: *Reymer Klüver*

IM CHAOS der Nachkriegszeit sind die Besatzungstruppen der einzige Ordnungsfaktor. Auf dem Ludwigsplatz in Passau weist ein US-Militärpolizist den Weg

BAYERNS STÄDTE liegen 1945 in Trümmern. In Nürnbergs Zentrum sind nach Angriffen alliierter Bomber und amerikanischer Artillerie 95 Prozent der Gebäude zerstört

DER KRIEG hat Würzburg besonders schwer getroffen, zwei Drittel der Stadt sind vernichtet. Auf den Gleisen einer Feldbahn wird Schutt aus dem Zentrum transportiert

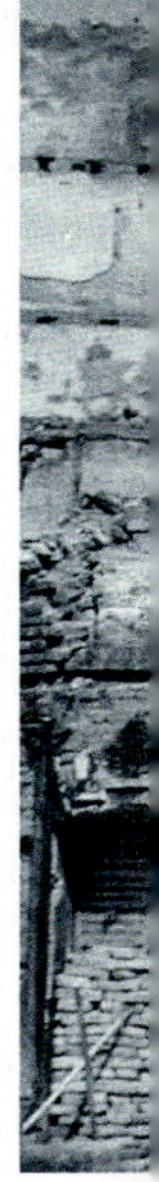

Am Beginn des demokratischen Neuanfangs in Bayern, nach zwölf Jahren NS-Diktatur, nach Krieg und Besatzung, steht eine kleine Gaunerei innerhalb der CSU: raffiniert inszeniert, dreist durchgezogen – und prägend für die weitere politische Geschichte des Freistaats.

Bitterkalt ist es an diesem 21. Dezember 1946 in der Aula der Münchner Universität in der Maxvorstadt. Hier hat Bayerns neu konstituierter Landtag provisorisch eine Zuflucht gefunden, denn das alte Parlamentsgebäude in der Innenstadt ist durch den Krieg beschädigt. Selbst für diese wichtige Sitzung fehlt es an Kohlen, die Heizung funktioniert nicht richtig. Vom Dach her zieht es. Hier und da weht Schnee herein. Die Zuschauer, dicht gedrängt auf der Galerie, tragen Mäntel, um sich gegen den Eiseshauch zu schützen – so wie viele der 175 Abgeordneten unten im Saal. Immerhin schmücken Tannen-Girlanden die Empore.

Ein schlichter Tisch und drei Holzstühle mit Armlehnen dienen dem Präsidium als Arbeitsstätte. Über dem Podium hängen Mikrofone. Der Rundfunk zeichnet die denkwürdige Stunde auf.

Im Saal wird es still, als Michael Horlacher sich erhebt, um das Ergebnis der Wahl zu verkünden. Vor der Machtübernahme der Nationalsozialisten 1933 war der CSU-Mann Abgeordneter der konservativ-katholischen Bayerischen Volkspartei im Reichstag, er kennt das Parlamentsgeschäft. Deshalb ist der Bauernfunktionär jetzt Landtagspräsident.

Vor der Abstimmung hat er den Abgeordneten noch erklärt, was die neue Verfassung für die Wahl vorsieht: Für die Wahl zu Bayerns erstem frei gewählten Ministerpräsidenten nach dem Krieg reiche die einfache Mehrheit.

Einziger Kandidat ist Dr. Josef Müller, der „Ochsensepp". Schon zu Schulzeiten wurde er so genannt, weil er sich in den Ferien als Fuhrknecht verdingte. Jetzt ist der 48-Jährige Rechtsanwalt in München mit guten Beziehungen zu den US-Besatzern – und Gründungsvorsitzender der CSU, der mit 104 Abgeordneten stärksten Fraktion im neu gewählten Landtag. Das müsste ausreichen für die Wahl zum Ministerpräsidenten.

Auf Dr. Müller, verkündet Landtagspräsident Horlacher nun, entfallen 73 Stimmen. 69 Abgeordnete haben mit Nein votiert. Auf 33 Stimmzetteln steht der Name des gar nicht vorgeschlagenen Staatssekretärs Hans Ehard von der CSU. Diese Stimmen sind damit eigentlich ungültig. 73 zu 69 für Müller: Das ist die einfache Mehrheit. Doch Horlacher erklärt nun: „Damit ist ein zweiter Wahlgang notwendig."

Hat er nicht nur Minuten zuvor verkündet, die einfache Mehrheit reiche aus? Entsetzen macht sich unter Müllers Anhängern breit. Er selbst erstarrt in seinem Stuhl. Dann bricht Tumult im Saal aus. „Über Minuten", schreibt ein Reporter, „gleicht der Landtag einem Münchner Bierkeller im Wahlkampf."

Spätestens jetzt dürfte dem CSU-Vorsitzenden klar sein, dass er Opfer einer Intrige von Parteifreunden geworden ist: Er hat bei Weitem nicht alle Stimmen seiner Fraktion erhalten, es wurde sogar

DIE FRAUENKIRCHE ist stark beschädigt: Mehr als 70 Mal haben die Alliierten München aus der Luft attackiert. Nun machen sie Karl Scharnagl, Mitbegründer der CSU, zum Oberbürgermeister

RUND 300 GEBÄUDE sind in Bamberg zerstört. Ende März 1946 findet hier, kurz nach ihrer landesweiten Zulassung durch die Amerikaner, eine erste große Tagung der CSU statt

ein Gegenkandidat lanciert. Der Ochsensepp, so sehen es offenbar etliche Abgeordnete, soll mit allen Mitteln als Regierungschef verhindert werden. Empört verlassen Müller und seine Gefolgsleute den Saal. Die Sitzung ist unterbrochen. Sollen das die Anfänge des neuen Bayern sein: Ränke und Taschenspielertricks?

°

MIT DEM ERSCHEINEN zweier Jeeps und eines Panzerspähwagens der 7. US-Armee am 30. April 1945 gegen 16 Uhr auf dem Marienplatz endet in München der Zweite Weltkrieg. Krieg und Gewaltherrschaft haben ein Land in Ruinen hinterlassen – physisch, politisch und moralisch.

Denn Bayern war ein Zentrum der nationalsozialistischen Diktatur. Adolf Hitler hatte München, die Keimzelle der NSDAP, zur „Hauptstadt der Bewegung" erhoben, Nürnberg zur „Stadt der Reichsparteitage". Und das am 22. März 1933 eingerichtete KZ Dachau diente als Modell für alle späteren Konzentrationslager.

Zwölf Jahre später sind Bayerns Städte zerbombt. Mehr als 70 Luftangriffe haben aus München ein Trümmerfeld gemacht. Ein Drittel der Wohnungen ist zerstört. Würzburg ist zu zwei Dritteln zerbombt, in Nürnberg liegt das ganze Zentrum in Schutt.

Alle noch halbwegs intakten Wohnungen in den Städten sind überbelegt. In München übernachten viele Menschen in den Abteilen abgestellter Züge am Hauptbahnhof und irren tagsüber durch die zerstörte Metropole. Andere hausen zwischen den Ruinen. Kinder müssen in Kisten oder Koffern schlafen.

Auf dem Land ist es nicht anders. Dorthin sind Städter während des Bombenkriegs geflohen oder wurden ausquartiert. München zählte 1943 fast 890 000 Einwohner, jetzt sind es kaum noch halb so viele. Zudem hat Bayern Hunderttausende Geflüchtete aus Städten weiter im Norden aufgenommen. Und nun müssen auch die *displaced persons* untergebracht werden, die Geschundenen aus den befreiten Lagern: Kriegsgefangene, Zwangs- und Fremdarbeiter, überlebende Juden. 650 000 Menschen insgesamt.

Darüber hinaus strömen seit Monaten Zehntausende Flüchtlinge aus dem Osten nach Bayern. Viele finden bald in Lagern wie Moschendorf an der Bahnlinie Hof–Regensburg eine Zuflucht. Mehr als 5000 Menschen werden dort untergebracht, und es gibt nicht einmal Latrinen. Die Baracken stinken nach Exkrementen und sind voller Ungeziefer, auf den Wegen versinken die Menschen in knietiefem Schlamm. Beleuchtung gibt es nicht.

Überall liegt Stacheldraht, denn bis zum Kriegsende war Moschendorf Außenstelle eines Konzentrationslagers.

So viele Menschen müssen ernährt werden. In den ersten Tagen nach der Kapitulation lassen die Amerikaner Plünderungen von Lagerhäusern zu.

Zwar stellen die Besatzer die Ordnung schnell wieder her, doch den Lebensmittelmangel können sie nicht beheben. Zuweilen bricht die Versorgung der Städte zusammen. Straßen sind kaum befahrbar, Brücken gesprengt, zerbombte Bahngleise nur notdürftig repariert.

Auf der Strecke von Garmisch nach München müssen GIs Reichsbahnzüge mit Milch für die Großstadt bewachen, weil die Bahn häufig überfallen wird.

Bäckereien erhalten Briketts und Kohle lediglich für jeweils die nächsten ein bis zwei Tage. Lebensmittel sind rationiert. 1330 Kilokalorien stehen jedem pro Tag zu: zwei Kartoffeln, ein Stück Fett, nicht größer als ein Fingernagel, ein

IN DER AULA der Münchner Universität tagt 1946 drei Monate lang Bayerns Verfassunggebende Versammlung. Die CSU ist in dem Gremium mit 58,3 Prozent vertreten, die SPD mit 28,8 Prozent

Schluck Magermilch, ein halber Teelöffel Zucker, ein radiergummigroßes Stück Fleisch und eine Prise Kaffeeersatz.

Kinder essen Brei aus Eichelmehl, manche Eltern erlegen Raben oder Eichhörnchen. Bierbrauen ist verboten, da alles Getreide für die Versorgung der Menschen mit Brot gebraucht wird.

Große Betriebe arbeiten nicht, die Wirtschaft ist weitgehend zusammengebrochen. Erst im September 1945 geht wieder ein Stahlblechwalzwerk (unerlässlich für die Produktion von Konservendosen) in Betrieb. Die erste Düngemittelfabrik nimmt im Oktober die Arbeit auf. Die Industrieproduktion sinkt auf ein Zehntel des Ausstoßes von 1936.

Einziger Ordnungsfaktor sind die Besatzungstruppen. Bereits seit Frühjahr 1942 hat die US Army Ökonomen, Ingenieure, Juristen und andere Experten für die Verwaltung einer erwarteten Besatzungszone in Deutschland ausgebildet, darunter viele Emigranten.

Schon am 1. Mai 1945, einen Tag nach Einnahme der Stadt, sind die ersten Offiziere der US-Militärverwaltung in München eingetroffen. Binnen weniger Tage wächst sie auf 200 Offiziere an.

Doch anfangs wissen die Besatzer nicht so recht, wie sie mit den Besiegten verfahren sollen. In den USA ist die Meinung verbreitet, die Deutschen müssten für den Krieg und für ihre Gräueltaten bestraft werden. Auch die deutsche Wirtschaftsmacht solle nie wieder erstarken.

Am 4. Mai haben die Amerikaner den – 1933 unter dem Druck des NS-Regimes zurückgetretenen – konservativen Oberbürgermeister Karl Scharnagl kommissarisch zum Rathauschef in München berufen. Fünf Tage später ernennen sie einen neuen Leiter des Landesamtes für Ernährung und Landwirtschaft, der die Versorgung der notleidenden Bevölkerung organisieren soll.

Überall in Bayern rekrutieren die örtlichen US-Militärregierungen in den folgenden Monaten Landräte und Bürgermeister, die als unbelastet gelten, etwa den Oberleutnant Franz Josef Strauß, der zum stellvertretenden Landrat in Schongau avanciert (siehe Seite 140).

Die Militärregierung setzt auch einen kommissarischen Ministerpräsidenten für Bayern ein: den Juristen Fritz Schäffer, den letzten Vorsitzenden der Bayerischen Volkspartei vor 1933.

Schäffers Regierung soll die Nationalsozialisten aus der Verwaltung entfernen und zugleich die Landesbürokratie so organisieren, dass sie die anstehenden Aufgaben bewältigen kann: Lebensmittelversorgung, Unterbringung der Flüchtlinge, Trümmerräumung, Wiederherstellung beschädigter Wohnhäuser.

In einer Regierungserklärung, die am 14. Juni im Radio übertragen wird, verspricht Schäffer einen pragmatischen, unpolitischen Kurs. Doch unpolitisch ist der Mann nicht – sondern ein feuereifriger Patriot. Bayern soll wieder bayerischer werden, so wie seine Partei es vor 1933 verstanden hat: konservativ, katholisch, vor allem aber eigenständig.

So wie Schäffer versuchen auch andere Politiker, Anhänger hinter sich zu versammeln. Früh schon fährt der frühere Münchner SPD-Vorsitzende Thomas Wimmer mit dem Fahrrad durch die Trümmerstadt, um wieder Verbindung zu alten Genossen aufzunehmen. Die Kontakte sind zunächst informell, die Amerikaner lassen die Sozialdemokraten gewähren – wie auch die Kommunisten, die sich ebenfalls rasch organisieren.

Etwas gänzlich Neues hingegen entsteht im Hochsommer 1945 in Schwabing. Dort, in der großbürgerlichen Wohnung des Rechtsanwalts Josef Müller, treffen sich Münchens Konservative häufig zum politischen Diskurs.

Die Amerikaner haben Müller im Mai 1945 in Südtirol aus der Gewalt der SS befreit. Als Mitglied des Wehrmachtgeheimdienstes unter Admiral Wilhelm Canaris hatte Müller sich dessen Widerstandskreis angeschlossen und versucht, mit Hilfe des Vatikans Kontakte zur britischen Regierung zu knüpfen. Er flog auf und wurde wegen Wehrkraftzersetzung angeklagt. Jetzt, im Sommer 1945, ist Müller so angesehen, dass ihm die Amerikaner gar einen Fahrer zugestehen.

Jeden Mittwochnachmittag lädt er Gleichgesinnte ein, um über eine bürgerliche Sammlungsbewegung nachzudenken. Der spätere Landtagspräsident

FRANZ JOSEF STRAUSS: 1945 machen die Besatzer den Oberleutnant zum stellvertretenden Landrat. Und befeuern so die Ambitionen des künftigen CSU-Mitgliedes

JOSEF »OCHSENSEPP« MÜLLER: Vor allem seinem Engagement verdankt die CSU ihre Existenz, doch er unterschätzt seine innerparteilichen Gegner

ALOIS HUNDHAMMER, glühender Monarchist, katholisch, reaktionär, ist der starke Mann der Traditionalisten in der CSU – und Müllers Gegenspieler

Horlacher ist dabei, auch Münchens Oberbürgermeister Scharnagl. Müllers Nachmittagszirkel wird rasch zu Bayerns einflussreichster politischer Runde.

Müller schwebt eine überkonfessionelle konservative Partei vor, die „von dem Grundgedanken christlicher Kultur und christlichen Sittengebots" ausgeht, wie es später in einem landesweiten Aufruf der neuen Gruppierung heißen wird.

Sie soll alle Wähler rechts der SPD binden, eine Zersplitterung der Parteien wie zur Weimarer Zeit verhindern und einem Linksruck in Bayern entgegenwirken. Müller fürchtet, dass die Sozialdemokraten und Kommunisten auf ihre alten Organisationsstrukturen zurückgreifen und ihre Anhänger so bei Wahlen erfolgreicher mobilisieren könnten als die jungen Konservativen.

An den Mittwochnachmittagen beim Ochsensepp werden, stets in Anwesenheit eines Besatzungsoffiziers, alle Fragen der staatlichen Neuorganisation Bayerns diskutiert (zu den Zusammenkünften wird Müller bald den jungen Franz Josef Strauß bitten, der beim ersten Treffen noch seine alte Wehrmachtsuniform trägt, freilich ohne die Hoheitszeichen). Die Gespräche drehen sich auch um das künftige Verhältnis Bayerns zu den anderen Teilen des untergegangenen Deutschen Reiches.

Noch ist ja nicht klar, ob Deutschland als Staat wiederhergestellt wird. Müllers Diskussionspartner halten beispielsweise einen „Donaustaat" mit Frankreich und Österreich für möglich, aber auch die Wiederbelebung der bayerischen Monarchie.

°

IM AUGUST 1945 trifft sich der Müller-Kreis mit vermeintlich ähnlich Denkenden. Tatsächlich aber prallen zwei Lager aufeinander: das der Reformwilligen um Müller und das der klerikalen Traditionalisten, die eine Neuauflage der streng katholischen BVP anstreben.

Die Reformer um Müller weisen das Ansinnen empört zurück. Die BVP ist für sie politisch verbrannt, weil deren Abgeordnete 1933 im Reichstag für das Ermächtigungsgesetz gestimmt hatten, das Hitler zum Diktator machte.

Streit gibt es bald auch um den Namen der künftigen Partei. Den Traditionalisten schwebt „Bayerischer Volksbund" vor. Ein christlicher Gewerkschafter schlägt „Bayerische Arbeiter- und Bauernpartei" vor. Am Ende setzt sich der von Müller favorisierte Vorschlag „Bayerische Christlich-Soziale Union" durch (die Amerikaner werden den Zusatz „Bayerisch" allerdings streichen).

Der Name ist Programm. Ähnliche Gesprächsrunden – liberal-konservativ, überkonfessionell – bilden sich unter Berufung auf christliche Grundwerte und mit dem Namen „Union" im Sommer 1945 auch in anderen Teilen Deutschlands. Das Beiwort „sozial" bei der späteren CSU aber signalisiert den Anspruch der neuen Formation, eine Volkspartei zu sein, die aus sozialer Verantwortung heraus handelt, über alle Konfessions- und Klassenschranken hinweg – ein Gegenstück zur linken Massenpartei SPD.

Doch wie soll das Verhältnis zu den anderen Unionsparteien im Rest des Landes aussehen? Kann es einen Sonderweg Bayerns in Deutschland geben?

Richard Jaeger, der spätere Vizepräsident des Deutschen Bundestags, verfasst in dieser Zeit beispielsweise seine „Gedanken zur bayerischen Selbstbestimmung". Es ist der Aufschrei eines Separatisten, der den Beitritt Bayerns zum Deutschen Kaiserreich 1871 als historischen Fehler einstuft, im Preußentum die Wurzel der deutschen Tragödie sieht und daher die Abspaltung fordert.

Doch Josef Müller setzt sich durch, auch dank seiner Organisationsarbeit im Mittwochskreis. Noch ist die neue Partei gar nicht offiziell gegründet – dafür muss sie von der Besatzungsmacht zugelassen werden (was erst Anfang 1946 unter dem Namen „Christlich-Soziale Union" geschieht). Doch als es Ende September 1945 in einer Probeabstimmung um den Vorsitz der neuen Partei geht, liegt Müller vorn. Und er bekommt Hilfe von den Amerikanern. Politisch wie personell.

Zum einen lassen sie es nicht zu, dass sich in Bayern eine Gruppierung rechts von der Union bildet: Den vergangenheitsverliebten Monarchisten in der Bayerischen Heimat- und Königspartei wird jede politische Betätigung verboten; und die separatistische Bayernpartei wird erst 1948 ihre Lizenz erhalten.

Zum anderen feuert die Militärregierung Ende September 1945 Ministerpräsident Fritz Schäffer – Müllers schärfsten Konkurrenten um die Vorherrschaft in der neuen Partei. Der Regierungschef hat offen seinen Auftrag angezweifelt, NS-Sympathisanten aus dem Staatsapparat zu verbannen. Er richtete eine „Betreuungsstelle" für entlassene Nationalsozialisten ein und beschwerte sich, dass viele Stellen der Entlassenen nicht mit Bayern besetzt würden, sondern mit Flüchtlingen oder Evakuierten.

Ein solches Verhalten ist für die Amerikaner untragbar. Und sie greifen auch weiterhin hart durch. So endet der erste Kriegsverbrecherprozess gegen 40 ehemalige Aufseher des Konzentrationslagers Dachau mit 36 Todesurteilen, von denen 28 vollstreckt werden. Und von den 24 Beschuldigten im Nürnberger Prozess der Alliierten gegen die Hauptkriegsverbrecher werden zehn gehängt.

Doch die Besatzer wollen nicht nur führende Schergen des NS-Regimes zur Rechenschaft ziehen. Bald sind 90 000 frühere NSDAP-Mitglieder interniert.

Die Militärregierung besteht auf Entlassungen belasteter Angestellter. In München und Nürnberg verliert jeder dritte Bedienstete in der Stadtverwaltung seinen Posten, 65 Prozent aller Lehrer werden vorerst freigestellt. Auch in großen Betrieben sind ehemalige Parteigenossen zu entlassen. Belastete Handwerker müssen ihre Werkstatt, Ladeninhaber ihr Geschäft schließen. Ab Oktober 1945 gehört zu Bayerns Regierung ein Sonderminister für Entnazifizierung.

Dennoch geht den Amerikanern die Aufarbeitung des Hitler-Regimes nicht schnell genug; 1946 führen sie ein neues Verfahren ein: Alle Einwohner über 18 Jahren müssen auf einem Meldebogen Fragen zu ihren möglichen Verstrickungen während der NS-Diktatur beantworten. 6,8 Millionen Bayern füllen den Bogen bis 1949 aus, aber nur gut 125 000 müssen sich anschließend vor Kammern rechtfertigen (von denen gelten wiederum vier Fünftel am Ende als einfache Mitläufer oder werden gänzlich entlastet).

Doch viele verweigern den verordneten Blick zurück – vielleicht, weil sie sich weiterhin mit den Parteigenossen von früher solidarisieren. Oder weil sie Angst haben vor jenen Nationalsozialisten, die noch immer Einfluss haben. Vielleicht aber auch, weil sie die Gegenwart als drückend genug empfinden.

Denn noch nehmen die Probleme eher zu als ab. Bis Juli 1945 sind fast eine halbe Million Kriegsflüchtlinge in Bayern eingetroffen, dazu 100 000 Vertriebene aus der Tschechoslowakischen Republik. Und es werden immer mehr (am Ende sind es über zwei Millionen). Hunderte Massenlager entstehen, elende Unterkünfte in früheren Fabriken, in Ställen, mitunter gar in Höhlen. Ratten und Wanzen quälen die Neuankömmlinge. Da die Städte zerstört sind, werden fast alle Fremden auf dem Land einquartiert, in Lagern und auch in Privathäusern.

Die Flüchtlinge aus dem Osten sind den Einheimischen alles andere als willkommen. Die traditionellen Strukturen, durch Nationalsozialismus und Krieg bereits aufgebrochen, geraten nun völlig durcheinander. Im Gegensatz zu früher ist nun fast keines der Dörfer in Südbayern mehr rein katholisch, keines in Franken mehr rein evangelisch.

Fremdenfeindlichkeit ist überall zu spüren. Flugblätter beklagen die „Überbelegung mit Zugereisten". Manche Gemeinden weigern sich, verstorbene Flüchtlinge auf ihren Friedhöfen zu bestatten.

Doch gibt es auch die Bereitschaft, die Ortsfremden unterzubringen, ihnen Arbeit zu geben. Schon 1945 entstehen Pläne, Betriebe der (aus den tschechoslowakischen Gebieten vertriebenen) Gablonzer Schmuck- und Glasindustrie nun bei Kaufbeuren anzusiedeln. Binnen eines Jahres lassen sich dort 230 Handwerker nieder. Eine eigene Siedlung wächst heran, Neugablonz. Derartige Flüchtlingssiedlungen – Geretsried bei München, Bubenreuth bei Erlangen – entstehen bald überall in Bayern, weitaus mehr als in den anderen Bundesländern.

Nach Schäffers Rauswurf ernennen die Besatzer den Sozialdemokraten Wilhelm Hoegner zum neuen Ministerpräsidenten. Er bildet eine große Koalition mit Vertretern von CSU, SPD und KPD.

Gegen Ende 1945 werden erste Parteien auf kommunaler Ebene zugelassen, bald auch auf Landesebene. Bei den Gemeinderatswahlen im Januar 1946 liegt die Wahlbeteiligung bei sensationellen 86,9 Prozent. Es ist auch ein Erfolg für die CSU: Die junge Partei wird mit 44,7 Prozent auf Anhieb stärkste Kraft.

Aber sie hat ein gewaltiges Problem. Der Streit zwischen den BVP-Wiedergängern und den Reformern in den eigenen Reihen ist längst nicht ausgestanden.

Offiziell führt zwar Josef Müller die Partei – am 8. Januar 1946 hat ihn die Gründungsversammlung der CSU zum Vorsitzenden gewählt. Doch die Traditionalisten unter dem Bauernvereinsfunktionär Alois Hundhammer zetteln einen brutalen Machtkampf an. Sie nennen Müller einen „Partei-Diktator", und Hundhammer, ein erzreaktionärer Monarchist, schmäht den einst von den Nationalsozialisten verfolgten CSU-Vorsitzenden gar als „zweiten Hitler".

Dessen Anhänger sind auch nicht zimperlich. Sie nennen Hundhammer einen bayerischen „Großinquisitor" und beschimpfen seine Parteigänger als „Weißwurstfaschisten". Auf einem der CSU-Treffen Ende März 1946 in Bamberg skandieren Müller-Getreue gegen die Traditionalisten: „Schmeißt sie raus! Hängt sie auf! Schlagt sie tot!"

Trotz solcher Rüpeleien verfolgen die Besatzer weiter ihren Kurs der Re-Demokratisierung. Und sie geben Bayern eine neue (bis heute bestehende) Form: Die linksrheinischen Gebiete Bayerns zwischen Saar und Speyer schlagen die Alliierten Mitte 1946 dem neuen Land Rheinland-Pfalz zu.

Etwa zur gleichen Zeit wählen die Bayern eine Verfassunggebende Versammlung. Auch hier schneidet die CSU überragend ab; sie kommt auf 58,3 Prozent, die SPD nur auf 28,8 Prozent.

Die gewählten CSU-Abgeordneten sind indes deutlich konservativer als ihre Parteiführung: Sie wählen nicht Müller zu ihrem Vorsitzenden, sondern Hundhammer. Die Fraktion ist fortan Machtbasis der Traditionalisten in der CSU.

In den folgenden drei Monaten sollen die Abgeordneten Bayern eine neue Verfassung geben. Hundhammers Leute versuchen nun, einen eigenen bayerischen Staatspräsidenten durchzusetzen, um die Eigenständigkeit des Landes zu betonen – und um irgendwann vielleicht die Monarchie wieder einzuführen: Schließlich ist der bayerische Kronprinz Rupprecht, Sohn des 1918 gestürzten Königs Ludwig III., aus dem italienischen Exil zurückgekehrt.

Müller setzt sich schließlich mit Hilfe der SPD knapp durch. Bayern erhält keinen Präsidenten, nur einen Ministerpräsidenten. Für Hundhammer und seine Leute ist dies „finis Bavariae", das Ende des eigenständigen Bayerns – und eine Niederlage, die sie Müller nie verzeihen werden.

Am 1. Dezember 1946 dürfen die Bayern über die Verfassung des Freistaats abstimmen und einen Landtag wählen. Es ist die dritte Wahl binnen eines Jahres. Die Verfassung wird mit klarer Mehrheit angenommen, und den ersten frei gewählten Landtag seit 1933 dominiert die CSU: Mit 52,3 Prozent erreicht sie die absolute Mehrheit.

Nun stellt sich die entscheidende Machtfrage: Wer wird Bayerns Ministerpräsident? Beide CSU-Flügel schrecken vor Schmutzkampagnen nicht zurück.

DIE MILITÄRREGIERUNG (hier im Münchner Rathaus) bleibt auch nach der Wiederbegründung des Freistaates 1946 bestehen – so lange, bis Bayern 1949 Teil der Bundesrepublik Deutschland wird

In den Zeitungen wird groß über einen vermeintlichen „Fall Müller" berichtet. Der CSU-Vorsitzende soll als Rechtsanwalt von der „Arisierung", also der Enteignung jüdischen Besitzes, profitiert haben. Aus Verhörprotokollen der Gestapo wird zitiert, in denen er sich angeblich offen für eine Zusammenarbeit mit dem NS-Regime zeigt.

Tatsächlich aber hatte sich Müller nur aus den Fängen der Geheimen Staatspolizei befreit und kann die Besatzungsmacht von der Haltlosigkeit der Vorwürfe überzeugen.

Alois Hundhammer nennt den Parteichef dennoch untragbar. Seine Leute wollen Anton Pfeiffer zum Ministerpräsidenten machen. Dann wird bekannt, dass Pfeiffer Mitglied in NS-Organisationen gewesen ist, er zieht seine Kandidatur zurück. Das belastende Material soll Müller den Medien zugespielt haben.

°

SEIN WICHTIGSTER KONKURRENT ist also ausgeschaltet, als am 21. Dezember 1946 der Landtag in der Aula der Münchner Uni zur Wahl des Ministerpräsidenten zusammentritt. Doch der für seine taktische Finesse bekannte Müller begeht nun einen entscheidenden Fehler: Er verlässt mit seinen Anhängern den Saal, als Landtagspräsident Horlacher Müllers Wahl mit einfacher Mehrheit nicht anerkennt.

Der Ochsensepp macht seinen Gegnern so ungewollt die Bahn frei.

Die nutzen jetzt die Lage aus, um jenen Kandidaten ins Amt zu heben, den sie heimlich bereits als neuen Vertreter der konservativen Sache auserkoren haben: Staatssekretär Hans Ehard. Schon Tage zuvor hat ihn Landtagspräsident Horlacher als „ruhigen, sachlichen Mann" gerühmt.

Gut zehn Minuten nach dem Auszug Müllers aus dem Landtag schreiten die noch anwesenden Parlamentarier erneut zur Urne. Eine Allianz von Konservativen, Bauernvertretern und Ministerialbeamten unter den Abgeordneten macht Ehard mit absoluter Mehrheit zum ersten frei gewählten Ministerpräsidenten Bayerns seit 1933. Es ist dieses Bündnis, das die CSU und den Freistaat in den folgenden Jahrzehnten immer wieder dominieren wird. ◊

AUS DER REDAKTION

AUTOR

Martin Pfaffenzeller

Eine steile Klamm hinauf und an einem rauschenden Wasserfall vorbei stieg Martin Pfaffenzeller auf 1150 Meter Höhe, um die Geschichte des Bergdorfs Gerstruben zu recherchieren. Der GEO*EPOCHE*-Autor stammt selbst aus Bayern – als Münchner aber aus dem Flachland.

SEITE **64**

FOTOGRAFIE

Fritz und Eugen Heimhuber

Sie waren Brüder und begeisterte Alpinisten: Fritz und Eugen Heimhuber dokumentierten ab etwa 1900 Landschaften und Leute des Allgäus. Ihr Vater war königlicher Hoffotograf – und Gründer eines Studios, das die Familie heute in fünfter Generation führt. Aus ihrem Archiv stammen die meisten der im Heft gezeigten Aufnahmen von Bergbauern Bayerns.

SEITE **64**

HEFTKONZEPT

Dr. Anja Fries

Als für diese Ausgabe verantwortliche Textredakteurin war Anja Fries davon fasziniert, wie Bayern sich im 19. Jahrhundert für die Welt zu inszenieren begann – und aus dieser Inszenierung dann seine Identität entstand. Als Wanderin ist sie begeistert von der Schönheit des Bayerischen Waldes.

FACHBERATUNG

Prof. Dr. Marita Krauss und Dominik Wiedemann

Die Augsburger Historikerin zählt zu den renommiertesten Experten für die Geschichte Bayerns. Mit dem Doktoranden Dominik Wiedemann stand sie der Redaktion beratend zur Seite.

VERIFIKATION

Lenka Brandt

Alle Fakten in dieser Ausgabe hat die Verifikationsredakteurin Lenka Brandt (Mitte) auf Richtigkeit überprüft – gemeinsam mit Olaf Mischer, Andreas Sedlmair, Fabian Klabunde und Alice Passfeld (v. l.)

1799–2018

Vom Königreich zum *FREISTAAT*

Weiß-blaue Rauten schmücken den Wappenschild der Wittelsbacher. 1806 wird das von ihnen regierte Bayern Königreich. Mehr als ein Jahrhundert währt die Monarchie. Bis Revolutionäre am Ende des Ersten Weltkriegs 1918 den letzten König aus München vertreiben und die Republik ausrufen. Vom Nimbus alter Royalität zehren freilich bis heute noch viele im Freistaat – allen voran die Vertreter der Landespartei CSU

TEXT: *Olaf Mischer*

Die Geschichten im Heft sind mit einem roten Punkt markiert

„Die östlichen Nachbarn der Schwaben sind die Bayern“, lautet die erste Nachricht über eine rätselhafte Völkerschar, notiert um 550 n. Chr. von einem Chronisten. Die Vorfahren dieser möglicherweise aus Böhmen stammenden Menschen sind erst wenige Jahrzehnte zuvor in das Gebiet zwischen den Siedlungen Augsburg, Regensburg und Passau sowie angrenzende Regionen eingewandert. In ihrer neuen Heimat verbinden sich die Migranten rasch mit ansässigen germanischen Alamannen und keltischen Raeti sowie Bürgern des untergegangenen Weströmischen Imperiums – und wohl auch mit Hunnen, deren Vorfahren das Heer König Attilas an der Donau verlassen haben.

Allmählich entsteht aus diesem zumeist heidnischen Völkergemisch der Stamm der Baiern (so die Schreibweise bis 1825): eine von irischen und schottischen Mönchen zum Christentum bekehrte Nation mit eigener, dem Alamannischen verwandter Sprache, einer adeligen Führungsschicht sowie mit Lebensgewohnheiten und Gesetzen, die sie von ihren Nachbarn unterscheiden.

Im Sommer 1180 erhebt Friedrich Barbarossa, der Kaiser des römisch-deutschen Reichs, den Grafen Otto von Wittelsbach, den mächtigsten und wohl reichsten der rund 30 bayerischen Hochadeligen, zum Herzog, also zum Landesherrn Bayerns. Die Wittelsbacher-Dynastie macht München, einen regionalen Handelsplatz, den es seit etwa 1157 gibt, zu ihrer Residenz, gründet zahlreiche Städte und übernimmt 1242 ein Wappen, das sie von einem benachbarten Adelsclan nebst dessen Ländereien gerbt hat: einen Heerschild mit weißen und blauen Rauten.

Im Dreißigjährigen Krieg ab 1618 ist der katholische Herzog Bayerns der engste Verbündete des Kaisers gegen eine Fürstenkoalition. Zum Dank erhebt der Herrscher den Wittelsbacher zum Kurfürsten – zum Mitglied jenes siebenköpfigen Kollegiums, das den Kaiser wählt. Doch Bayern ist durch den Dreißigjährigen Krieg verwüstet und verarmt und wird bald zum Spielball deutscher wie europäischer Großmächte. Ansprüche der österreichischen Habsburger auf das Kernland des Kurfürstentums etwa können die Wittelsbacher 1779 nur mithilfe der preußischen Hohenzollern abwehren. Anderthalb Jahrzehnte später besetzen französische Truppen die linksrheinischen Gebiete Bayerns (heute ein Teil von Rheinland-Pfalz).

1799

21. 2. Maximilian Joseph zieht als neuer Kurfürst in München ein. Sein engster Berater Maximilian von Montgelas will als leitender Minister Bayern modernisieren. Das Land ist arm und überschuldet: Rund 30 Millionen Gulden Verbindlichkeiten stehen jährlichen Einnahmen von nicht einmal sechs Millionen gegenüber.

Lesen Sie dazu die Geschichte ab S. 22

1803

25. 2. Bayern wird für die bis 1797 von Frankreich eroberten linksrheinischen Gebiete entschädigt. Napoleon Bonaparte hatte den militärisch schwachen römisch-deutschen Kaiser Franz II. aus dem Hause Habsburg dazu genötigt, die Verluste der betroffenen Landesherren mit enteigneten kirchlichen Ländereien und Reichsterritorien zu kompensieren – um sich die Adeligen gewogen zu machen. Bayern erhält die fränkischen Fürstbistümer Würzburg, Bamberg sowie Augsburg, Freising und Gebiete in der Passauer Region, zudem 15 Reichsstädte, 13 Reichsabteien und den Landbesitz mehrerer Klöster: 16 000 Quadratkilometer mit 850 000 Einwohnern. (1806 fällt auch Nürnberg an Bayern.)

1805

25. 8. Montgelas unterzeichnet einen geheimen Bündnisvertrag mit Frankreich gegen den Habsburger Franz II., der mit seinen Alliierten die Franzosen aus den eroberten Gebieten vertreiben will. Bayern stellt Paris 20 000 Soldaten zur Verfügung, im Gegenzug garantiert Napoleon die

JOSEPH VON FRAUNHOFER
1787–1826
Bayern hat viele herausragende Forscher, Denker und Neuerer hervorgebracht. Der Glasschleifer Fraunhofer aus Straubing etwa begründet die moderne optische Industrie Europas

territoriale Integrität des Kurfürstentums.
2. 12. In einer Schlacht nahe Austerlitz in Mähren besiegt Napoleon mit bayerischer Unterstützung ein österreichisch-russisches Heer. Damit ist der Machtkampf mit Wien entschieden. Der bayerische Kurfürst erhält als Kriegsbeute unter anderem die Habsburger-Grafschaft Tirol.

1806

1. 1. Von Napoleons Gnaden erhebt sich Kurfürst Maximilian Joseph zum König: ein Affront gegen Kaiser Franz II., Oberhaupt des römisch-deutschen Reichs.
12. 7. Bayern sowie 15 weitere süddeutsche Staaten treten auf Drängen Napoleons aus dem römisch-deutschen Reich aus und bilden den Rheinbund, eine Allianz unter französischer Oberhoheit. Kurz darauf legt Franz II., von Napoleon genötigt, die römisch-deutsche Krone nieder und löst das Reich auf. Österreich regiert er weiterhin.

1808

1. 10. Eine von Montgelas ausgearbeitete Verfassung schafft die Leibeigenschaft ab und garantiert allen Bayern Grundrechte – etwa Sicherheit des Eigentums, Unverletzlichkeit der Person, Gleichheit vor dem Gesetz.

1809

9. 4. Unter Führung des Gastwirts Andreas Hofer erheben sich die Tiroler gegen die Herrschaft der Bayern. Der Aufstand ist mit dem Habsburger-Generalstab abgestimmt, der zur gleichen Zeit die Kämpfe gegen Frankreich wieder aufnimmt und in Bayern einmarschiert. Im November bricht die Rebellion zusammen. Napoleon lässt Hofer hinrichten.

1810

17. 10. Anlässlich der Hochzeit von Kronprinz Ludwig mit Prinzessin Therese von Sachsen-Hildburghausen veranstalten die Münchner ein Volksfest. Von nun an findet das „Oktoberfest“ alljährlich auf der nach der Braut benannten Theresienwiese statt.

LUDWIG FEUERBACH
1804–1872
»Der Mensch schuf Gott nach seinem Bilde«: Mit solchen radikal-atheistischen Ansichten wird der in Niederbayern geborene Philosoph zum Einflussgeber für Karl Marx

1812

24. 6. Napoleon fällt mit 420 000 Soldaten, darunter 30 000 Bayern, in Russland ein, um Zar Alexander zu bezwingen. Doch im Jahr darauf muss sich der Franzose geschlagen zurückziehen.

1813

8. 10. Maximilian Joseph wechselt die Seite, tritt aus dem Rheinbund aus und schließt sich einem europäischen Bündnis gegen den geschwächten Napoleon an – auch weil Habsburger-Truppen auf die bayerische Grenze zumarschieren.
19. 10. Nach dreitägigem Kampf unterliegt Napoleons Armee (und wird auf dem Rückzug von bayerischen Einheiten attackiert).

1814

30. 5. Im Pariser Frieden, der Napoleons Niederlage besiegelt, verliert Bayern unter anderem Tirol, wird aber mit Gebieten wie dem Fürstentum Aschaffenburg entschädigt.

1815

9. 6. Gesandte Bayerns und zahlreicher weiterer Staaten unterzeichnen das Abschlussprotokoll des Wiener Kongresses, das Europa nach dem Untergang des napoleonischen Imperiums politisch neu ordnet. In Deutschland tritt an die Stelle des aufgelösten Reiches der Deutsche Bund: ein lockerer Zusammenschluss souveräner Staaten mit nur einer zentralen Institution, dem Bundestag als Versammlung fürstlicher Gesandter, der stets unter dem Vorsitz Österreichs tagt. Bayern erhält weitere Ländereien, darunter die Region um Hambach.

1818

26. 5. Der König gibt Bayern eine neue Verfassung, die ein Parlament aus zwei Kammern vorsieht: eine gebildet aus dem Hochadel, hohen kirchlichen Würdenträgern und Kronbeamten – und eine zweite, in der gewählte Abgeordnete, Adelige, Geistliche und Grundbesitzer nach bestimmten Quoten vertreten sind. Diese „Ständeversammlung“ stimmt über Gesetze und die Höhe von Steuern ab, darf aber weder Regierung noch König kontrollieren. Die politische Teilhabe seiner Bürger soll Bayern enger zusammenschmieden – als Reaktion auf das Erstarken der um die Führung im Deutschen Bund ringenden Großmächte Österreich und Preußen.

1825

13. 10. Maximilian Joseph stirbt; neuer Herrscher wird sein Sohn Ludwig I.

1832

27. 5. An der Ruine des Hambacher Schlosses, einem bayerischen Ausflugsziel, versammeln sich mehr als 20 000 Menschen, um für Presse- und Meinungsfreiheit zu demonstrieren. Ludwig I. hat unter anderem die Zensur verschärft. Zudem fordern die Bürger die nationale Einheit Deutschlands, eine europäische Konföderation sowie die Gleichberechtigung von Frau und Mann.

1834

1. 1. Bayern wird Mitglied im von Preußen initiierten Deutschen Zollverein. Diese Freihandelszone umfasst 18 Staaten. Österreich bleibt jedoch außen vor, wodurch der Einfluss Berlins innerhalb des Deutschen Bundes steigt.

1835

7. 12. Zwischen Nürnberg und Fürth fährt die erste deutsche Dampfeisenbahn. Die Schienen haben private Betreiber aus Preußen importiert, die Lokomotive aus England.

Lesen Sie dazu die Geschichte ab S. 36

GABRIEL VON SEIDL
1848–1913
Der Sohn eines Großbäckers ist einer der bekanntesten deutschen Architekten seiner Zeit. In seiner Heimatstadt München entwirft er gleich zwei gewaltige Museumsbauten

1846

7. 10. Die irische Tänzerin Dolores „Lola" Porris y Montez (bürgerlich: Elizabeth Gilbert) tritt in einer Privatvorstellung für König Ludwig I. auf. Der verliebt sich in sie, schreibt ihr Briefe und Gedichte, bis sie ihn erhört. In den folgenden zwei Jahren gibt er für die Geliebte mehr Geld aus als für den Bau der 1844 fertiggestellten monumentalen Feldherrnhalle am Münchner Odeonsplatz.

1848

9. 2. Nach Studentenprotesten wegen seiner teuren Affäre mit Lola Montez kündigt der König an, die Münchner Universität für ein Jahr zu schließen und die 1500 Studenten der Stadt zu verweisen. Doch zwei Tage später muss seine Geliebte auf wachsenden öffentlichen Druck hin München verlassen.
März. Nachdem Pariser Bürger und Studenten Ende Februar die Republik ausgerufen haben, fordern nun auch liberal gesinnte Bayern und Bewohner anderer Staaten des Deutschen Bundes von ihren Fürsten Freiheitsrechte und Mitbestimmung sowie die nationale Einheit. In Sachsen und Preußen kommt es zu blutigen Auseinandersetzungen zwischen Staatsmacht und Demonstranten, in Bayern bleibt es dagegen weitgehend friedlich.
19. 3. Ludwig I. dankt zugunsten seines Sohns Maximilian II. ab. Der neue König bringt Reformen auf den Weg, gewährt etwa jedem steuerzahlenden Mann ab 25 Jahren das Wahlrecht. Doch vor allem in Franken, Schwaben und der Pfalz verlangen viele Bürger mehr: die Vereinigung aller deutschen Territorien zu einem Nationalstaat – eine Forderung, die auch in anderen Ländern des Bundes laut wird.
31. 3. In der Frankfurter Paulskirche kommen Demokraten aus Bayern, Preußen und den anderen Bundesstaaten zusammen, um Wahlen zu einer verfassunggebenden Nationalversammlung vorzubereiten. Deren Abgeordnete werden von den volljährigen Männern in den deutschen Ländern gewählt und arbeiten bis zum folgenden Frühjahr ein Grundgesetz für ein gemeinsames Deutschland aus.

1849

23. 4. Der bayerische König lehnt die Frankfurter Reichsverfassung ab (wie auch andere deutsche Regenten). Viele Bayern sind enttäuscht, senden Petitionen an Maximilian II.; in Franken, Schwaben und der Pfalz fordern Revolutionäre die Abschaffung der Monarchie. Doch mit der Zusage weiterer Reformen – etwa der Einführung von Versammlungs- und Vereinigungsfreiheit – befriedet der König sein Reich.

1864

10. 3. Maximilian II. stirbt. Sein 18-jähriger Sohn Ludwig II. übernimmt die Krone.

1866

10. 7. Nahe dem fränkischen Kissingen unterliegen

bayerische Truppen einer preußischen Armee. Nachdem wenige Wochen zuvor der preußisch-österreichische Streit um die Führung im Deutschen Bund eskaliert ist, hat sich Bayern auf die Seite Habsburgs gestellt, das den anschließend ausgebrochenen Krieg verliert. Bayern muss 30 Millionen Gulden Kriegsentschädigung an Preußen zahlen.

23. 8. Der Krieg zwischen Berlin und Wien endet mit dem Prager Frieden: An die Stelle des Deutschen Bundes tritt der von Preußen geführte Norddeutsche Bund, dem nur die nördlich des Mains gelegenen Länder angehören (aus Rücksicht auf Paris, das die Entstehung eines starken preußisch-deutschen Staats fürchtet). Bayern und die anderen Südstaaten bleiben über den Zollverein mit Berlin verbunden, schließen zudem Schutz- und Trutzbündnisse mit der Hegemonialmacht Preußen. Österreich ist isoliert.

1869

Lesen Sie dazu die Geschichte ab S. 50

Mai. Ludwig II. beginnt, anstelle der Burgruine Vorderhohenschwangau ein Schloss im Stil einer alten Ritterburg konstruieren zu lassen. In den folgenden Jahren lässt er vier weitere Prachtbauten errichten und zieht sich mehr und mehr in eine Traumwelt zurück, in der er sich als ein absoluter Herrscher inszeniert, der auf keine Verfassung, kein Parlament, keinen Minister Rücksicht nehmen muss.

1870

19. 7. Kaiser Napoleon III. erklärt Preußen den Krieg, nachdem Berlins Ministerpräsident Otto von Bismarck den Monarchen mit einem Telegramm, der „Emser Depesche“, zu diesem Schritt provoziert hat. Bayern muss nach den Bestimmungen des Schutz- und Trutzbündnisses von 1866 an der Seite Preußens kämpfen.

1. 9. König Ludwigs Einheiten dringen in ein südlich von Sedan gelegenes Dorf ein und schließen damit den Belagerungsring um das französische Hauptkontingent. Doch die Bewohner verteidigen ihren Ort; die Bayern stürmen die Häuser, richten ein Massaker an. Am Abend sind Napoleons Soldaten besiegt. Nun, angesichts des absehbaren Triumphs, will Bismarck die patriotische Begeisterung der deutschen Bevölkerung nutzen, um ein neues Kaiserreich unter Preußens Führung zu gründen. Doch der bayerische König ist nicht bereit, seine Souveränität aufzugeben.

31. 10. Ludwig II. fordert Millionen für seinen Beitritt zum preußisch-deutschen Reich.

23. 11. Eine Münchner Ministerkommission erklärt in Versailles vertraglich den Beitritt Bayerns zum preußisch-deutschen Reich. Bismarck gewährt Bayern im Gegenzug zahlreiche Sonderrechte, die dem Königreich ein größeres Maß an Unabhängigkeit als allen anderen künftigen Bundesstaaten ermöglichen. So bleibt etwa die bayerische Armee selbstständig und in Friedenszeiten allein unter dem Befehl des Königs, erhält Bayern den stellvertretenden Vorsitz im Bundesrat, der Ländervertretung.

30. 11. Auf massives Bitten Bismarcks unterzeichnet Ludwig II. als Vertreter der ältesten regierenden deutschen Dynastie ein vorformuliertes

OSKAR PANIZZA
1853–1921
Der Franke ist einer der provokantesten Satiriker Bayerns. Seine blasphemischen und kaiserkritischen Texte bringen ihn zweimal ins Gefängnis

OSKAR VON MILLER
1855–1934
Als Gründer des Deutschen Museums für Naturwissenschaft und Technik in der Isarmetropole wird der Münchner Ingenieur weltberühmt

Schreiben, in dem er dem preußischen König die Kaiserwürde andient. Der Krönung im folgenden Jahr bleibt er indes fern. Wenig später wird Bismarck dennoch Ludwigs Forderung erfüllen und ihm jährlich 300 000 Mark über Schweizer Banken zur persönlichen Verwendung zukommen lassen.

1886

April. Ludwig II. ist pleite – seine Bauwut hat ihn ruiniert: Mehrere Gläubiger klagen gegen die königliche Kasse.
9. 6. Die Regierung beschließt, den König zu entmündigen. Grundlage ist ein von Ludwigs Onkel Prinz Luitpold bei Professor Bernhard von Gudden und drei weiteren Nervenärzten bestelltes Gutachten, das dem Monarchen „Paranoia" attestiert. Gudden, Direktor der Kreisirrenanstalt München, betreut seit Jahren Ludwigs jüngeren Bruder Otto wegen einer schweren psychischen Krankheit.
13. 6. Gendarmen finden Ludwigs Leiche im Starnberger See. Eine Obduktion ergibt keine Hinweise auf ein Verbrechen: Er hat sich offenbar das Leben genommen.
14. 6. Prinz Otto wird als König proklamiert. Da er wegen seiner Erkrankung regierungsunfähig ist, übernimmt Ottos Onkel Luitpold als Prinzregent die Amtsgeschäfte, nach dessen Tod 1912 sein Sohn Ludwig.

1893

12. 7. Erstmals ziehen fünf Abgeordnete der SPD ins bayerische Parlament ein. Die stärkste Fraktion bildet das katholische Zentrum mit 74 der 159 Sitze.

MAX SLEVOGT
1868–1932
Seine farbenprächtigen und lichtdurchfluteten Gemälde machen den Landshuter zu einem der bedeutendsten Vertreter des deutschen Impressionismus

1900

Die Brüder Moritz und Julius Wallach, aus dem preußischen Westphalen zugezogene jüdische Kaufleute, eröffnen im Münchner Vorort Sendling ein Trachtengeschäft. In den folgenden Jahren machen sie Lederhose, Janker und Dirndl als elegant-urbane Kleidung populär – etwa als Ausstatter eines Trachtenumzugs zum 100-jährigen Jubiläum des Oktoberfests oder als Couturiers adeliger Damen: Ein von ihnen nach dem Vorbild eines Tiroler Kostüms entworfenes Trachtenkleid wird zum international bewunderten Urbild des bayerischen Dirndls, als Prinzessin Marie Auguste von Preußen es auf einem Pariser Ball präsentiert. Vor der Jahrhundertwende hatten Städter volkstümliche Kleidung lediglich bei Landpartien getragen.

1913

5. 11. Prinzregent Ludwig nimmt den Titel „König von Bayern" an – da sein Cousin Otto noch lebt, stehen nun formal zwei Monarchen an der Spitze des Landes.

1914

31. 7. Der neue Monarch Ludwig III. verhängt den Kriegszustand. Nachdem im Vormonat ein serbischer Nationalist den österreichisch-ungarischen Thronfolger Franz Ferdinand ermordet hatte, erklärte der Habsburger-Kaiser Belgrad den Krieg und provozierte damit Serbiens Schutzmacht Russland sowie dessen Verbündete Großbritannien und Frankreich. Deutschlands Kaiser Wilhelm II. garantiert hingegen seinem österreichischen Amtskollegen rückhaltlose Unterstützung. Damit gehört auch Bayern zu den Alliierten Wiens.
2. 8. Mit dem deutschen Einmarsch in Luxemburg beginnen die Kämpfe des Ersten Weltkriegs.
20. 8. Bayerische Einheiten besiegen in der ersten großen Schlacht des Krieges bei Metz eine französische Streitmacht. Bald darauf werden die königlichen Kontingente mit anderen deutschen Regimentern vereint, um auf dem Kaukasus, in Flandern und im Nahen Osten zu kämpfen.

1915

5. 8. Prinz Leopold von Bayern, der jüngste Bruder König Ludwigs, zieht als Generalfeldmarschall mit der 9. deutschen Armee kampflos in das zum Zarenreich gehörende Warschau ein.

1916

29. 8. Prinz Leopold übernimmt den Oberbefehl über die an der Ostfront kämpfenden Soldaten.

1918

Lesen Sie dazu die Geschichte ab S. 88

31. 1. München: Beschäftigte vieler kriegswichtiger Betriebe versammeln sich, um gegen Krieg und Hunger zu demonstrieren. Bald sind 8000 Menschen im Ausstand. Doch als der Organisator, der sozialistische Journalist Kurt Eisner,

verhaftet wird, enden die Proteste.
3. 3. Nach Siegen in Galizien, in der Ukraine, im Baltikum und in anderen Regionen schließt Prinz Leopold mit der russischen Regierung einen Friedensvertrag. Dennoch kann Deutschland den Krieg nicht gewinnen: Im Sommer teilt die Heeresleitung Kaiser Wilhelm II. mit, die Fortführung des Kampfes sei „aussichtslos“.
3. 11. Tausende Münchner fordern bei einer Versammlung die Freilassung von Anführern des Januarstreiks, die am Abend tatsächlich das Gefängnis verlassen dürfen.
7. 11. Auf Betreiben des in Bayern geborenen Werftarbeiters Lothar Popp bilden meuternde Matrosen im Kieler Hafen einen Obersten Soldatenrat – und tragen ihren Aufstand, der sich zur „Novemberrevolution“ ausweitet, ins Reich.

In München gründen Revolutionäre unter Eisners Vorsitz einen Arbeiter- und Soldatenrat und proklamieren den „Freistaat Bayern“, in dem künftig auch Frauen das Wahlrecht haben sollen.
8. 11. König Ludwig flieht nach Österreich. Nach 738 Jahren ist die Herrschaft des Hauses Wittelsbach über Bayern beendet. In München bildet sich ein „Nationalrat“ genanntes provisorisches Parlament für Bayern, das ein Kabinett aus parteilosen, sozialdemokratischen und sozialistischen Ministern unter der Führung Eisners bestimmt. Die größte Aufgabe der neuen Regierung ist die Versorgung der Bevölkerung mit Lebensmitteln und die Umstellung der Kriegswirtschaft auf zivile Produktion.
9. 11. Reichskanzler Max von Baden erklärt in Berlin, der Kaiser sei zurückgetreten – und übergibt die Regierungsgeschäfte an den Sozialdemokraten Friedrich Ebert.
11. 11. Das Deutsche Reich schließt mit Frankreich und England einen Waffenstillstand. 17 Millionen Menschen sind in dem Krieg ums Leben gekommen, auch 200 000 Bayern.
12. 11. In Regensburg gründen ehemalige Mitglieder der katholischen Zentrumspartei die Bayerische Volkspartei. Viele BVP-Anhänger sind konservative Monarchisten.
5. 12. Der Nationalrat ruft zur Wahl eines neuen Landtages im folgenden Februar auf; das ist die Entscheidung für eine repräsentative Demokratie und gegen das von vielen Anhängern Eisners bevorzugte Rätesystem, bei dem die Volksvertreter (Räte) an Weisungen der Wähler gebunden sind.

1919

2. 2. Die erste bayerische Parlamentswahl, bei der auch Frauen ihre Stimme abgeben, gewinnt mit 35 Prozent die BVP, gefolgt von der SPD mit 33 Prozent. Eisners Partei, die linke, von der SPD abgespaltene USPD, erhält 2,5 Prozent.
21. 2. Der Rechtsradikale Anton Graf Arco auf Valley erschießt Kurt Eisner. Ein Gericht verurteilt ihn später zum Tode – bescheinigt ihm aber, aus „glühendster Liebe zu seinem Volke“ gehandelt zu haben. Er wird er zu Festungshaft begnadigt und 1924 entlassen.
17. 3. Der Sozialdemokrat Johannes Hoffmann wird Ministerpräsident einer von SPD, USPD und Bauernbund getragenen Minderheitsregierung.
7. 4. Anhänger Eisners rufen in München eine Räterepublik aus und gründen eine „Rote Armee“. Daraufhin verlässt die USPD die Regierung, das Kabinett flieht nach Bamberg. Schließlich schickt der SPD-Reichswehrminister Gustav Noske reguläre Truppen und „Freikorps“ (militärische Verbände oft rechtsradikaler ehemaliger Frontsoldaten) nach München, die die Räterepublik bis zum 3. Mai brutal niederschlagen, sodass Hoffmann und seine Minister in die Hauptstadt zurückkehren können. Mehr als 600 Menschen sterben bei den Kämpfen.
11. 8. Mit der Verabschiedung einer neuen Verfassung für das Deutsche Reich verliert Bayern alle 1870 gewährten Sonderrechte. In der entscheidenden Beratungsphase durch die Münchner Räterepublik geschwächt, konnte Bayern die Privilegien nicht retten.
14. 8. Das Parlament in München gibt dem Freistaat Bayern eine demokratische Verfassung, die den Bürgern etwa das Recht zu Volksbegehren und Volksentscheiden garantiert.

1920

24. 2. Der Reichswehrgefreite Adolf Hitler verkündet im Münchner „Hofbräuhaus“ das Programm der völkisch-antisemitischen NSDAP.
14. 3. Nachdem am Vortag die Rechtsextremisten Wolfgang Kapp und General Walther von Lüttwitz mit einer Brigade das Berliner Regierungsviertel besetzt haben, um gegen das von der SPD geführte Kabinett zu putschen, drängt Gustav Ritter von Kahr, ein hoher Be-

CHRISTIAN MORGENSTERN
1871–1914
Dank des grotesken Sprachwitzes seiner »Galgenlieder« wird der in München geborene Dichter zum Großmeister der komischen Lyrik

amter, gemeinsam mit dem Münchner Polizeipräsidenten die sozialdemokratisch geführte Regierung in Bayern, die Staatsgewalt an den Oberbefehlshaber der Reichswehr in Bayern zu übertragen. Angeblich soll die Armee die staatliche Ordnung gegen Arbeiterräte schützen, die sich aus Protest gegen die Berliner Putschisten gebildet haben – tatsächlich aber soll die linksliberale Landesführung gestürzt werden. Die bayerische Regierung fügt sich und tritt zurück.

16. 3. Kahr lässt sich unter anderem mit den Stimmen der BVP zum Ministerpräsidenten wählen. Der Monarchist will Bayern zu einer „Ordnungszelle" innerhalb einer im „marxistischem Chaos" versinkenden Republik machen.

17. 3. Der Berliner Putsch scheitert am Widerstand verfassungstreuer Beamter und streikender Arbeiter.

1921

18. 10. Ex-König Ludwig III. stirbt. Im Jahr zuvor ist er nach Bayern zurückgekehrt.

11. 9. Kahr tritt zurück, nachdem die Reichsregierung ihn unterstützende rechtsextreme paramilitärische Verbände aufgelöst hat. Neuer Ministerpräsident wird Hugo Graf von und zu Lerchenfeld auf Köfering und Schönberg (BVP).

1923

25. 9. Die Münchner BVP-Regierung überträgt Kahr abermals die Macht: Als Generalstaatskommissar soll er verhindern, dass Kämpfe zwischen linken und rechten Gruppierungen, die in vielen Reichsteilen entbrannt sind, auf Bayern übergreifen.

26. 9. Kahr verhängt den Ausnahmezustand über Bayern. Denn er plant, die verhasste Regierung in Berlin zu stürzen.

Reichspräsident Friedrich Ebert verfügt daraufhin den Ausnahmezustand über ganz Deutschland – einschließlich Bayerns –, um so eine Münchner Diktatur zu verhindern. Doch Kahr übernimmt nun mit Unterstützung des zuständigen Landeskommandanten Otto von Lossow den Befehl über die in Bayern stationierten Reichswehreinheiten und beginnt einen Staatsstreich gegen die Regierung in Berlin zu organisieren. Die Reichswehrführung tadelt zwar den bayerischen Landeskommandanten, schickt aber keine Truppen gegen ihn: „Reichswehr schießt nicht auf Reichswehr".

23. 10. Der Reichswehrminister entlässt Kahrs Vertrauten Lossow, der sich geweigert hat, ein Verbot der NSDAP-Zeitung „Völkischer Beobachter" in Bayern durchzusetzen. Daraufhin eskaliert der Streit mit Berlin: Kahr setzt den geschassten General wieder als Landeskommandanten der in Bayern stationierten Truppen ein.

8. 11. Während Kahr im Münchner „Bürgerbräukeller" vor 3000 Zuhörern eine Rede über Volk, Nation und Revolution hält, stürmt Hitler (mit dem Kahr als Verbündetem gegen die Demokratie zusammengearbeitet hat) an der Spitze seiner Parteigenossen in den Saal. Der NSDAP-Vorsitzende ruft die „Nationale Revolution" aus, erklärt die bayerische sowie die Reichsregierung für abgesetzt. Für den nächsten Tag plant er einen „Marsch auf Berlin".

LENA CHRIST
1881–1920
Die uneheliche Tochter einer Köchin aus Oberbayern schreibt mit 31 Jahren eine Autobiografie. So beginnt ihre Karriere als Volksschriftstellerin ohne Heimattümelei

LION FEUCHTWANGER
1884–1958
Mit historischen Romanen hat der Sohn eines Münchner Fabrikanten großen Erfolg. 1933 drängen ihn die Nationalsozialisten ins Exil und lassen seine Bücher verbrennen

Lesen Sie dazu die Geschichte ab S. 100

9. 11. Kahr lässt Hitlers Protestzug von Reichswehr und Polizei am Odeonsplatz stoppen. 20 Menschen kommen ums Leben. Hitlers Putschversuch ist gescheitert.

1924

14. 2. Bayern und das Reich legen ihren Konflikt um das Recht zur Berufung des Landeskommandanten mit einem Kompromiss bei: Berlin räumt München ein Mitspracherecht bei der Besetzung des Amts ein. Daraufhin tritt Kahr zurück und wird Präsident des Bayerischen Verwaltungsgerichtshofs. Neuer Ministerpräsident wird Heinrich Held von der BVP.
1. 4. Ein Münchner Gericht verurteilt Hitler und drei weitere Putschisten wegen Hochverrats zur Mindeststrafe von fünf Jahren Festungshaft in Landsberg. Während des Prozesses hat der vorsitzende Richter Hitler mehrmals Gelegenheit für längere Propagandareden geboten und seine Fragen derart suggestiv gestellt, dass praktisch nur entlastende Aussagen möglich waren. Selbst der bayerische Justizminister, politisch dem rechtskonservativen Richter nahestehend, missbilligt die Prozessführung, fordert aber auch ein mildes Urteil. Die Straftäter kommen schon im Dezember wieder frei: Der Gefängnisdirektor attestiert ihnen günstige Sozialprognosen.

1932

24. 4. Bei der Landtagswahl erhält die regierende BVP 32,6 Prozent, die NSDAP kommt auf 32,5 Prozent (plus 26,4 Prozentpunkte). Vor allem die schwere Wirtschaftskrise und die hohe Arbeitslosigkeit nach dem Börsencrash 1929 haben Hitlers bis dahin unbedeutender Partei großen Zulauf beschert. Ministerpräsident bleibt geschäftsführend Heinrich Held von der BVP. Er kann nur abgelöst werden, wenn ein anderer Kandidat eine Mehrheit hat.

OSKAR MARIA GRAF
1894–1967
Als »Bauerndichter« sieht er sich, die Herkunft aus einem oberbayerischen Dorf prägt das Werk des Schriftstellers, der seine Lederhose auch im New Yorker Exil trägt

1933

30. 1. Reichspräsident Paul von Hindenburg ernennt Adolf Hitler, den Chef der größten Reichstagsfraktion, zum Kanzler. Vier Wochen später lässt der sich mit einer fadenscheinigen Begründung vom Präsidenten eine Notverordnung nach Artikel 48 der Verfassung ausstellen, die er zur Umwandlung der Republik in eine Diktatur nutzt.
9. 3. Um das angeblich unruhige München zu befrieden, ersetzt der Reichsinnenminister unter Berufung auf Hindenburgs Notverordnung Ministerpräsident Held durch den NSDAP-Funktionär Franz Xaver Ritter von Epp, der Hitler direkt unterstellt ist und ab April den Titel „Reichsstatthalter" führt. Damit ist Bayern kein Bundesstaat mehr, sondern mit dem NS-Regime in Berlin „gleichgeschaltet".
22. 3. Die ersten 96 politischen Häftlinge werden in einem neuen Konzentrationslager nahe Dachau interniert. Es ist das erste große KZ des NS-Regimes, in das anfangs Tausende Funktionäre von SPD und KPD gesperrt werden. Später interniert die Staatsführung dort auch Homosexuelle, Sinti und Roma, vor allem aber Juden. 1938 baut die SS (die „Schutzstaffel" der NSDAP) im oberpfälzischen Flossenbürg ein zweites großes KZ in Bayern.
4. 7. Die BVP löst sich unter dem Druck des NS-Regimes auf. Nachdem im Laufe des Juli alle anderen Parteien im Reich (außer der NSDAP) verboten worden sind, ist auch der bayerische Landtag bedeutungslos geworden; wie alle anderen Landtage wird er bald abgeschafft.
30. 8. Auf einer NSDAP-Versammlung in Nürnberg bestimmt Hitler die Metropole zur „Stadt der Reichsparteitage". Er will dort Monumentalbauten für eine Million Besucher errichten lassen.

1934

9. 3. Beim Staatsakt zum ersten Jahrestag der Machtübernahme in Bayern nennt Hitler München „Hauptstadt unserer Bewegung", da sie dort ihren Aufstieg begonnen habe.

1938

9. 11. Nachdem schon im Sommer auf Anordnung Hitlers Synagogen in München und Nürnberg abgerissen wurden, brennen SA- und SS-Männer sowie gewöhnliche Bürger im Reich Synagogen und Bethäuser jüdischer Deutscher nieder, plündern und zerstören deren Geschäfte und Wohnungen.

1939

1. 9. Mit einem Überfall auf Polen beginnt Deutschland den Zweiten Weltkrieg.

8. 11. Am Abend detoniert im Münchner „Bürgerbräukeller" eine Bombe, verletzt 60 Menschen, tötet sieben. Doch Adolf Hitler, dem der Anschlag gegolten hat, ist nicht darunter: Er ist einige Minuten früher aufgebrochen als geplant. Der Attentäter, Johann Georg Elser, wird noch am gleichen Abend verhaftet und 1945 im KZ Dachau ermordet.

1941

September. Da wegen des Krieges immer mehr Arbeiter zur Armee eingezogen werden, setzt der Vorstand der Bayerischen Motoren Werke (BMW) erstmals KZ-Häftlinge in seiner Flugmotorenfabrik ein. Ende des Jahres müssen Zwangsarbeiter aus den inzwischen von Deutschland besetzten Ländern in der Produktion arbeiten – und bald unterhält BMW ein eigenes Lager, in dem 8000 Menschen zusammengepfercht werden. Auch in mittelständischen Betrieben und in der Landwirtschaft werden überall in Bayern Kriegsgefangene und Zwangsarbeiter ausgebeutet.
20. 11. 998 jüdische Bayern werden von einem Sammelpunkt in München aus ins litauische Kaunas verschleppt und dort ermordet. Bis 1944 werden etwa 8500 bayerische Juden in Ghettos oder Vernichtungslagern getötet.

1943

18. 2. Die Studenten Sophie und Hans Scholl werfen Flugblätter in den Lichthof der Münchner Universität, auf denen sie Freiheit fordern. Kurz darauf stellt sie der Hausmeister und übergibt sie der Polizei. Vier Tage später werden die Geschwister hingerichtet.

CARL ORFF
1895–1982
Mit Pauke, Triangel und Glockenspiel revolutioniert der Münchner Komponist den Musikunterricht. Seine eigenen Werke wie die »Carmina Burana« werden zu Klassikern

In den folgenden Monaten verfolgt die NS-Justiz zahlreiche weitere Mitglieder der von den beiden Studenten gegründeten Widerstandsgruppe Weiße Rose und spricht Todesurteile und hohe Haftstrafen aus.
9. 3. Erster schwerer Luftangriff auf München: Alliierte Kampfpiloten werfen fast 600 Tonnen Bomben auf die Stadt. Von nun an häufen sich die Bombennächte, auch in anderen bayerischen Städten.

1945

16. 3. In kaum 20 Minuten wirft eine britische Fliegerstaffel knapp 1000 Tonnen Spreng- und Brandbomben auf Würzburg – fast unbehelligt von der deutschen Luftabwehr. Die Stadt wird größtenteils zerstört, 5000 Menschen verbrennen oder ersticken in einem mehr als 1000 Grad heißen Feuersturm.
25. 3. US-Truppen, die aus Frankreich kommend nahe Oppenheim den Rhein überquert haben, erreichen bei Aschaffenburg bayerisches Gebiet. Der Ort ist nach den Kriegsjahren durch 20 Luftangriffe weitgehend verwüstet, ein Drittel der Bevölkerung ist geflohen oder ums Leben gekommen, insgesamt fast 15 000 Menschen.
6. 4. Nach kleineren Gefechten ziehen GIs in Würzburg ein.
13. 4. US-Infanteristen erreichen Bamberg. Ihr Einmarsch wird durch einige von Bewohnern improvisierte Barrikaden behindert. Doch dann greift die deutsche Luftwaffe an. Sie kann die Besetzung nicht verhindern. 92 Häuser werden zerstört.
16. 4. GIs kämpfen in Nürnberg vier Tage lang gegen SS-Einheiten. Dann ist die fränkische Metropole in ihrer Hand. Die Altstadt und viele Industriebetriebe sind durch Luftangriffe schwer beschädigt.
23. 4. Amerikaner befreien 1500 schwer kranke Gefangene des KZ Flossenbürg in der Oberpfalz. Mindestens 30 000 Menschen sind hier seit 1938 zu Tode gekommen – ermordet von SS-Angehörigen, gestorben an Entkräftung, Hunger und Seuchen.
26. 4. Angesichts der vorrückenden GIs treiben SS-Männer 7000 unterernährte Gefangene des KZ Dachau auf einen „Todesmarsch". Eine Woche später stellen die Überlebenden in ihrem Nachtlager 80 Kilometer südlich von Dachau fest, dass ihre Peiniger geflohen sind.
29. 4. 30 000 Gefangene im Hauptlager des KZ Dachau werden von GIs befreit. Seit 1933 sind hier und in 140 Außenlagern 200 000 Menschen aus ganz Europa inhaftiert gewesen, mehr als 40 000 ermordet worden.
30. 4. GIs rücken kampflos in München ein. Fast die Hälfte der Gebäude, darunter mehr als 80 000 Wohnungen, sind zerstört, 300 000 Menschen obdachlos.
5. 5. Der Kommandant der für die Verteidigung Bayerns zuständigen Heeresgruppe unterzeichnet in Haar bei München die Kapitulation – zwei Tage vor der Gesamtkapitulation der Wehrmacht. Im Verlauf des Krieges sind mehr als 250 000 bayerische Soldaten sowie

28 000 Zivilisten ums Leben gekommen.
Sommer. Immer mehr Flüchtlinge und Vertriebene aus osteuropäischen Staaten und sowjetisch besetzten Gebieten kommen nach Bayern – bis Ende 1946 mehr als zwei Millionen.
21. 10. David Ben-Gurion – Leiter der Jewish Agency, die für die Gründung Israels kämpft – besucht Überlebende der Judenverfolgung in einem Camp in Landsberg. Zahllose solcher Lager für *displaced persons* (durch die NS-Gewaltherrschaft Entwurzelte) hat die US-Militärregierung in Bayern eingerichtet.

Dort leben vor allem Juden, die aus ihren meist osteuropäischen Heimatländern von NS-Funktionären auf Todesmärsche nach Westen geschickt wurden oder vor dort neu aufkeimender antisemitischer Gewalt in die Obhut der Amerikaner geflohen sind. Das Lager in Landsberg wird erst 1950 aufgelöst.

1946

Lesen Sie dazu die Geschichte ab S. 110

8. 1. Die amerikanische Militärregierung lizenziert mit der CSU eine neue Partei, die vor allem ehemalige BVP-Mitglieder gegründet haben; unter ihnen sind der bayerische Monarchist Fritz Schäffer sowie der liberale Demokrat Josef „Ochsensepp“ Müller, aber auch Gewerkschafter wie Adam Stegerwald, die die Partei auch für Protestanten öffnen – und damit viele der Flüchtlinge als Wähler gewinnen.
1. 12. In einem Volksentscheid stimmen 70,6 Prozent der Befragten einer neuen bayerischen Verfassung zu, die Vertreter von CSU, SPD und KPD im Auftrag der US-Militäradministration ausgearbeitet haben. Bei der gleichzeitig stattfindenden Landtagswahl kommt die CSU auf 52,3 Prozent der Stimmen, die SPD auf 28,6 Prozent, die KPD auf 6,1 Prozent.

1947

Januar. Eine Kältewelle bricht über Deutschland herein. In Bayern fällt vielerorts der Schulunterricht aus, da es an Koks für die Heizungen fehlt. Die Stadt München etwa richtet Wärmestuben für bedürftige Bürger ein, die erst im März wieder geschlossen werden.

1948

23. 1. Angesichts einer über Monate andauernden katastrophal schlechten Lebensmittelversorgung (nach einer kümmerlichen Ernte fehlt es an Getreide; Erwachsene bekommen monatlich nur 400 Gramm Fleisch und 75 Gramm Fett) organisieren die Gewerkschaften einen eintägigen Generalstreik in Bayern. Doch Zivil- und Militärregierung können den Mangel nur langsam beseitigen.

1949

1. 4. Der Elektrokonzern Siemens verlegt seinen Hauptsitz von Berlin nach München. Auch andere in Ostdeutschland oder Berlin ansässige Betriebe ziehen wegen der unsicheren politischen Lage in den sowjetisch besetzten Gebieten und Westberlin nach Bayern, angelockt von staatlichen Vergünstigungen und dem technischen Fachwissen an bayerischen Hochschulen.
20. 5. Auf Empfehlung der Münchner Regierung lehnt das bayerische Parlament das „Grundgesetz für die Bundesrepublik Deutschland“ ab. Nach Auffassung der CSU schmälert die Verfassung Bayerns Kompetenzen bei der Gesetzgebung und Finanzhoheit zu stark. Das bayerische Veto bleibt indes folgenlos – zumal die Abgeordneten gleichzeitig ein Bekenntnis zur Verfassungstreue verabschieden.
23. 5. Mit der Verkündung des Grundgesetzes in Bonn wird ein neuer deutscher Staat konstituiert, der aus den nun ehemaligen drei westlichen Besatzungszonen – einschließlich Bayerns – besteht.
14. 8. Bei der Wahl zum ersten westdeutschen Parlament stimmen 29,2 Prozent der Bayern für die Christlich-Soziale Union; das sind 5,8 Prozent im Bundesdurchschnitt. Unter dem Rheinländer Konrad Adenauer bildet die CSU eine Koalition mit der Schwesterpartei CDU sowie der FDP und der Deutschen Partei (DP).

1950

31. 12. Bayern hat in diesem Jahr 17,7 Millionen Mark aus dem Länderfinanzausgleich erhalten, das ist knapp ein Prozent des Staatshaushalts. Ziel dieses neu geschaffenen Ausgleichs zwischen armen Bundesländern wie Bayern und wohlhabenderen wie Baden-Württemberg ist es, einheitliche Lebensverhältnisse in der ganzen Bundesrepublik zu erreichen. Bis 1986 wird Bayern auf diese Weise insgesamt 3,38 Milliarden D-Mark aus anderen Bundesländern erhalten.

BERTOLT BRECHT
1898–1956
Im Berlin der Weimarer Republik und später in der DDR wird der Augsburger zum wohl einflussreichsten deutschen Dramatiker des 20. Jahrhunderts

1962

Lesen Sie dazu die Geschichte ab S. 140

30. 11. Der CSU-Vorsitzende Franz Josef Strauß muss auf öffentlichen Druck hin von seinem Amt als Bundesverteidigungsminister zurücktreten – weil er (im Zuge der „Spiegel"-Affäre) „etwas außerhalb der Legalität operiert" hat, wie es sein Parteifreund Hermann Höcherl, der Bundesinnenminister, formuliert: Als die Bundesstaatsanwaltschaft die Redaktionsräume des Hamburger Nachrichtenmagazins „Der Spiegel" durchsuchen und Redakteure verhaften ließ, da das Blatt über vertrauliche Planungen der Bundeswehr berichtet hatte, sorgte Strauß persönlich dafür, dass ein Autor des Textes in Spanien festgesetzt wurde – obwohl es dafür keine rechtliche Grundlage gab. Dieser Angriff auf die Pressefreiheit führte zu Protesten, auch vom Koalitionspartner FDP. Die Verfahren gegen die Journalisten werden bald eingestellt.

1972

Lesen Sie dazu die Geschichte ab S. 132

26. 8. Die 20. Olympischen Sommerspiele beginnen in München.
5. 9. Palästinensische Terroristen töten zwei Mitglieder der israelischen Mannschaft und nehmen neun weitere als Geiseln, vor allem um mehr als 200 in Israel inhaftierte Kampfgenossen freizupressen. Bei einem Befreiungsversuch durch die Polizei kommen alle Geiseln, ein Beamter und fünf Attentäter ums Leben.

1978

15. 10. Bei der Landtagswahl erringt die CSU mit 59 Prozent der abgegebenen Stimmen die absolute Mehrheit. Spitzenkandidat Strauß wird neuer Ministerpräsident.

WERNER HEISENBERG
1901–1976
Der Würzburger ist einer der bedeutendsten Physiker der Geschichte. 1932 erhält er den Nobelpreis für seine Theorien zur Quantenmechanik – im Alter von nur 30 Jahren

1980

5. 10. Als Kanzlerkandidat von CSU und CDU erhält Strauß bei der Bundestagswahl 44,5 Prozent der Stimmen – das schlechteste Ergebnis für die Union seit 1949. Und so bleibt Helmut Schmidt Bundeskanzler und Strauß Ministerpräsident in Bayern.

1988

3. 10. Franz Josef Strauß stirbt überraschend. Seine Nachfolge tritt der bayerische Finanzminister Max Streibl an.

1989

31. 12. Bayern muss erstmals in den Länderfinanzausgleich einzahlen. Der Freistaat ist das erste Land, das vom Empfänger- zum Geberland wird.

1993

27. 5. Ministerpräsident Streibl tritt zurück, nachdem Anfang des Jahres die Presse über die sogenannte Amigo-Affäre berichtet hat: Als Finanzminister hatte Streibl mehrmals auf Kosten des Unternehmers Burkhart Grob Urlaub gemacht; etwa zur gleichen Zeit hatte die seinem Ministerium unterstehende Landesanstalt für Aufbaufinanzierung Streibls „Amigo" Grob zinsverbilligte Millionendarlehen gewährt. Anfangs hatte sich die CSU hinter ihren Ministerpräsidenten gestellt. Doch als die Umfrageergebnisse für die Landtagswahl 1994 auf unter 40 Prozent sanken, distanzierten sich immer mehr Parteifreunde von ihm. Neuer Ministerpräsident wird der bisherige Innenminister Edmund Stoiber.

2008

28. 9. Bei der Landtagswahl kommt die CSU nur auf 43,4 Prozent der Stimmen (minus 17,3 Prozentpunkte) und ist damit erstmals seit Jahrzehnten auf einen Koalitionspartner angewiesen. Ein eher unpolitisch geführter Wahlkampf sowie hohe Verluste der Bayerischen Landesbank in der Finanzkrise sind Ursachen für die Niederlage. Ministerpräsident Günther Beckstein tritt zurück; wenige Wochen später bildet Horst Seehofer eine Koalitionsregierung mit der FDP.

2018

Sommer. Das größte Problem Bayerns ist die CSU – so die Antwort von knapp 40 Prozent der Teilnehmer einer repräsentativen Befragung im Freistaat. Verbissene Streitigkeiten mit der Schwesterpartei CDU vor allem über die Flüchtlingspolitik und allzu selbstherrliches Auftreten der Spitzenfunktionäre verärgern viele Bayern seit Langem. Doch zumindest die Wirtschaftspolitik der Partei, die das Land seit mehr als 60 Jahren ununterbrochen regiert, ist erfolgreich: Sechs der zehn wohlhabendsten deutschen Städte und Landkreise liegen in Bayern. ◇

KÖNIGE
und Politiker

MAXIMILIAN JOSEPH
(1756–1825)
1799 Kurfürst, wird durch geschicktes Taktieren 1806 zum ersten König Bayerns.

MAXIMILIAN VON MONTGELAS
(1759–1838)
Minister, verwandelt Bayern durch Reformen in einen modernen Staat.

LUDWIG I.
(1786–1868)
Zweiter Bayernkönig, tritt 1848 nach einer Affäre mit der irischen Tänzerin Lola Montez zurück.

MAXIMILIAN II. JOSEPH
(1811–1864)
Reformiert das Königreich, fördert Wissenschaft und Künste. Vater Ludwigs II.

LUDWIG II.
(1845–1886)
Bauherr prächtiger Schlösser. 1886 für geisteskrank erklärt, stirbt unter mysteriösen Umständen.

LUITPOLD
(1821–1912)
Prinzregent, übernimmt nach der Entmündigung Ludwigs II. die Regierungsgeschäfte.

LUDWIG III.
(1845–1921)
Bayerns letzter König. Wird im November 1918 von der Revolution vertrieben.

KURT EISNER
(1867–1919)
Linker Publizist, 1918 erster Ministerpräsident des Freistaats Bayern. Im Februar 1919 ermordet.

ERNST TOLLER
(1893–1939)
Expressionistischer Schriftsteller, 1919 Führer der kurzlebigen Münchner Räterepublik.

GUSTAV VON KAHR
(1862–1934)
Regiert Bayern während des Hitler-Putsches im November 1923 mit diktatorischen Vollmachten.

FRANZ XAVER RITTER VON EPP
(1868–1947)
NSDAP-Politiker, von 1933 bis 1945 Statthalter Adolf Hitlers in Bayern.

GEORG ELSER
(1903–1945)
Tischler, scheitert 1939 mit einem Attentat auf Hitler. Wird 1945 im KZ Dachau erschossen.

WILHELM HOEGNER
(1887–1980)
SPD-Politiker, ist in der Nachkriegszeit der einzige sozialdemokratische Ministerpräsident Bayerns.

JOSEF MÜLLER
(1898–1979)
Gründungsvorsitzender der CSU, versucht 1946 vergebens, Ministerpräsident Bayerns zu werden.

FRANZ JOSEF STRAUSS
(1915–1988)
Prägende Figur der bayerischen Nachkriegsgeschichte. Skandalumwittert.

200 JAHRE BAYERN *in Kürze*

1799
Modernisierung
Unter Kurfürst Maximilian Joseph beginnt im rückständigen Bayern eine Ära der Reformen.

1806
Monarchie
Bayern wird Königreich von Napoleons Gnaden, dem Herrscher über weite Gebiete Europas.

1810
Oktoberfest
München feiert die Hochzeit des Kronprinzen mit einem Volksfest, das fortan jährlich stattfindet.

1818
Verfassung
Ein Parlament begrenzt die Macht des Königs; die politische Teilhabe soll Bayern stärken.

1832
Hambacher Fest
Mehr als 20 000 Bürger demonstrieren für Freiheit, Demokratie und die Einheit Deutschlands.

1835
Eisenbahn
Zwischen Nürnberg und Fürth fährt der erste dampfgetriebene Zug in Deutschland.

1871
Deutsches Reich
Bayern tritt dem preußisch dominierten Kaiserreich bei – und erhält dafür etliche Sonderrechte.

1900
Metropole München
In der bayerischen Hauptstadt blühen, gefördert vom Prinzregenten Luitpold, Kunst und Kultur.

1918
Neuanfang
Mit der Gründung des Freistaates Bayern endet die 738-jährige Herrschaft des Hauses Wittelsbach.

1923
Hitler-Putsch
In München versucht NSDAP-Führer Adolf Hitler, eine »nationale Revolution« zu entfachen.

1933
»Gleichschaltung«
Ein NSDAP-Funktionär übernimmt die Verwaltung des Landes: Bayern geht im NS-Staat auf.

1933
Konzentrationslager
Nahe Dachau richtet das NS-Regime sein erstes großes KZ ein und interniert dort politische Häftlinge.

1945
Kriegsende
Nach dem Einmarsch der US-Truppen wird Bayern Teil der amerikanischen Besatzungszone.

1972
Olympia-Attentat
Ein Anschlag auf die israelische Mannschaft überschattet die 20. Sommerspiele in München.

2008
Ende einer Ära
Die 1946 gegründete CSU verliert erstmals seit 50 Jahren die absolute Mehrheit in Bayern.

GEO EPOCHE

Das Magazin für Geschichte

Gruner + Jahr GmbH
Sitz von Verlag und Redaktion: Am Baumwall 11,
20459 Hamburg. Postanschrift der Redaktion:
Brieffach 24, 20444 Hamburg.
Telefon: 040 / 37 03-0, Telefax: 040 / 37 03 56 48,
Internet: www.geo-epoche.de

CHEFREDAKTEUR: Michael Schaper
STELLVERTRETENDER CHEFREDAKTEUR: Dr. Frank Otto
ART DIRECTION: Tatjana Lorenz
TEXTREDAKTION: Dr. Anja Fries (Konzept dieser Ausgabe), Jens-Rainer Berg, Insa Bethke, Samuel Rieth, Johannes Teschner
AUTOREN: Jörg-Uwe Albig, Dr. Ralf Berhorst, Dr. Mathias Mesenhöller
BILDREDAKTION: Christian Gargerle (Leitung), Roman Rahmacher
Mitarbeit: Dorit Eichmann, Jochen Raiß
VERIFIKATION: Lenka Brandt, Fabian Klabunde, Olaf Mischer, Alice Passfeld, Andreas Sedlmair
Mitarbeit: Dr. Dirk Hempel, Svenja Muche, Mathias Unger

LAYOUT: Eva Mitschke
Mitarbeit: Dennis Gusko, Lena Oehmsen
WISSENSCHAFTLICHE BERATUNG: Prof. Dr. Marita Krauss, Dominik Wiedemann
KARTOGRAPHIE: Stefanie Peters
CHEF VOM DIENST / SCHLUSSREDAKTION: Dirk Krömer
Mitarbeit: Antje Poeschmann
CHEF VOM DIENST TECHNIK: Rainer Droste
REDAKTIONSASSISTENZ: Ümmük Arslan; Anastasia Mattern, Thomas Rost (Buchrecherche)
HONORARE: Andreas Koseck
GESCHÄFTSFÜHRENDE REDAKTEURIN: Maike Köhler
VERANTWORTLICH FÜR DEN REDAKTIONELLEN INHALT: Michael Schaper

PUBLISHER: Dr. Gerd Brüne, Florian Gless
SALES DIRECTOR: Franziska Bauske / DPV Deutscher Pressevertrieb
EXECUTIVE DIRECTOR DIRECT SALES: Heiko Hager, G+J Media Sales

VERANTWORTLICH FÜR DEN INHALT DER BEILAGEN: Daniela Krebs – Director Brand Solutions G+J e|MS, Am Baumwall 11, 20459 Hamburg
Es gilt die jeweils gültige Anzeigen-Preisliste unter www.gujmedia.de
MARKETING: Pascale Victoir
HERSTELLUNG: G+J Herstellung, Heiko Belitz (Ltg.), Oliver Fehling

Heftpreis: 12,00 Euro (mit DVD: 18,50 Euro)
ISBN: 978-3-652-00743-6;
978-3-652-00737-5 (Heft mit DVD)
ISSN-Nr. 1861-6097

Bankverbindung: Deutsche Bank AG Hamburg,
IBAN: DE 30 2007 0000 0032 2800 00,
BIC: DEUTDEHH
Litho: 4mat Media, Hamburg
Druck: appl druck GmbH,
Senefelderstraße 3–11, 86650 Wemding

GEO-LESERSERVICE

FRAGEN AN DIE REDAKTION
Telefon: 040 / 37 03 20 84, Telefax: 040 / 37 03 56 48
E-Mail: briefe@geo-epoche.de
Die Redaktion behält sich die Kürzung und Veröffentlichung von Leserbriefen auf www.geo-epoche.de vor.

ABONNEMENT- UND EINZELHEFTBESTELLUNG
GEO*EPOCHE* Kundenservice, 20080 Hamburg
E-Mail: kundenservice@dpv.de,
Telefon: 0049 / 40 / 55 55 89 90, **Telefax:** 0049 / 40 / 55 55 78 03
persönlich erreichbar: Mo–Fr 7.30 bis 20.00 Uhr, Sa 9.00 bis 14.00 Uhr
24 Std. Online-Kundenservice: www.geo.de/kundenservice

Preis Jahresabo: 72,00 € (D), 81,00 € (A), 114.00 sfr (CH)
Abo mit DVD: 105,00 € (D), 120,00 € (A), 174.60 sfr (CH)
Studentenabo: 43,20 € (D), 48,60 € (A), 68.40 sfr (CH)
mit DVD: 66,60 € (D), 77,40 € (A), 118.80 sfr (CH)
Preise für weitere Länder auf Anfrage erhältlich

BESTELLADRESSE FÜR GEO-BÜCHER, GEO-KALENDER, SCHUBER ETC.
Kundenservice und Bestellungen
Anschrift: GEO-Versand-Service, 74569 Blaufelden
Telefon: +49 / 40 / 42 23 64 27, **Telefax:** +49 / 40 / 42 23 64 27
E-Mail: guj@sigloch.de

FOTOVERMERK NACH SEITEN

Anordnung im Layout: l.= links, r.= rechts, o.= oben, m.= Mitte, u.= unten

TITEL: Karl Millner/akg-images
INHALT: Nachweise bei den jeweiligen Artikeln
MIT DER KRAFT DER TRADITION: Bayerische Staatsbibliothek/bpk-images: 6/7, 14/15; Archiv Oberammergau/Hirmer Verlag GmbH: 8/9; Library of Congress: 10/11; Siemens Historical Institute: 12/13; Scherl/SZ Photo: 16/17; Heinrich Hoffmann/ullstein bild: 18/19; ullstein bild: 20/21
EIN KÖNIGREICH ENTSTEHT: akg: 22/23; Bayerische Staatsgemäldesammlungen/bpk: 24/25, 26; akg-images: 25 o.; Stefanie Peters für GEO*EPOCHE*: 27; Bildarchiv Hansmann/Interfoto: 28; Agra Art, Warsaw/Bridgeman Art Library: 29; Victor Radnicky/Interfoto: 30/31; Alamy: 31 o.
IM TEMPO DES FORTSCHRITTS: Sabine Braun/Thomas&Thomas: 36/37; bpk: 38/39; akg-images: 40; DB Museum Nürnberg: 43; DHM, Berlin: 44/45; Stefanie Peters für GEO*EPOCHE*: 46
EIN MANN DES LEISEN WITZES: akg-images: 48; Fine Art Images: 49
EIN TRÄUMER AUF DEM THRON: Heiner Müller-Elsner für GEO*EPOCHE*: 50/51, 53, 54/55, 58/59; Kester & Co./SZ Photo/Bridgeman Art Library: 50 u.; Alamy: 52; bpk: 55 u.; Bayerische Staatsbibliothek/bpk: 56; akg-images: 57; arkivi/akg-images: 58 u.; blickwinkel/imago: 60/61; Scherl/SZ Photo/Bridgeman Art Library: 61 u.; Archivio GBB/laif: 62
ABSEITS DER WELT: Fotohaus Heimhuber GmbH: 64/65, 66 o., 67, 68, 68/69, 69 u., 71; Hanns Hubmann/bpk: 66 u.; Imagno/Interfoto: 69 o.; Sammlung Rauch/Interfoto: 72
ALTE KLUFT FÜR EINE NEUE ZEIT: Bayerische Staatsbibliothek/bpk: 74; Bayerisches Nationalmuseum München: 75
DIE LEUCHTENDE STADT: Library of Congress: 76/77, 79, 80, 83, 84, 87; akg-images: 77 o., 78 u., 81 u., 82 m., 85 u.; Sammlung Rauch/Interfoto: 77 u.; Knorr + Hirth/SZ Photo: 78 o.; Privatsammlung: 78 m.; Getty Images: 81 o.; Sammlung Megele/SZ Photo/Bridgeman Art Library: 81 m.; Heinrich Hoffmann/Bayerische Staatsbibliothek/bpk: 82 o.; bpk: 82 u., 86 m.; ETH-Bibliothek Zürich, Thomas-Mann-Archiv/Fotograf: Atelier Elvira: 85 o.; Austrian National Library/Interfoto: 85 m.; Alamy: 86 o.; Kirchner Museum Davos: 86 u.
ENDE EINER UTOPIE: Heinrich Hoffmann/Bayerische Staatsbibliothek/bpk: 88/89, 91 u.; public domain: 91 o.; Scherl/SZ Photo: 93 o. l., 95 o.; Heinrich Hoffmann/bpk: 93 o. r, 96 u., 98; akg-images: 93 u. 96 o. r.; SZ Photo: 95 m.; Austrian National Library/Interfoto: 95 u.; Scherl/SZ Photo/ullstein bild: 96 o. l.
DER PUTSCH VON MÜNCHEN: Heinrich Hoffmann/bpk: 100/101, 102 u.; Hulton Archive/Getty Images: 102 o.; SZ Photo: 102 m.; UIG/Getty Images: 105; Heinrich Hoffmann/Bayerische Staatsbibliothek/bpk: 106
KÖNNER DES FEINEN UND DES DERBEN: Friedrich/Interfoto: 108; akg: 109
MIT AMERIKAS HILFE: Tony Vaccaro/akg-images: 110/111; Jewgenj Chaldej/akg-images: 112 l.; Hans Heer: 112 r.; babig/Rolf Poss/DJV-Bildportal: 113 l.; Getty Images: 113 r.; Haus der Bayerischen Geschichte: 114; Archiv für Christlich-Soziale Politik: 115 l.; Hanns Hubmann/bpk: 115 m.; Heinz Hering/SZ Photo: 115 r.; SZ Photo: 117
MITARBEITER: privat: 118 o. l.; 118 o. r.; Fotohaus Heimhuber GmbH: 118 m.; Klaus Satzinger-Viel: 118 u. l.; Dorit Eichmann: 118 u. r.
VOM KÖNIGREICH ZUM FREISTAAT: W. M. Weber/TV-yesterday/Fotofinder: 119; Leemage/Fotofinder: 120; Austrian National Library/Interfoto: 121; Sammlung Megele/SZ Photo: 122; public domain: 123 o.; Ifpad/Interfoto: 123 u.; Sammlung Rauch/Interfoto: 124; akg-images: 125; Monacensia München/epd-bild: 126 o.; Popperfoto/Getty Images: 126 u.; SZ Photo: 127; Felicitas Timpe/bpk: 128; Konrad Refller/Münchner Stadtmuseum/bpk: 129; Ernst Sandau/ullstein bild: 130
SCHWARZER SEPTEMBER: Timur Emek/ddp images: 132,133; dpa/SZ Photo: 133 u. r.; Werner Dieterich/Alamy: 134 o.; AFP/Getty images: 134 u.; Max Scheler/SZ Photo: 135 l.; Keystone/epd-bild: 135 r.; AP: 136 o.; Raymond Depardon/Magnum Photos/Agentur Focus: 136 m.; Polizeiarchiv München: 136 u.; dpa/picture alliance: 138 o.; Michael Ochs Archives/Getty Images: 138 u.; Keystone: 139
FJS: ullstein bild/Getty Images: 140/141; HSS/Archiv für Christlich-Soziale Politik: 142, 144, 147,148, 152, 153; Eastblockworld: 143; Friedrich/Interfoto: 145; Kurt Rohwedder/bpk: 146; Wolfgang Steche/VISUM: 149; Benno Wundshammer/bpk: 150/151; Brauner/ullstein bild: 154
DAS BAYERISCHE PARADOX: Thoka Widmann/Bildagentur-online: 157; Reinhard Eisele/DJV Bildportal: 158; Stefan Schurr/ Westend61: 161
VORSCHAU: Alamy: 162/163
RÜCKSEITE: Library of Congress: 164

Alle Fakten, Daten und Karten in dieser Ausgabe sind vom GEO*EPOCHE*-Verifikationsteam auf ihre Richtigkeit überprüft worden.

Titelbild: »Partenkirchen in Bayern bei Sonnenaufgang«, Ölgemälde von Karl Millner, 1860.
Kürzungen in **Zitaten** sind nicht kenntlich gemacht. **Redaktionsschluss:** 13. Juli 2018

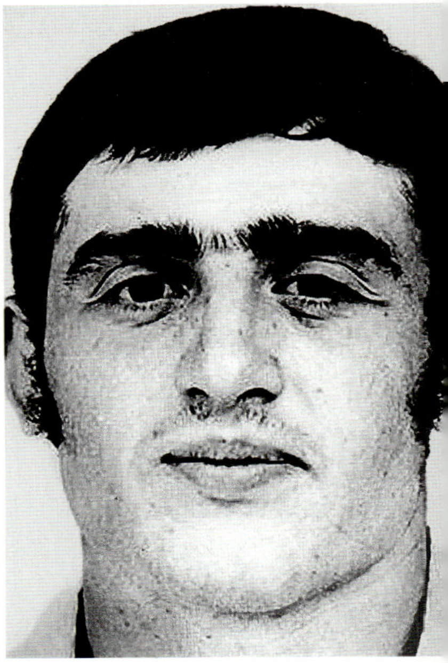

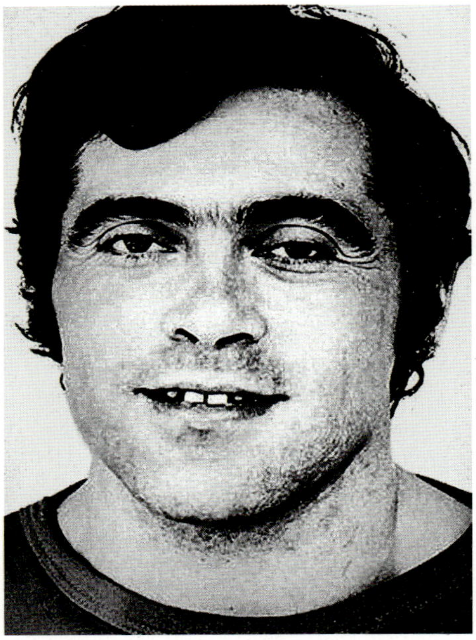

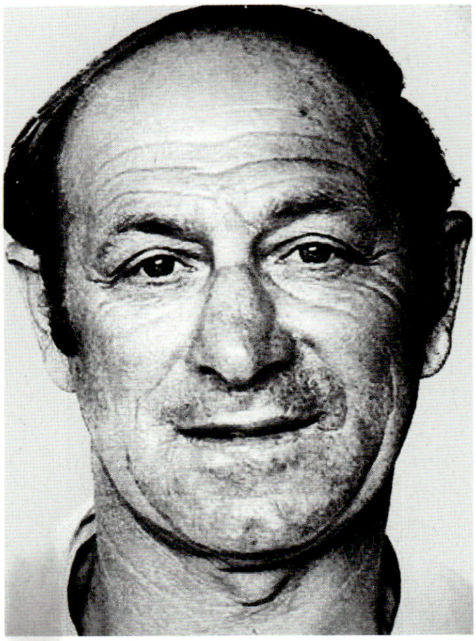

SCHWARZER SEPTEMBER

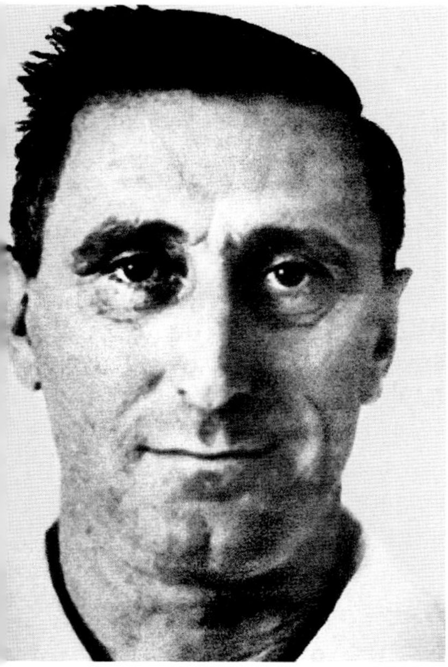

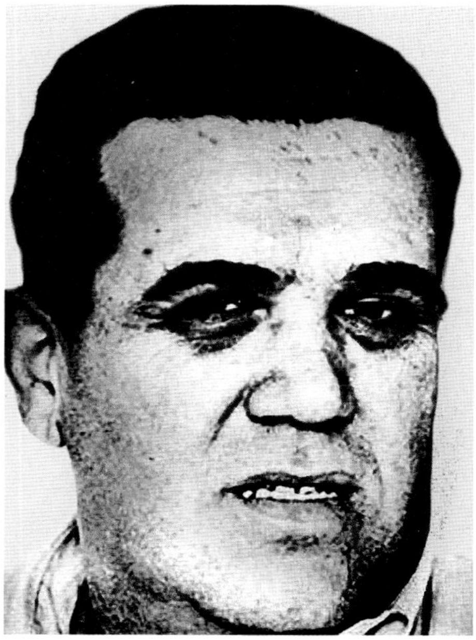

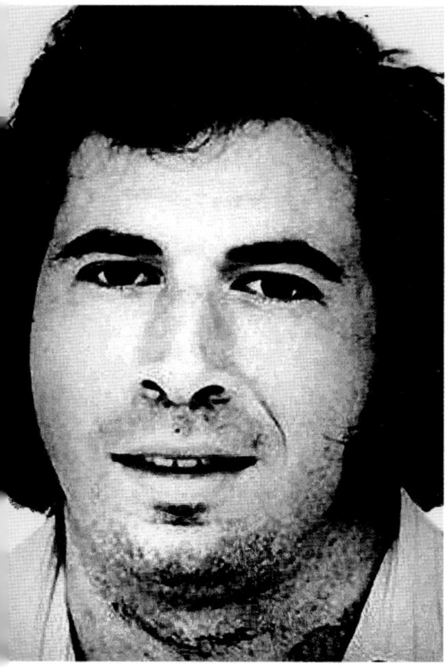

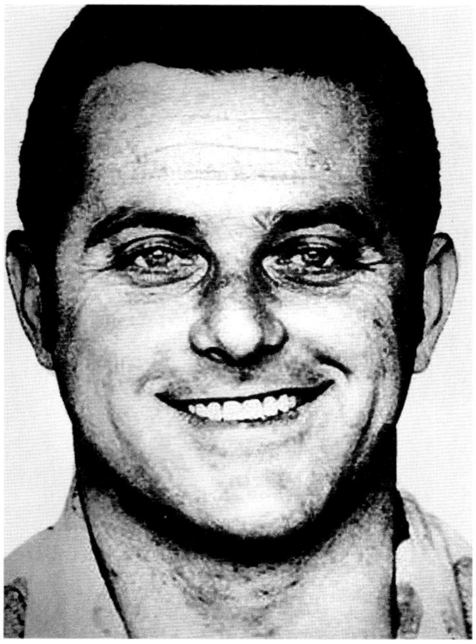

ELF ISRAELIS werden von den Terroristen getötet: André Spitzer, Elieser Halfin, Mark Slavin, Kehat Shorr, Amizur Shapira, Josef Gutfreund, Seew Friedman, Jaakow Springer, Josef Romano, David Berger und Mosche Weinberger (v. l. n. r.)

36 Jahre nach den Olympischen Spielen im nationalsozialistischen Berlin kommt es 1972 erneut zu einem Welttreffen der Sportler in Deutschland. In München sollen es »heitere Spiele« werden. Doch dann überfallen palästinensische Terroristen das israelische Team – und nehmen mehrere Mitglieder als Geiseln

TEXT: *Dominik Bardow*

EIN HELIKOPTER, ausgebrannt auf dem Flughafen Fürstenfeldbruck: Keine der Geiseln überlebt die Befreiungsaktion der Polizei

Es ist der 26. August 1972, und München gibt ein Fest für die Welt. 80 000 Zuschauer stehen und sitzen unter den geschwungenen Zeltdächern des Stadions; vom nahen Olympiaberg aus beobachten 40 000 Zaungäste die Eröffnungsfeier der Sommerspiele. Und an den TV-Geräten sind fast eine Milliarde Menschen zugeschaltet. Die Sonne scheint, als die Mannschaften aus 122 Nationen in das Oval der Wettkampfstätte einlaufen.

Die israelische Mannschaft empfängt brandender Applaus. 36 Jahre nach den Spielen in Berlin, die von den Nationalsozialisten zur Propaganda missbraucht worden sind, und 27 Jahre nach Ende von Krieg und Judenverfolgung, wollen München, Bayern und Deutschland zeigen, welchen Weg sie hinter sich gebracht haben.

Es sollen „heitere Spiele" werden, das haben die Organisatoren versprochen. Hostessen in Dirndln umsorgen die Gäste, die eigens in Freundlichkeit geschulten Sicherheitsbeamten tragen himmelblaue Uniformen und statt Pistolen Walkie-Talkies. Orchestermusik erfüllt an diesem Tag die Luft, Schulkinder singen, Schuhplattler tanzen. 5000 weiße Tauben steigen auf in den Himmel über dem Stadion und künden von der Ankunft des olympischen Feuers.

Journalisten aus aller Welt geben noch am Abend euphorische Berichte an ihre Heimatredaktionen durch. „Es war ein Schauspiel der Brüderlichkeit und Heiterkeit. Hätte es noch eines Beweises bedurft, dass sich die Deutschen gewandelt haben, das Stadion in München hat ihn geliefert", ist im „Corriere della Sera" zu lesen. Und im britischen „Observer": „Wie gut die Bayern das alles gemacht haben. Keine Spur von Militarismus, nichts Bombastisches, keine feierliche germanische Erhabenheit."

Keine zwei Wochen später werden sich wieder Zehntausende Zuschauer im Olympiastadion versammeln. Doch diesmal herrscht stille Trauer. Die Wettkämpfe ruhen, die olympische Flagge weht auf Halbmast. Viele Menschen weinen.

Elf Plätze sind frei geblieben. In Gedenken an elf Mitglieder der Olympiamannschaft Israels, die von Terroristen als Geiseln genommen und in der Nacht zuvor getötet worden sind.

Aus den heiteren Spielen ist eine Tragödie geworden. Die Verantwortlichen für die Sicherheit in Bayern und München sehen sich schweren Vorwürfen ausgesetzt. Eine Zeitung bewertet das Geschehene als die „schlimmste Nacht in der Geschichte der Bundesrepublik".

Und bis heute sind viele Fragen offen, wie es dazu kommen konnte.

DAS OLYMPIASTADION in München, für die Spiele von 1972 errichtet, ist Schauplatz der festlichen Eröffnungszeremonie – und nur zehn Tage später der Trauerfeier für die Toten

RUND 80 000 MENSCHEN schauen im Stadion zu, als die israelischen Sportler bei der Eröffnungsfeier einlaufen. Doch früh am 5. September 1972 stürmen palästinensische Terroristen die Unterkunft der Mannschaft

OLYMPISCHES DORF, 5. September, 4.10 Uhr. Im Morgengrauen klettern mehrere Männer in Trainingsanzügen über den zwei Meter hohen Zaun, der die Unterkünfte der Athleten umgibt. Die Sicherheitsvorkehrungen der Spiele sind lax, um die gute Stimmung nicht zu stören, und so bleibt dieser Abschnitt nahe Tor 25A nachts unbewacht.

POLIZISTEN gehen in Stellung, um die Geiseln zu befreien – müssen sich jedoch zurückziehen: Die Täter sehen sie live im TV

DER ANFÜHRER der Attentäter (r.) fordert die Freilassung palästinensischer Häftlinge in Israel, doch Jerusalem lehnt einen Handel ab. Bundesinnenminister Hans-Dietrich Genscher (3. v. l.) bietet sich als Geisel an, ohne Erfolg

Postbeamte auf dem Weg zur Arbeit bemerken die Männer, aber halten sie für Sportler, die wie so viele heimlich in der Stadt feiern waren und nun heimkehren.

Die vermeintlichen Athleten haben in ihren Sporttaschen Maschinenpistolen und Handgranaten versteckt. Es sind acht palästinensische Terroristen, Angehörige der Gruppe „Schwarzer September".

Unbehelligt legen sie die 80 Meter zu einem dreigeschossigen Gebäude an der Connollystraße zurück, in dem die meisten der 27 israelischen Teammitglieder wohnen. Der Zugang zum Treppenhaus ist unverschlossen.

CONNOLLYSTRASSE 31, 4.35 Uhr. In Apartment 1 hört der israelische Ringkampf-Richter Josef Gutfreund Geräusche im Treppenhaus. Als er die Tür öffnet und nachschaut, sieht er vor sich die bewaffneten Terroristen.

Der 1,95 Meter große Hüne schließt schnell die Tür, stemmt seine 133 Kilogramm dagegen und schreit auf Hebräisch: „Deckung, Jungs!" Seinem Zimmergenossen gelingt es noch, das Fenster aufzubrechen und in den Garten zu fliehen. Dann überwältigen die Terroristen erst Gutfreund und anschließend die anderen Bewohner, die hinzugeeilt kommen. Aus Apartment 3 holen sie weitere Geiseln, bringen schließlich alle neun Gefangenen in ein Schlafzimmer im ersten Stock und fesseln sie.

Die Mehrzahl der israelischen Teammitglieder kann entkommen, darunter ein Ringer, der durch das unterirdische Parkhaus davonläuft. Zwei Sportler, der Gewichtheber Josef Romano und der Ringkampftrainer Mosche Weinberger, stürzen sich auf die Terroristen, werden niedergeschossen – und sterben. Den toten Josef Romano lassen die Terroristen im Zimmer liegen, als Warnung an die übrigen Geiseln.

NOTRUFZENTRALE der Polizei, 5.03 Uhr. Anrufer melden Schüsse im olympischen Dorf. Polizeipräsident Manfred Schreiber wird geweckt und ordnet an, das Areal um das Quartier abzuriegeln. Die Terroristen werfen kurz darauf heranrückenden Polizisten zwei Zettel mit Forderungen vom Balkon herunter – und legen Mosche Weinbergers Leichnam vor dem Gebäude auf den Fußweg.

Die Männer verlangen die Freilassung von mehr als 200 Häftlingen aus israelischen Gefängnissen sowie zwei deutschen Gefangenen: den RAF-Terroristen Andreas Baader und Ulrike Meinhof, die enge Verbindungen zur „Palästinensischen Befreiungsorganisation" PLO haben. Das Ultimatum endet um neun Uhr. Dann würden die Geiseln getötet.

Bundesregierung und israelische Botschaft werden benachrichtigt. Kurz nach sieben treffen Bundesinnenminister Hans-Dietrich Genscher und sein bayerischer Amtskollege Bruno Merk im olympischen Dorf ein, bilden gemeinsam mit dem Münchner Polizeipräsidenten Manfred Schreiber einen Krisenstab.

Die formelle Verantwortung für das Leben der Geiseln liegt allerdings allein bei den bayerischen Sicherheitsorganen. Denn die Regierung des Freistaats hat die Polizeihoheit, zusammen mit der Münchner Stadtpolizei. Bundesinnenminister Genscher darf nur beratend dabeistehen.

Später wird es heißen, es habe massive Meinungsverschiedenheiten zwischen Bonn, der Landesregierung und den Vertretern des Nationalen und Internationalen Olympischen Komitees über das weitere Vorgehen gegeben.

CONNOLLYSTRASSE 31, 8.10 Uhr, Schichtwechsel. Eine neue Polizistin bezieht ihren Posten vor dem Eingang des Gebäudes und hält Kontakt mit den Terroristen. Deren Anführer trägt einen hellen Strandhut und Sonnenbrille, sein Gesicht hat er geschwärzt und nennt sich „Issa“. Der Mann spricht überraschend gut Deutsch. Er hat jahrelang in der Bundesrepublik Ingenieurwesen studiert. Issa beharrt auf seinen Forderungen. Aber er stimmt einer Verlängerung des Ultimatums bis zwölf Uhr mittags zu.

OLYMPIAPARK, 9.00 Uhr. Die Wettkämpfe des Tages beginnen, als wäre nichts geschehen, mit einem Volleyballspiel zwischen Deutschland und Japan.

Das Quartier mit den Geiseln gleicht derweil einer umlagerten Festung. Schaulustige drängeln sich an den Absperrungen und am Zaun um das Dorf. Reporter schleichen sich auf die Balkons der umliegenden Gebäude. TV-Kameras filmen die Geiselnehmer, wie sie mit Sturmmasken Wache stehen – es ist der erste weltweit live übertragene Terrorakt.

Die Staatsgründung Israels 1948 und der Sechstagekrieg 1967 haben die Palästinenser den größten Teil ihres Territoriums gekostet. Seither leben die meisten im Ausland oder in Flüchtlingslagern. Mit Flugzeugentführungen und Geiselnahmen wollen radikale Gruppen darauf aufmerksam machen.

Israel aber will sich nicht erpressen lassen. Auch die arabischen Staaten, die Bonn um Hilfe ersucht, wollen mit den Terroristen (offiziell) nichts zu tun haben. Ägyptens Präsident Anwar al-Sadat wird nicht einmal ans Telefon gehen, als Bundeskanzler Willy Brandt anruft.

CONNOLLYSTRASSE, 11.50 Uhr. Den Unterhändlern gelingt es, das Ultimatum weiter hinauszuzögern: erst auf 13 Uhr, später auf 15 und dann 17 Uhr. Die Terroristen werden immer nervöser. Doch nach außen geben sie sich selbstbewusst, drohen, zwei Geiseln vor laufenden Kameras zu erschießen, lachen und zeigen Victory-Zeichen, indem sie zwei Finger einer Hand zum V formen.

Im Inneren des Quartiers herrscht Chaos. In einem verwüsteten Zimmer voller Blut hocken die Geiseln, an die Betten gefesselt, am Boden die Leiche

MEHR ALS 17 STUNDEN verbringen die Israelis gefesselt in diesem Zimmer, auf dem Boden das Blut eines erschossenen Athleten. Terroristen und Geiseln verlassen es erst, als die Behörden zusichern, sie auszufliegen: ein Täuschungsmanöver

HUBSCHRAUBER bringen Täter und Geiseln auf den Flughafen Fürstenfeldbruck. Erst dort schlägt die Polizei zu. Bei dem nun entbrennenden Schusswechsel setzen die Beamten sogar Panzerwagen (rechts) ein

IN FÜRSTENFELDBRUCK sterben alle verbliebenen Geiseln: Ehe Polizisten die Attentäter ausschalten können, töten die ihre Opfer mit Schüssen und zünden eine Handgranate. Ein Helikopter (Bildmitte) brennt völlig aus

ihres Kameraden Romano. Ihr Angst ist unvorstellbar. Dennoch schlägt ein Israeli den Kidnappern auf Arabisch vor, sich gegenseitig Witze zu erzählen, um die Moral zu stärken. Anführer Issa befiehlt seine Leute zurück auf ihre Posten. Er will keine Vertraulichkeiten.

Als sich Innenminister Genscher und auch andere Politiker im Austausch als Geiseln anbieten, lehnt Issa ab. Die Palästinenser sind nicht interessiert an deutschen Gefangenen. Auch freies Geleit oder Geld wollen sie nicht.

Die TV-Regie wechselt derweil zwischen Bildern vom Dressurreiten und der Geiselnahme hin und her. Im olympischen Dorf wärmen sich Sportler in der Sonne auf. Pärchen liegen knutschend auf der Wiese, in Sichtweite des Quartiers.

Ers t um 15.38 Uhr werden die Wettkämpfe offiziell unterbrochen.

Unterdessen planen die Behörden Befreiungsaktionen, obwohl sie nicht wissen, um wie viele Geiselnehmer es sich handelt. Als Köche verkleidete Polizisten bringen Kisten mit Lebensmitteln in die Connollystraße – aber die Terroristen tragen sie, anders als erhofft, selbst hinein.

Dann klettern Polizisten auf die Dächer rund um den Tatort, in Trainingsanzügen und mit Gewehren. Auf das Codewort „Sonnenschein" hin sollen sie das Gebäude über die Lüftungsschächte stürmen. Doch sie haben nicht die TV-Kameras bedacht: Die Zuschauer an den Fernsehgeräten können sie live beobachten – und auch die Terroristen im Gebäude. Der Einsatz wird abgebrochen.

Die Beamten sind auf einen solchen Anschlag nicht vorbereitet. Als einziges Land der Welt verfügt Israel über eine Einheit, die für Geiselnahmen geschult ist. Ein Hilfsangebot aus Jerusalem nimmt die Bundesregierung jedoch nicht an, auch aus verfassungsrechtlichen Gründen.

CONNOLLYSTRASSE, 16.45 Uhr. Die Terroristen teilen überraschend mit, dass die Geiseln selbst vorgeschlagen hätten, die ganze Gruppe nach Kairo auszufliegen, um dort gegen die Häftlinge aus Israel ausgetauscht zu werden. Ein solcher Plan ist ganz im Sinne des Anführers der Palästinenser, denn er weiß: Seine Leute sind irgendwann zermürbt, und in Ägypten kann er entweder weiter verhandeln oder die Geiseln töten und fliehen.

Eine Delegation des Krisenstabes kann kurz mit einer der Geiseln reden, die ans Fenster tritt. Schließlich dürfen Genscher und Walther Tröger, der Bürgermeister des olympischen Dorfes, sogar das Apartment betreten. Sie erblicken ein Zimmer voller Blut, den Toten am Boden, neun verängstigte Israelis und vier oder fünf Attentäter. Dass es tatsächlich acht sind, können sie nicht ahnen.

Die Deutschen willigen ein, die Gruppe auszufliegen. In Wirklichkeit ist das ausgeschlossen: Ägyptens Regierung lehnt eine Kooperation ab, und Israel hätte dem Vorhaben niemals zugestimmt.

Stattdessen planen die Sicherheitsorgane nun einen Zugriff auf dem Militärflughafen Fürstenfeldbruck, 20 Kilometer vom Olympiagelände entfernt.

Überlegungen, die Geiseln schon beim Verlassen des Gebäudes zu befreien, werden verworfen. Denn die Terroristen weigern sich, zu Fuß durch das im Untergeschoss gelegene Parkhaus zu gehen, das gut für einen Hinterhalt geeignet wäre. Sie bestehen auf einem Bus für die 200 Meter auf der Straße, die wie alle Verkehrswege des Geländes unterirdisch verläuft, bis zu einer Freifläche. Von dort aus sollen Hubschrauber sie zum Flughafen transportieren.

Und wohl weil Genscher und Tröger nur fünf Terroristen gesehen haben, schicken die Behörden auch nur fünf Scharfschützen nach Fürstenfeldbruck.

OLYMPISCHES DORF, 22.06 Uhr. Ein Bus parkt im Untergeschoss des Quartiers. Mit verbundenen Augen werden die Geiseln, in Gruppen aneinandergefesselt, aus der Kellertür in den Bus geschoben. Die Terroristen richten ihre Waffen ins Dunkel, mal hierhin, mal dorthin. An Absperrgittern verfolgen Tausende Schaulustige, wie der Bus die zwei bereitstehenden Helikopter erreicht und die gefesselten Geiseln und ihre Entführer in die Hubschrauber umsteigen. Kameras blitzen, als die Helikopter abheben. Doch niemand meldet nach Fürstenfeldbruck, dass es sich in Wirklichkeit um acht Terroristen handelt, was spätestens jetzt bemerkt worden sein muss.

Der Plan der Polizei sieht vor, dass am Flughafen eine Lufthansa-Maschine für den angeblichen Flug nach Kairo bereitsteht. Darin haben sich zwölf Polizisten als Flugbegleiter verkleidet und sollen die Attentäter überwältigen.

Doch kaum an Bord, halten die Beamten den Rettungsplan für ein Himmelfahrtskommando und entscheiden sich gemeinsam gegen die Aktion.

Ihr Einsatzleiter lässt sie unmittelbar vor dem Eintreffen der Hubschrauber das Flugzeug verlassen.

FÜRSTENFELDBRUCK, 22.32 Uhr. Die beiden Hubschrauber landen. Issa und sein Stellvertreter „Tony" steigen aus und inspizieren das Flugzeug. Die übrigen Attentäter halten die gefesselten Geiseln und die Hubschrauberpiloten in Schach.

Als Issa und Tony feststellen, dass die Lufthansa-Maschine keine Besatzung hat und dass ihnen eine Falle gestellt worden ist, rennen sie zu den Helikoptern zurück.

In dem Moment eröffnen die Scharfschützen das Feuer. Doch sie treffen nur drei der Geiselnehmer. Issa kann unverletzt unter einen Hubschrauber kriechen, die Terroristen feuern nun zurück.

Der Flugplatz ist dunkel und schlecht ausgeleuchtet. Die fünf Scharfschützen sind zudem ungünstig postiert und weder für einen solchen Einsatz ausgebildet noch ausgerüstet. Sie haben keine Nachtsichtgeräte, keine kugelsicheren Westen, nicht einmal Funkverbindung zum Einsatzleiter.

Eine Viertelstunde lang wird geschossen, dann fordert die Einsatzleitung Panzerwagen an. Doch die bleiben auf der Autobahn im Stau stecken – es sind zu viele Schaulustige unterwegs. Wie gelähmt verfolgt der Krisenstab im Flug-

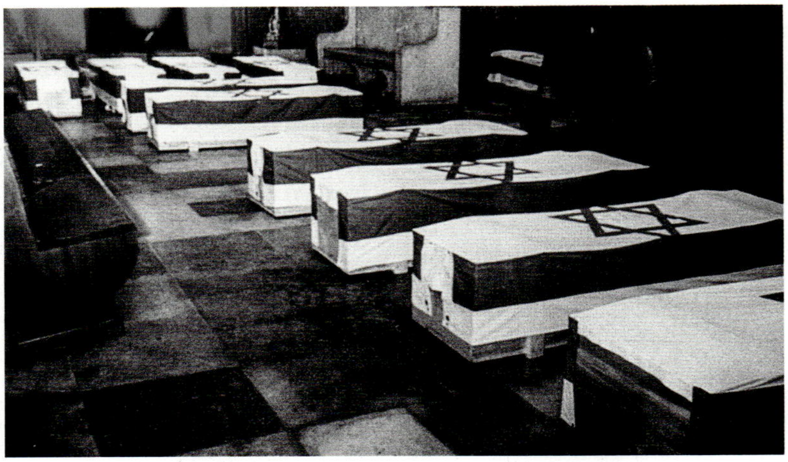

AM TAG NACH DEM ANSCHLAG findet die Trauerfeier für die Toten statt, doch arabische Sportler bleiben ihr fern. Bevor die Särge der Opfer in die Heimat überführt werden, stehen sie aufgebahrt in der Münchner Synagoge

DEMONSTRANTEN fordern, die Olympischen Spiele wegen der Tragödie abzubrechen – vergebens: »The games must go on!«, verkündet IOC-Präsident Avery Brundage

hafen die Eskalation des Einsatzes. Allein der anwesende CSU-Vorsitzende Franz Josef Strauß tobt und schimpft.

Erst um 23.55 Uhr rollen die endlich eingetroffenen Panzerwagen auf das Flugfeld. Sie sollen die Terroristen einschüchtern. Doch die gehen offenbar von einem Angriff aus und eröffnen erneut das Feuer – auch auf die Geiseln.

Einer der Panzerwagen feuert zurück, aber verletzt im Durcheinander einen der Piloten und einen Scharfschützen. Ein Attentäter springt aus einem der Hubschrauber und wirft eine Handgranate hinein. Wer nicht schon tot ist, kommt im brennenden Helikopter um.

Die Feuerwehr rückt aus, wird aber von schießenden Terroristen zurückgedrängt. Schließlich schalten die Scharfschützen Issa und weitere Terroristen aus. Ab 0.30 Uhr fallen keine Schüsse mehr.

Erst als sich die Polizisten den beiden Hubschraubern nähern, wird das Ausmaß der Katastrophe sichtbar – alle neun Geiseln sind tot: die Gewichtheber David Berger und Seew Friedman, beide 28. Josef Gutfreund, 40, Ringkampf-Richter. Elieser Halfin, 24, Ringer. Amizur Shapira, 40, Leichtathletik-Trainer. Kehat Shorr, 53, Trainer der Sportschützen. Der Ringer Mark Slavin, 18. Jaakow Springer, 51, Kampfrichter im Gewichtheben. Und André Spitzer, der 27-jährige Trainer der Fechter. Noch am Tag vor dem Attentat hatte er seine neugeborene Tochter im Krankenhaus in den Niederlanden besucht – und beinahe den Zug zurück nach München verpasst.

Tot sind auch fünf der acht Attentäter; die drei Überlebenden werden festgenommen. Und ein Polizist ist gestorben: Anton Fliegerbauer. Der 32-Jährige wurde beim Schusswechsel mit den Terroristen in den Kopf getroffen.

Die Weltöffentlichkeit ist schockiert. Hatte es zunächst noch Falschmeldungen gegeben, die Geiseln seien freigelassen worden, überbringt ein US-Moderator seinem Millionenpublikum nun sichtlich erschüttert die Nachricht: „They're all gone." Sie sind alle tot.

Bayerns Innenminister Merk und Münchens Polizeipräsident Schreiber erklären noch in der Nacht, die Polizei habe nicht viel tun können, die Erfolgsaussichten für eine Befreiung der Geiseln seien von vornherein „sehr gering" gewesen. Keine Polizeitruppe der Welt wäre mit diesen Terroristen fertig geworden.

Doch das ist nur ein Teil der Wahrheit: Tatsächlich ist das Risiko eines Attentats unterschätzt worden. Alle beteiligten Behörden haben die Sicherheitsmaßnahmen locker gehalten; nichts sollte die „heiteren Spiele" trüben. Keine Nation hatte das Sicherheitskonzept beanstandet, auch Israel nicht.

Die Gäste konnten allerdings nicht ahnen, wie schlecht die deutsche Polizei auf einen Angriff vorbereitet war. Während der Geiselnahme unterliefen den zuständigen Instanzen Fehler über Fehler – etwa zu wenige und unzureichend ausgerüstete Scharfschützen nach Fürstenfeldbruck geschickt zu haben. Oder das Zulassen der Medienberichterstattung, die dazu führte, dass die Terroristen über viele Schritte der Behörden in Echtzeit informiert waren.

In ihrer Summe wirken diese Fehler unerklärlich – und unglaublich zugleich.

6. SEPTEMBER 1972. Olympiastadion. Auf einer Gedenkfeier wird um die elf toten Israelis getrauert. Ein Cousin Mosche Weinbergers, zu den Spielen angereist, erleidet im Stadion einen Herzanfall. Er stirbt noch auf seinem Platz. Das zwölfte israelische Opfer.

Arabische Athleten boykottieren die Trauerfeier. Das politische Nachspiel hat begonnen. Avery Brundage, der Präsident des Internationalen Olympischen Komitees, erklärt in einer von vielen als taktlos empfundenen Rede, man dürfe sich Terroristen nicht beugen – und schließt mit den Worten: „The games must go on!"

Schon während der Geiselnahme hat das IOC den Krisenstab bedrängt, die Situation schnell zu lösen. Nun setzen die Veranstalter die Wettbewerbe noch am Nachmittag fort, mit einem Handballspiel Rumänien gegen Ungarn. Israel billigt die Entscheidung weiterzumachen. Viele Sportler aber reisen aus Protest ab.

Die Leichen der elf ermordeten Israelis werden in ihre Heimat und in die USA überführt, die der fünf getöteten Attentäter nach Libyen, wo sie ein Heldenbegräbnis erhalten.

Die Schlussfeier der Spiele am 11. September 1972 wird von Terrorangst überschattet: Eine finnische Passagiermaschine hat technische Probleme und fliegt ohne Genehmigung auf München zu. Dann aber gibt es Entwarnung.

Die verbliebenen Mannschaften marschieren ohne Formation ins nächtliche, kaum beleuchtete Stadion ein. Die Flamme erlischt, die olympische Fahne wird eingeholt. Die Zuschauer erheben sich, um der Opfer zu gedenken.

Dem Image der Deutschen scheint die Katastrophe bei den Spielen nicht sehr zu schaden. Ein Leitartikel der „New York Times" spricht die Gastgeber sogar von jeder Schuld frei. Trotz des traurigen Endes der Spiele ziehen München und die bayerische Lebensart weiterhin viele Touristen aus dem In- und Ausland an.

Die Menschen in aller Welt haben nicht nur die Tragödie der Geiselnahme im Fernsehen verfolgt, sondern auch heitere Spiele gesehen und bewundert.

Als Reaktion auf das Attentat gründet die Bundesrepublik die Grenzschutzgruppe GSG 9.

Doch die Antiterroreinheit ist noch nicht einsatzbereit, als Palästinenser am 29. Oktober 1972 eine Lufthansa-Maschine auf dem Flug nach Frankfurt am Main kapern. Die Kidnapper fordern die Freilassung der drei überlebenden Attentäter von München.

Die Bundesregierung gibt nach und liefert die drei Gefangenen aus – keine zwei Monate nach ihrer Tat, ohne dass ihnen der Prozess gemacht worden ist.

Israel rächt seine Toten mit einer Spezialoperation. Killerkommandos töten in den folgenden 20 Jahren immer wieder Palästinenser, die die Geiselnehmer unterstützt haben oder an der Planung des Münchner Anschlages direkt beteiligt gewesen sein sollen. Darunter wohl zwei der freigelassenen Attentäter, allerdings auch Unschuldige.

Im Februar 1973 lässt das Landgericht München I den Vorwurf der fahrlässigen Tötung gegen die Einsatzleitung in Bayern fallen.

Für den Polizeipräsidenten Manfred Schreiber und Innenminister Bruno Merk hat die gescheiterte Geiselbefreiung beruflich keine Konsequenzen.

Die Familien der getöteten Geiseln müssen lange auf eine Aufklärung der Tatumstände warten. 20 Jahre lang fragen die Angehörigen vergebens nach Zugang zu den Akten. Erst 1992 schmuggelt ein Archivar für die Familien wichtige Papiere hinaus. Daraufhin erhalten die Angehörigen endlich Akteneinsicht.

Im Jahr 2002, drei Jahrzehnte nach dem Attentat und nach langen Prozessen, zahlen die Bundesregierung, der Freistaat Bayern und die Stadt München den Angehörigen außergerichtlich insgesamt drei Millionen Euro.

Bei keiner der folgenden Olympischen Spiele gibt es Schweigeminuten für die Toten – wohl, um niemanden zu brüskieren. Erst 1995 wird ein Denkmal für die Opfer des Attentates auf dem Münchner Olympiagelände eingeweiht, und im September 2017, genau 45 Jahre nach der Tragödie, eröffnen Israels Staatspräsident Reuven Rivlin und Bundespräsident Frank-Walter Steinmeier im Beisein von Hinterbliebenen einen Erinnerungsort für die Opfer.

Das Quartier in der Connollystraße 31 dient mittlerweile als Unterkunft für Gastforscher des Max-Planck-Instituts für Physik. Am Eingang hängt eine Gedenktafel, die auf die getöteten Geiseln hinweist. Als sie im November 1972 enthüllt wurde, waren einige der Namen falsch geschrieben, und es prangte dort ein Kreuz – ein christliches Symbol. Die Tafel musste ausgetauscht werden. ◊

LITERATURTIPPS

SIMON REEVE
»Ein Tag im September«
Etwas reißerisch, aber gut recherchiert und packend erzählt (Heyne).

K. SCHILLER/C. YOUNG
»München 1972«
Preisgekrönte Studie über die Olympischen Spiele in der bayerischen Landeshauptstadt (Wallstein).

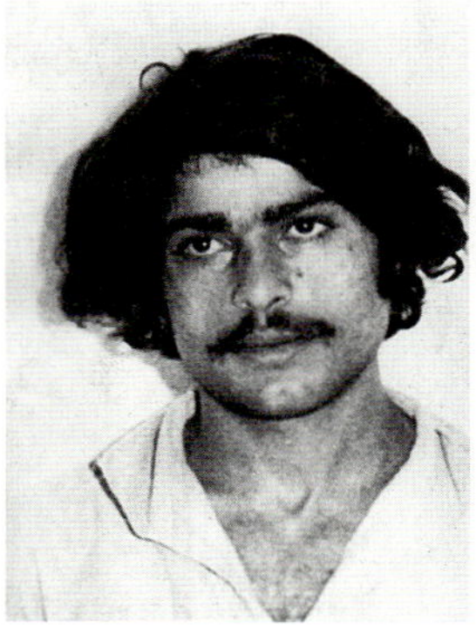

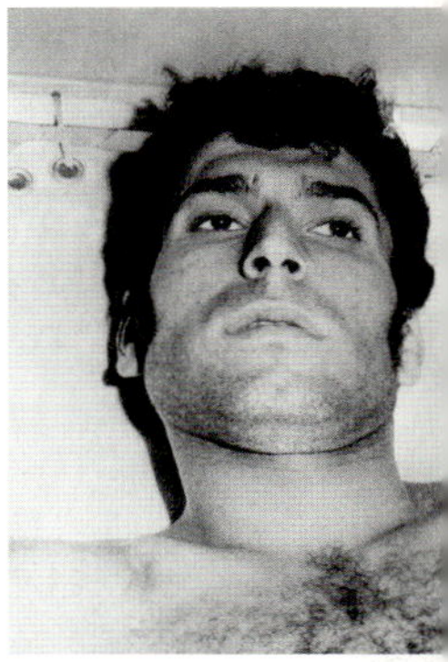

DIE ATTENTÄTER – hier Mohammed Safady (o. l.), Jamal Al-Gashey (o. r.) und Adnan Al-Gashey – gehören der Gruppe »Schwarzer September« an: Die radikalen Palästinenser sehen sich als Opfer des Staates Israel und bekämpfen ihn mit Terror

1915–1988
Franz Josef Strauß

Der schillerndste Politiker der Bundesrepublik ist ein Bayer: Franz Josef Strauß, von Freund und Feind bewundert wie gefürchtet wegen seiner »stiernackigen Wucht« und »eruptiven Intelligenz«, wird Atom-, Verteidigungs- und Finanzminister. Und 1980 will der von Skandalen umwitterte CSU-Vorsitzende Kanzler werden. Es kommt zu einem der härtesten Wahlkämpfe der Nachkriegsgeschichte

AUF DEM WEG ins Zentrum der Macht: Franz Josef Strauß, Chef der CSU-Landesgruppe, in Berlin im Oktober 1966. Zwei Monate später wird er Finanzminister der Bonner Großen Koalition

D

TEXT: *Mathias Mesenhöller*

Der regnerische Himmel ist aufgebrochen. Abendliche Herbstsonne über München. Die Luft aber ist weiterhin kalt. Seit Stunden harren die Menschen vor der alten königlichen Residenz aus, drängen sich entlang der Ludwigstraße. Sie sind auf Telefonhäuschen geklettert, auf Laternenpfähle, Straßenschilder, blicken aus den Fenstern überfüllter Wohnungen. Zehntausende. Von der Fahrbahn trennt sie ein Ehrenspalier aus 3600 Gebirgsschützen, Ordensleuten, Jägern in Tracht. Die Vereinsstandarten zeigen Trauerflor. Von Fassaden hängen schwarze Fahnen. Und am fernen Ende der Ludwigstraße umwehen düstere Schleier das Siegestor.

33 Jahre ist es her an diesem 7. Oktober 1988, dass München einen solchen Staatstrauerzug durch seine Mitte erlebt hat. Damals wurde der letzte Kronprinz aus dem Hause Wittelsbach zu Grabe getragen, so wie einst die bayerischen Könige.

Der Tote, dem diese fürstliche Ehre nun zuteil wird, ist der Sohn eines Schwabinger Fleischhauers, der es mit Talent und Ehrgeiz in höchste Staatsämter gebracht hat. Den seine Anhänger verehren und bewundern – seine Gegner aber verachten und fürchten.

BEREITS 1947 einigen sich die beiden Unionsparteien auf ein »Gebietskartell«: Die CSU tritt nur in Bayern an, die CDU im Rest Deutschlands (Wahlplakat von 1949)

Es ist Franz Josef Strauß, der vier Tage zuvor verstorbene Ministerpräsident des Freistaates Bayern, einst Bundesverteidigungs- und Finanzminister, Kanzlerkandidat.

Endlich, um 17.35 Uhr, ziehen sechs Pferde unter schwarzen Decken eine Lafette mit dem Sarg aus einem Portal der Residenz. Den Sarg bedeckt eine Fahne in den weiß-blauen Rauten Bayerns; Polizisten in Ledermänteln und Stahlhelmen geleiten ihn. Eine Ehrenkompanie der Bundeswehr sowie ein Polizeimusikkorps schreiten voran. Dumpf hallen Trommeln, dann erklingt ein Trauermarsch.

Hinter dem Sarg gehen die Kinder. Dann Bundespräsident und Bundeskanzler mit ihren Ehefrauen. Die Präsidenten von Bundestag und Bundesrat, das Kabinett und fast der gesamte Bundestag. Ministerpräsidenten der Länder, die Mitglieder der bayerischen Staatsregierung, Abgeordnete des Landtags, Politiker und Diplomaten aus aller Welt.

Der US-Präsident hat einen Sonderbotschafter entsandt; aus Beijing und Moskau sind die stellvertretenden Ministerpräsidenten angereist, aus Israel der Außenminister, aus Togo, Niger und Südafrika die Präsidenten.

Es dunkelt bereits, als der Zug das trauerumflorte Siegestor erreicht. Minutenlang sind nur die Stiefeltritte der Uniformierten zu hören, die an den Flanken Aufstellung nehmen. Ein letzter Trommelwirbel. Dann zieht das Gespann an, und der Sarg verschwindet durch das Tor in der Dämmerung.

In der Nacht wird der Leichnam nach Rott am Inn überführt, wo bereits die verstorbene Frau von Strauß ruht. Tausende säumen die Straßen mit Fackeln und Kerzen.

Am folgenden Morgen hält der aus Rom angereiste Joseph Kardinal Ratzinger in der Abteikirche von Rott die Totenmesse. Er findet ehrende, tröstende Worte – und einen unerhörten Vergleich: Ein Freund habe sich bei Strauß an den biblischen König David erinnert gefühlt, wegen der „großen Menschlichkeit, auch mit ihren Fehlern und Schwächen". Ratzinger führt es nicht weiter aus, seine Zuhörer kennen die Bibel.

König David gilt als einer der großen Regenten des Alten Testaments. Nicht weil er ohne Tadel gewesen wäre. Vielmehr war er überreich begabt – und scheiterte doch immer wieder an seinen Leidenschaften. Ein feiner Dichter und Sänger, war er zugleich ein brutaler Krieger. Ein im Grunde milder Herrscher, aber auch ein perfider Trickser, Ehebrecher und Mörder. Ein reuiger Sünder, zudem maßlos und ein Zauderer.

Kurz: einer, der das Leben in seiner ganzen Fülle ausgemessen hat. Der bittere Feindschaft erlebt hat, treue Freundschaft und schmerzende Verluste.

Kardinal Ratzinger, der den Toten kannte und schätzte, deutet eine Wahrheit an, die tiefer geht als der Pomp der Staatstrauer: Franz Josef Strauß war in seiner kraftstrotzenden Art stets auch schwach, mehr Kämpfer als Sieger, eher Abenteurer als Politiker. Getrieben von Neugier, Machtgier, auch Arroganz.

Vor allem aber von einem geradezu ruchlosen Freiheitsdrang, der ihn mehr als einmal ins Zwielicht setzte, der ihn die Grenzen von Recht und Moral bedenkenlos dehnen, auch überschreiten ließ.

SCHNELL steigt der glänzende Redner Strauß, hier bei einer Ansprache vor Anhängern, in der CSU auf, formt sie um von einer Honoratioren- zur Massenpartei

Das Wunderkind

Schwabing, 1926. Jeden Morgen zieht der Metzgermeister Franz Strauß in aller Frühe seinen Handkarren die Schellingstraße hinab, um eine Stunde entfernt beim Schlachthof das Fleisch abzuholen, das er den Tag über in seinem Laden verarbeitet und verkauft. Zuweilen begleitet ihn sein zehnjähriger Sohn Franz Josef.

Der Bub macht dem Vater Sorgen. Er ist zwar gesund, ein guter Schüler und braver Ministrant am Max-Joseph-Stift. Doch die Priester und Lehrer bedrängen den Vater, das begabte Kind auf die Realschule zu geben. Nur zögernd stimmt er zu. Was soll ein angehender Metzger mit so viel Bildung?

Franz und Walburga Strauß sind bescheidene, gottesfürchtige Leute, stolz auf ihr selbstständiges Auskommen, eng der konservativ-katholischen Bayerischen Volkspartei verbunden. Als Franz Josef mit NS-Flugblättern nach Hause kommt, setzt es Ohrfeigen.

Nach weniger als einem Jahr Realschule spricht erneut ein Priester vor: Franz Josef sei auf einem Gymnasium besser aufgehoben. Für die Eltern bedeutet es, dass im Geschäft ein Helfer weitgehend ausfällt. Zusätzliche Ausgaben für Schulbücher. Dennoch stimmen sie abermals zu.

Bald gibt der Sohn Nachhilfestunden, kauft sich von dem Geld ein Rennrad, fährt Hunderte Kilometer durch Bayern, über die Alpen nach Italien. 1935 schreibt er das beste Abitur seines Jahrgangs in ganz Bayern. Zum Wintersemester beginnt er mit einem Hochbegabtenstipendium Germanistik, Alte Sprachen und Archäologie zu studieren, hört Vorlesungen in Geschichte, später in Wirtschaftswissenschaften und Jura.

Und er macht den Führerschein. Was er damit wolle, soll die Schwester ihn gefragt und zur Antwort erhalten haben, Hitler werde Krieg anzetteln – „meinst du, dass ich für den Deppen zu Fuß durch Europa marschiere?"

Wie viele Anhänger der 1933 aufgelösten Bayerischen Volkspartei hält die Familie Strauß die Nationalsozialisten für gottlose Verbrecher, die Deutschland und so auch Bayern ins Verderben führen werden. Gleichwohl tritt Franz Josef dem „NS-Kraftfahrer-Korps" bei, einer vergleichsweise biederen Organisation, die mancher wählt, um dem Regime symbolisch entgegenzukommen. Sei es, weil er um seinen Studienplatz bangt oder für die erhoffte Universitätskarriere vorbaut. Der Vater bleibt gegenüber jeder Kollaboration bei seiner Haltung von vor 1933: „Eher fress ich Hundsfutter."

Im August 1939 wird Franz Josef eingezogen, dank des Führerscheins zur motorisierten Artillerie, nicht zur gefürchteten Infanterie. Doch bringt er sich bereits Ende des Jahres selbst in Gefahr, als er vor Kameraden den Krieg für verloren erklärt, Hitler und dessen Paladine Verbrecher nennt und die Steigerung „dumm, saudumm, kriegsfreiwillig" zum Besten gibt. Er wird denunziert, stundenlang verhört. Am Ende kehrt ein mit ihm sympathisierender Vorgesetzter die Sache unter den Teppich.

Strauß hasst den Krieg, die geistlose Unfreiheit und Verwilderung, über die der Mensch seine Würde verliert. Angewidert erlebt er deutsche Massenmorde an Zivilisten (und wird anders als viele nach dem Krieg davon sprechen).

Auf Fronturlauben darf er das Studium abschließen. Später erlangt er eine Versetzung als Ausbildungsoffizier in die Nähe von Schongau in Oberbayern. Dort stellt er sich, wie er später in seinen Memoiren schreiben wird, Ende April 1945 kurzerhand selbst die Entlassungspapiere aus und radelt in Zivil aus einem rückwärtigen Tor der Kaserne, während vorn die Amerikaner hereinmarschieren.

Wenige Wochen nach seiner Selbstentlassung aus der Wehrmacht ernennen die US-Besatzer ihn zum stellvertretenden Landrat in Schongau: Strauß war nicht Mitglied der NSDAP, genießt einen guten Leumund und spricht passables Englisch.

Er ist tüchtig im „Organisieren"; später wird er sich erinnern: „Ich habe damals zum Wohle der Bürger meines Landkreises so viel gestohlen und geschoben, dass ich aus dem Gefängnis nicht mehr herausgekommen wäre, wenn es nach Recht und Gesetz gegangen wäre."

Ende 1945 beteiligt er sich an der Gründung eines Kreisverbandes der CSU in Schongau, gelangt in den Kreistag. Josef Müller, der erste Vorsitzende der CSU, wird auf den jungen Macher aufmerksam, hält ihn für intelligent und

WAHLKAMPF im Zeichen des Antikommunismus: 1953 präsentiert sich Strauß als Unterstützer des beliebten Kanzlers Adenauer – und plant kurz darauf dessen Sturz

beginnt den begabten Redner zu fördern, lanciert ihn 1948 als Generalsekretär.

Im Jahr darauf zieht der 34-Jährige in den ersten Bundestag ein, wird geschäftsführender Vorsitzender der CSU-Landesgruppe. Der christdemokratische Bundeskanzler Konrad Adenauer findet in Strauß einen überzeugten Gefolgsmann bei umkämpften Grundsatzentscheidungen für eine Westbindung der Bundesrepublik, den Vorrang einer europäischen vor der deutschen Einigung, für eine Wiederbewaffnung.

Aber auch einen harten Gegner, wenn die Meinungen auseinandergehen. Strauß gilt rasch als glänzender Analytiker, indes ungehobelt, brachial – nicht zuletzt in seinem Ehrgeiz. Unverhohlen drängt er ins Kabinett, wird ressortloser Minister für besondere Aufgaben, 1955 dann Minister für die Zukunftsindustrie Kernkraft. Doch er will mehr: einen der klassischen Posten. Bald erfährt Adenauer, dass Strauß in kleiner Runde rufe, „der Alte" müsse weg. Und: „Der verschlissene Kerl" gehöre „an den Galgen". Sprüche ohne Takt, ohne Gespür.

BONN, 10. JULI 1956. Elf Jahre nach der deutschen Kapitulation ist die Wiederbewaffnung der Bundesrepublik in vollem Gang – oder sollte es sein. Stattdessen verzögert sich der Aufbau der Bundeswehr. Der zuständige Minister ist überfordert. Das Ansehen bei den Verbündeten in der NATO leidet. So jedenfalls legen es fünf Vertreter der CSU Kanzler Adenauer dar.

Ohne das Gesicht mit den schmalen Augen zu verziehen, hört der 80-Jährige sie an. Ihm ist klar, wer der Rädelsführer ist, auch wenn der selbst wenig sagt: Strauß, sein Minister für Atomfragen.

Der zuständige Staatssekretär wird herbeibeordert. Ob die Vorwürfe stimmen? Nein, alles in Ordnung, versichert der Beamte. Für Adenauer war es das – fast. Zum Abschied sagt er: „Herr Strauß, nehmen Sie eines zur Kenntnis: Solange ich Kanzler bin, werden Sie nicht Verteidigungsminister."

Aber wenn Strauß glaubt, im Recht zu sein, langt er hin, ohne Vor- und Rücksicht. Ohne Lebensklugheit. Er hat sich vom NS-Regime das Maul nicht verbieten lassen – warum also jetzt?

Adenauer ist das Gegenteil. Als der schleppende Aufbau der Bundeswehr die deutsche Glaubwürdigkeit ernsthaft gefährdet, vollzieht er eine Kehrtwende, bietet Strauß Ende 1956 den ersehnten Posten als Verteidigungsminister doch an und ist nun, so wird Strauß es später berichten, die Liebenswürdigkeit selbst: „Wollen Sie es einem alten Mann übel nehmen, dass er noch in der Lage ist, seine Meinung zu ändern?"

Sein Kalkül: Energisch wie er ist, kann Strauß die verfahrene Aufrüstung retten. Zugleich hofft Adenauer wohl, dass Strauß alle Feindschaft auf sich ziehen wird, die der deutschen Wiederbewaffnung entgegenschlägt. Mit etwas Glück könnte der Kanzler so das Machtstreben des allzu ehrgeizigen Wunderkinds einhegen.

Denn Adenauer meint zu wissen, auf welches Amt Strauß letztlich hinarbeitet: auf seines. Auf die Kanzlerschaft.

Der Absturz

Im Januar 1957 widmet das Nachrichtenmagazin „Der Spiegel" dem neuen Verteidigungsminister eine Titelgeschichte unter der Überschrift „Der Primus". Der Autor bescheinigt Strauß bei aller „stiernackigen Wucht" und „bulligen Vitalität" eine „blitzschnelle Auffassungsgabe" und „eruptive Intelligenz", lobt sein weltläufiges, wenn auch bayerisch gefärbtes Englisch. Ein künftiger Kanzler?

Einige Wochen später reist Strauß zu einer Wahlveranstaltung nach Hamburg. Anschließend lädt ihn Rudolf Augstein, Herausgeber des „Spiegel", in seine Villa ein, zu einem zwanglosen Kennenlernen mit Redakteuren des Magazins.

Offenbar beginnt der Abend bei Häppchen, Bier und Sekt zunächst gelöst. Dann wirkt der Alkohol, die politischen Gegensätze treten schärfer hervor.

Strauß fürchtet, den Nachtzug nach München zu verpassen; ein Referent soll die Abfahrt für den Herrn Minister aufhalten. Augstein jagt mit seinem Gast zum Bahnhof, missachtet auf dessen Geheiß rote Ampeln, weigert sich indes, in falscher Richtung durch Einbahnstraßen zu rasen.

Als sie auf dem Bahnsteig anlangen, rollt der Zug eben hinaus.

KOMMENDE Männer. Prüfend mustert Verteidigungsminister Strauß 1961 Berlins Regierenden Bürgermeister Willy Brandt, den späteren SPD-Kanzler

Also zurück in Augsteins Haus. Strauß verspeist ein Huhn in provenzalischer Sauce, aus der Trinkerei wird ein Besäufnis. Im Lauf des Abends meint einer der Teilnehmer zu hören, dass der Minister die Führer der UdSSR mit Sittlichkeitsverbrechern vergleicht, und protestiert; Strauß streitet wütend ab. Dann glaubt er, einer der „Spiegel"-Männer habe etwas Verharmlosendes über das „Dritte Reich" gesagt, fährt aus der Haut und erklärt im Wortgefecht: „Wann's so reden wollt, ladet's euch Zuhälter oder Ganoven ein!"

Die Journalisten nennen Adenauers Westpolitik servil gegen-

NIEMAND kann ein Bierzeltpublikum so aufputschen wie Strauß: Aggressiv und plastisch ist seine Rhetorik, derb und markant, witzig und spöttisch (Landshut, 1969)

über den USA; die europäische Integration diene vor allem Frankreich, um Deutschland zu schröpfen. Empört, unbeherrscht keilt Strauß zurück. Gegen 3.30 Uhr liefern ihn drei Redakteure in einem Hotel ab – und sind überzeugter denn je: Auf keinen Fall darf dieser aufbrausende Machtmensch Kanzler werden. Niemals.

Den größten Alarm löst wohl die Entschlossenheit des Verteidigungsministers aus, der Bundeswehr Atomwaffen zu verschaffen.

Seine Kontrahenten können darin nur Größenwahn erkennen, Machtsucht und verantwortungsloses Hasardspiel. Strauß indes fühlt sich missverstanden. Seine Lehre aus dem Zweiten Weltkrieg lautet, einen solchen Konflikt um beinahe jeden Preis zu verhindern.

Doch sieht er dazu keinen anderen Weg als Abschreckung, und die kann angesichts der Überlegenheit der sowjetischen Streitkräfte nur nuklear sein. Aber ist es glaubwürdig, dass die USA im Ernstfall einen Gegenschlag riskieren, also Boston oder Philadelphia opfern, um Europa zu retten?

Nein, meint Strauß. Und daher brauchten die Westeuropäer eigene Atomwaffen, und die Bundeswehr müsse sie auch einsetzen dürfen. Um des Friedens willen.

Was auch immer er davon in Hamburg betrunken ausgeführt hat – und umgekehrt dafür beschimpft worden ist: Einmal ausgenüchtert, sind die Gehässigkeiten für Strauß vermutlich erledigt.

Er kann sich fürchterlich echauffieren, ist beinahe zwanghaft rechthaberisch, trägt aber selten persönlich etwas nach.

FÜR STRAUSS beginnen gute Jahre, vielleicht die besten seines Lebens. Am 4. Juni 1957 heiratet er Marianne Zwicknagl, die Tochter eines wohlhabenden Brauereibesitzers in Rott am Inn: eine gut aussehende, selbstbewusste Frau, Dolmetscherin und studierte Volkswirtin, 15 Jahre jünger als der Bräutigam.

Wenige Stunden vor dem Polterabend aber ertrinken 15 Bundeswehr-Rekruten bei einer Übung in der Iller. Strauß verbringt seine Hochzeit gehetzt zwischen Empfang, nächtlichen Suchtrupps unter strömendem Regen, dem Altar, einer improvisierten Pressekonferenz im „Braustübl", dem Festessen mit Gänseleber, indischer Schwalbennestsuppe, Seezunge und Eisbombe „à la Schnecki".

Es ist eine ruhelose, bedrückte Feier. Der Beginn einer Ehe im Schatten der Politik.

Wahlen stehen bevor. Und seine polemischen, oft spöttischen Zuspitzungen machen Strauß zum gefragtesten Redner der Unionsparteien neben dem Kanzler. Er weckt Begeisterung, aber auch wütenden Protest, Tumulte, Polizeieinsätze. „Saalschlacht-Atmosphäre", schreibt eine Zeitung.

Die Opposition nennt ihn Adenauers „Catcher", „gefährlich", „Minister ohne Würde". Selbst der Kanzler klagt beim Bundespräsidenten über seinen Minister. Im Protokoll eines Gesprächs heißt es, die „poltrige Art", „Taktlosigkeiten, besonders nach Alkoholgenuss", bereiteten ihm „große Sorge".

Aufbrausendes Temperament, bayerische Derbheit? All das trifft auf Strauß zu, aber nicht nur: Im Unterschied zu Adenauer und anderen Politikern glaubt der Bayer, dass eine Demokratie den Wählern schockierende Wahrheiten und Forderungen zumuten kann – dass Politiker mit offenen Karten für ihre Sicht streiten müssen.

Prinzipiell jedenfalls. Als Strauß etwa beschließt – vor allem weil die deutsche Vergangenheit es gebiete –, Israel trotz eines Embargos mit Waffen zu unterstützen, lügt er den Außenminister an und wickelt die Lieferungen unter der Hand ab (alle Beteiligten machen sich strafbar, doch die Sache bleibt lange unentdeckt).

Der Verteidigungsminister führt sein Ressort oft impulsiv, aber mit einer offenen Diskussionskultur: Es zählt das bessere Argument.

Den Offizieren begegnet er jovial – wird jedoch ruppig, wenn sie den Primat der Politik über das Militär nicht bedingungslos anerkennen.

Unklar, wo die Grenze zwischen Prinzip und Selbstherrlichkeit verläuft. Abermals überschritten wird sie im Frühjahr 1958: Strauß, wie so oft zu spät auf dem Weg zu einem Termin, weist seinen Chauffeur an, einen Polizisten zu ignorieren. Als dieser dem Fahrer mit einer Anzeige droht, reicht Strauß Beschwerde gegen den Beamten ein. Es folgt ein Rechtsstreit, den die Öffentlichkeit halb amüsiert, halb verärgert verfolgt.

Die Farce zeigt eine Schwäche: Strauß will nie nachgeben. Also trägt er große wie kleine Konflikte ohne Maß aus, ohne Sinn dafür, wann er sich selbst schadet.

Diese Verbissenheit, seine krachlederne Rhetorik, die schonungslos berufene Kriegsgefahr, der kaum versteckte Machtinstinkt macht es Konkurrenten sowie Journalisten leicht, ihn zu einem Brandstifter zu erklären.

Zu einem unbeherrschten, skrupellosen Volkstribun, dem fast alles zuzutrauen sei.

TRADITION und Fortschritt. Die Bierzelt-Folklore ist nur eine Seite der CSU. Sie lockt 1954 auch mit dem Versprechen einer wirtschaftlichen Modernisierung

Und dennoch: Als Strauß am 18. März 1961 den Parteivorsitz der CSU übernimmt, gilt vielen als ausgemacht, dass der ebenso ehrgeizige wie fähige Minister trotz aller charakterlichen Unwucht ein kommender Kanzler ist.

Zu denen, die das für ein Desaster halten, zählt Rudolf Augstein.

Mit den Jahren wird die Berichterstattung des „Spiegel" zu einer Kampagne. Das Magazin greift auf, was es zu fassen bekommt: den Konflikt des Ministers mit dem Verkehrspolizisten; obskure Meldungen in einer Ostberliner Zeitung über vermeintliche sexuelle Ausschweifungen; ein leichtfertiges Empfehlungsschreiben für einen bayerischen Spezl auf Ministeriumspapier; ein Korruptionskomplott um „Onkel Aloys", einen Bekannten der Familie Strauß.

Vieles davon wird sich später zwar als falsch, harmlos oder verzerrt erweisen, doch Augstein geht es um Höheres: „Die Geistesverfassung des deutschen Wählervolkes lässt uns keine andere Wahl", erklärt er seinen Lesern. Erneut laufe die Masse einem „vermeintlich starken Mann" hinterher. Deshalb, so Augstein, nicht ohne Hochmut: „Demokratie kann in diesem Land nur mit dicken Knüppeln eingebläut werden."

Wiederholt stellt der „Spiegel" auch den Zustand der Bundeswehr infrage, teils auf der Grundlage durchgestochener Geheimpapiere. Anfang Oktober 1962 erstattet daraufhin ein Würzburger Jurist und Reserveoffizier Anzeige wegen Landesverrats.

HAMBURG, 26. OKTOBER 1962. Acht Männer in Zivil marschieren kurz nach 21.00 Uhr am protestierenden Pförtner des Pressehauses vorbei, drängen sich in den Fahrstuhl. Im sechsten Stock steigen sie aus, betreten durch eine Tür die Redaktionsräume des „Spiegel".

Kurz darauf stehen zwei der Männer im Büro des Chefredakteurs Claus Jacobi und erklären, er sei wegen des Verdachts auf Landesverrat vorläufig festgenommen.

Zudem legen die Beamten einen Durchsuchungsbefehl vor und ordnen an, die Redaktion zu räumen.

Drei Überfallkommandos treffen ein, dazu 20 Hamburger Kriminalpolizisten, ein Bundesstaatsanwalt, insgesamt rund 50 Mann. Sie beginnen, in 170 Räumen auf mehreren Etagen 17 000 Ordner, 6000 Bücher, 10 000 Meter Mikrofilm zu durchkämmen. Um Schriftproben zu nehmen, transportieren die Polizisten alle Schreibmaschinen ab.

Noch in der Nacht werden fünf weitere Redakteure festgenommen, einer davon im Spanienurlaub, sowie bereits am frühen Abend der Düsseldorfer Geschäftsstellenleiter. Die Fahnder halten ihn für Augstein. Erst anderthalb Stunden später ist die Verwechslung geklärt.

Aber wo ist Augstein? Der Herausgeber stellt sich am folgenden Tag. Er hat die Nacht mit seiner Freundin verbracht, bei einem Schoppen von der Mosel.

Vier Wochen bleiben die Büros gesperrt. Wirtschaftlich das Ende – fände die „Spiegel"-Mannschaft nicht Aufnahme bei „Stern" und „Zeit", deren Redaktionen das gleiche Gebäude nutzen und nun Tische, Schreibmaschinen, Telefone mit den Kollegen teilen. Der „Spiegel" erscheint weiterhin – und die Auflage springt steil nach oben.

1961 PREIST sich die CSU als Partei des Wirtschaftswunders. Dessen Symbolfigur Ludwig Erhard tritt aber für die CDU an – obwohl er ein gebürtiger Franke ist

Schon wenige Tage nach der Razzia ziehen Studenten unter Augsteins Zelle auf, skandieren: „‚Spiegel' tot – Freiheit tot!" Und: „Augstein raus – rein mit Strauß!"

Für einen Teil der Öffentlichkeit steht fest, dass es sich um einen Anschlag der Staatsmacht auf die Pressefreiheit handelt – und dass der rachsüchtige Verteidigungsminister dafür verantwortlich ist.

Tatsächlich ist Strauß von den ermittelnden Bundesanwälten unterrichtet worden und hat auch Adenauer ins Vertrauen gezogen.

Direkt eingegriffen hat er aber nur in einem Punkt, als er in der Nacht den Militärattaché an der Botschaft in Madrid telefonisch beauftragte, noch vor Eintreffen des Interpol-Haftbefehls die Festsetzung des in Spanien urlaubenden „Spiegel"-Redakteurs zu erwirken, eine klare Kompetenzüberschreitung. Am Morgen hat er seinen Fahrer triumphierend wissen lassen: „Die Schweine – jetzt haben wir sie endlich!"

Strauß ist nun im Mittelpunkt der Kritik: Es gibt Artikel gegen ihn, Sit-ins, er steht für einen Obrigkeitsstaat, gegen den die Empörung nun zunimmt. In einer hitzigen, mehrtägigen Bundestagsdebatte greifen Abgeordnete des Koalitionspartners FDP den Verteidigungsminister an, diesen „wirklich gefährlichen Mann".

Strauß wiederum gibt nur gewunden Auskunft über sein nächtliches Telefonat. Rasch kursiert der Vorwurf, er habe das Parlament belogen.

Den Ausschlag gibt schließlich das Kalkül der FDP, einen mächtigen Konkurrenten loswerden zu können – und sich zugleich zu profilieren. Am 19. November verlassen die liberalen Minister das Kabinett, stehen für eine Neuberufung nur zur Verfügung, wenn Strauß zurücktritt. In heimlichem Einvernehmen mit Adenauer?

Auch der Bundeskanzler gibt seinen Minister nun zum Abschuss frei. Und Strauß beugt sich der Parteiräson. Dass der Kanzler alles gewusst, das umstrittene Telefonat gebilligt hat, behält er vor der Öffentlichkeit für sich. Am 28. November bittet Franz Josef Strauß um seine Entlassung aus dem Amt des Verteidigungsministers.

Das Comeback

Der Sturz verändert Strauß. Er kocht vor hilfloser Wut auf Adenauer, die FDP. Da er meint, sich nichts vorwerfen zu müssen, fühlt er sich verleumdet, verraten. Sein Pressesprecher spekuliert über ein Komplott ehemaliger NS-Offiziere im Bundesnachrichtendienst mit den „Kommunisten" beim „Spiegel". Einer israelischen Zeitung gegenüber nennt Strauß das Hamburger Magazin „die Gestapo unserer Tage". In seinen Sarkasmus mischt sich nun häufig Gehässigkeit. Er wird misstrauischer.

Ohne klaren Plan sinkt er in sich selbst zurück. In eine Art politische Schwerelosigkeit. Soll er

NUR MÜHSAM wahren die Vorsitzenden von CSU und CDU den Schein der Parteifreundschaft: Tatsächlich hält Strauß Helmut Kohl für »total unfähig« (1980)

hinschmeißen? In die Wirtschaft wechseln? Hinter seinem Rücken intrigieren führende CSU-Funktionäre gegen ihn – im Bund mit Adenauer. Ist er erledigt?

Zuweilen wirkt er, als wäre ihm nun alles gleichgültig. Nach einigen Monaten aber tourt er wieder durch die Bezirksverbände, erkundet die Stimmung. Leiser als früher, gedämpfter, was viele für ihn einnimmt. Im Sommer 1963 wird Franz Josef Strauß als CSU-Parteivorsitzender bestätigt, nicht glänzend, aber eindeutig.

Inzwischen ist er mit der Familie von Bonn auf das Anwesen der Schwiegereltern in Rott übergesiedelt. Ohne Staatsamt und Chauffeur lenkt er seinen weißgrauen Ford Taunus selbst durch Bayern. Auf der Rückbank meist Bücher, zunehmend wirtschaftswissenschaftliche.

Ende 1964 bleibt er auf dem Weg zu einer Einladung der Jungen Union ins oberschwäbische Krumbach in einem Schneesturm stecken. Strauß lässt den Wagen zurück, kämpft sich trotz der Kälte durch das Wetter. Stunden zu spät, gegen 23.30 Uhr erreicht er den Saal. Anderthalb Stunden Vortrag mit Zwischenfragen. Anschließend Gespräche beim Bier, der Vorsitzende ganz nah.

Es sind solche Kraftakte, die seinen Nimbus ausmachen. Die loyale Gefolgsleute hervorbringen – etwa den Krumbacher JU-Vorsitzenden Theo Waigel.

In kleiner Runde fesselt Strauß durch stupende Detailkenntnis und die Fähigkeit, die Fakten in große politisch-historische Zusammenhänge einzuordnen. Er liest (und erinnert) mehr als viele andere Politiker, arbeitet länger, spricht entschiedener. Isst mehr, trinkt mehr, liebt alles, was schnell ist, Motorräder, Sportwagen, Flugzeuge. Er erfüllt sich einen Traum und beginnt, für den Pilotenschein zu lernen.

Im Frühjahr 1965 kommt Rudolf Augsteins Anwalt im Zuge eines Beleidigungsverfahrens, das Strauß gegen den Journalisten angestrengt hat, auf das Thema Sex zurück, berichtet von angeblichen „Herrenabenden“ in San Franciscos „Negervierteln“ und „Prostituiertenkneipen der billigsten Art“.

Er wärmt dabei auch eine Kolportage auf, wonach Manager des US-Flugzeugbauers Lockheed Strauß während eines Besuchs in Kalifornien mit Hilfe der „Sexbombe“ Jayne Mansfield dazu gebracht hätten, für die Bundeswehr Starfighter-Kampfjets anzuschaffen. Zum fraglichen Zeitpunkt war

Jayne Mansfield freilich in Florida und hochschwanger.

Ganz offensichtlich trägt Augsteins Anwalt von einem windigen Informanten erfundene Geschichten vor. (Später wird die ostdeutsche Stasi das Thema aufgreifen und Dokumente fälschen, denen zufolge Strauß sich von Lockheed hat bestechen lassen.)

Aber wie kann Strauß eine „kleine Villa" in Frankreich bezahlen? Woher stammt sein angeblich horrendes Vermögen? Weshalb räumt er, der so oft und hartnäckig prozessiert, manchen Verdacht nicht vor Gericht aus?

Ein tückischer Dreh: Klagt Strauß, tritt er die Sache erst recht breit und gilt als prozesswütig; hält er still, bekennt er sich vermeintlich schuldig. So gewinnt er zwar seine Prozesse oder erlangt achtbare Vergleiche. Politisch verliert er.

1965 legt der CSU-Chef sein Vermögen offen, 350 000 Mark. Das ist ansehnlich – mehr aber auch nicht. Seine „Villa im provenzalischen Stil" ist bei näherem Hinsehen ein Ferienhaus, wie es sich auch weniger wohlhabende Deutsche als die Mittelständler-Tochter Marianne Zwicknagl leisten.

Strauß lässt sich nicht bestechen, so wie es der „Spiegel" ausmalt: dass ein halbseidener Spezl ihm kofferweise Bargeld ins Haus schleppt und mit Rüstungsaufträgen wieder geht. Gleichwohl pflegt er einen unzulässigen, lichtscheuen Umgang mit Geld. Von früh an wirbt er große Spendenbeträge für die politische Arbeit ein. Die zugehörigen, teils geheimen Sonderkonten verwaltet seine

KRAFTMENSCH. Strauß liebt Motorräder, schnelle Autos, Flugzeuge – und ist begeisterter Jäger (Ruhepause nach einer Gamsjagd in Österreich, 1968)

Schwester Maria, eine gelernte Buchhalterin.

Strauß nutzt das Geld, um Ortsgruppen zu unterstützen, Bittsteller aus dem Wahlkreis oder klamme Mitarbeiter. Darauf, dass er Mittel für sich abzweigt, deutet nichts hin – zumal es dafür eine eigene Konstruktion gibt. Über Treuhänder unterhält Strauß eine „Beratungsfirma", an die bedeutende Industrielle große Summen überweisen. Da diese Bezüge versteuert werden und aussetzen, wann immer Strauß ein Ministeramt übernimmt, ist das Arrangement wohl so eben noch legal (aber natürlich windig). Die Geber erwarten vermutlich selten direkte Gegenleistungen, eher ein allgemeines Wohlwollen, unterstützen sie doch einen ohnehin wirtschaftsfreundlichen Politiker.

Kurz: Strauß, ein Mann mit einem für den Dienstweg nicht gemachten Temperament, „organisiert" wie in der Nachkriegszeit, ohne erkennbares Unrechtsbewusstsein. Geld ist gemünzte Freiheit. Und die nimmt er sich.

Auch, weil diese Geschäfte nicht ruchbar werden, gilt er schon 1965 wieder als Kandidat für ein Ministeramt in Bonn.

AM 27. OKTOBER 1966 zerbricht die christlich-liberale Koalition an Haushaltsfragen. Daraufhin bildet die Union eine Regierung mit der SPD unter dem CDU-Kanzler Kurt Georg Kiesinger. Angesichts von Rezession und Haushaltslücken ist das vielleicht schwierigste Amt das des Finanzministers. Es geht an Franz Josef Strauß.

Bereits in der ersten Kabinettssitzung findet er seinen wichtigsten Verbündeten: den norddeutsch-professoralen Wirtschaftsminister Karl Schiller von der SPD. Beide Männer verbindet der Hang zur Rechthaberei, eine schnelle Auffassungsgabe und der Glaube an die „Globalsteuerung": dass sich Wirtschaft lenken lässt.

Allein: Die Arbeitslast überfordert Strauß nun zusehends. Meist kommt er nur am Wochenende zur Familie in Rott, oft spät, nicht selten betrunken nach einem Gasthausbesuch mit Parteifreunden – und trinkt daheim noch weiter. Er nimmt zu, atmet schwer, hat Herzprobleme, versucht vergebens, mit dem Rauchen aufzuhören. Marianne hegt den Verdacht, dass er sie betrügt – die Eheleute werden einander fremd, lieblos. (Später konstruieren Biografen aus einem wohl schwärmerischen Verhältnis zur Tochter von Bekannten eine handfeste Affäre mit einer vermeintlich Minderjährigen.)

Er beginnt sich zu fangen, auf seine Familie zu achten, da beendet erneut die FDP einen seiner Lebensabschnitte: Wider Erwarten gehen die Liberalen nach der Bundestagswahl im Herbst 1969 eine Koalition mit der SPD ein. Zum ersten Mal seit Gründung der Bundesrepublik muss die Union in die Opposition. Und Strauß abermals sein Ministerium räumen.

Ums Kanzleramt

Der erneute Amtsverlust schmerzt ihn weitaus weniger als der erste. Zwar nutzt er den Rückschlag wieder zu einer Auszeit, nicht zuletzt für die Wiederannäherung mit Marianne. Doch diesmal hat er keinen persönlichen Schaden genommen. Er ist ja nur 54 Jahre alt und wähnt die Zeit auf seiner Seite.

Eine Fehleinschätzung. Nach Adenauer, Augstein und der FDP betritt seine Nemesis, der wahre Widersacher seines Lebens, eben erst die bundespolitische Bühne.

Ein hochgewachsener, meist freundlicher Reformer mit Brille und Pfeife, der aufgrund seiner intellektuell eher mäßigen Begabung und Provinzialität leicht zu unterschätzen ist – jedoch einen sicheren taktischen Instinkt mitbringt sowie jene letzte Härte, die auch Adenauer hatte, die Strauß indes abgeht: Helmut Kohl.

Der Christdemokrat, 15 Jahre jünger als Strauß, seit 1969 Ministerpräsident von Rheinland-Pfalz, erringt 1973 den CDU-Vorsitz. Beide Männer denken in historischen Kategorien, sind überzeugte Europäer und Sozialistenfresser, gemäßigte Katholiken, genussfroh, fleißig, dünnhäutig. Und beide halten sich für den natürlichen nächsten Kanzlerkandidaten der Unionsparteien.

Zumal der Sieg greifbar scheint: Regierungschef Willy Brandt, das charismatische Idol der Jungen, musste wegen eines Spionageskandals 1974 dem nüchternen Helmut Schmidt weichen; Arbeitslosigkeit, Inflation und Staatsschulden drücken. Terroranschläge verunsichern die Menschen. In Umfragen hat die Union eine absolute Mehrheit.

Da veröffentlicht der „Spiegel" im März 1975 Auszüge aus einer internen Strategierede des CSU-Chefs – so zusammengeschnitten, als rede Strauß den Ruin des Landes herbei, um die Macht an sich zu reißen. Plötzlich steht er wieder da wie einer, der an einen Staatsstreich denkt. Als der gefährliche Mann.

Diesen Moment nutzt Kohl und lässt sich von den CDU-Gremien als Kanzlerkandidat ausrufen. Strauß erfährt es auf einer Tour durch Oberbayern aus dem Autoradio.

Er mag die größere Erfahrung haben, international mehr gelten, eben in China von Mao Zedong persönlich empfangen worden sein. Der CDU-Chef aber verfügt über die zupackenderen Reflexe. Und über die stärkeren Bataillone.

Am 3. Oktober 1976 erringt Helmut Kohl 48,6 Prozent der Stimmen. Lediglich sechs Parlamentssitze fehlen der Union zur absoluten Mehrheit.

Von Strauß kommt keine Anerkennung. Sondern das Signal: Er hätte diese sechs Sitze geholt.

»AUCH DIESMAL WIEDER«, Plakat von 1961. Unter Strauß wird die CSU quasi zur bayerischen Staatspartei, mit einer scheinbar selbstverständlichen Mehrheit

So aber hält die SPD-FDP-Koalition. Kohl hat sich in die ihm, Strauß, zustehende Position gedrängt – und es verpatzt.

MÜNCHEN, 24. NOVEMBER 1976. Im kleinen Kreis spricht der CSU-Vorsitzende vor dem Landesausschuss der Jungen Union. Strauß hat schon einiges getrunken, da platzt es aus ihm heraus. Helmut Kohl? Der sei „total unfähig, ihm fehlen die charakterlichen, die geistigen und die politischen Voraussetzungen" für das Kanzleramt.

Der werde das nie! Kohls Kandidatur sei so gewesen, als ob „man einen Chefministranten vom Dom in München zum Erzbischof machen würde". Und der Rest der CDU: „Politische Pygmäen", „Zwerge im Westentaschenformat", eine „Reclamausgabe von Politikern"!

Während Strauß austeilt, läuft unbemerkt ein Tonband. Acht Tage später kann Kohl im „Spiegel" nachlesen, was der CSU-Chef von ihm hält. Aber er mag auch die Ohnmacht erahnen hinter all der Wut, Häme, dem Hochmut.

Seit Schulzeiten gewohnt, Klassenerster zu sein, konnte Strauß mit Mühe hinter Älteren wie Adenauer zurückstehen. Aber nicht hinter dem jungen Simpel aus der Pfalz, der nun in Bonn die Fraktion führt.

Auch deshalb der Schnitt: So schwer ihm der Wechsel auf die kleinere Bühne fällt, nötigt er den bayerischen Ministerpräsidenten Alfons Goppel zum Rückzug und wird am 6. November 1978 zu dessen Nachfolger gewählt.

Oder bringt sich Strauß gezielt in eine bessere Angriffsposition gegen Kohl, um 1980 doch noch zu kandidieren? Oder lockt ihn umgekehrt Kohl in die Falle einer vermutlich ohnehin aussichtslosen Kandidatur?

Fest steht, dass Strauß im Mai 1979 seinen Hut in den Ring wirft. Dass Kohl nicht willens oder in der Lage ist, sich dem entgegenzustellen. Und dass damit einer der erbittertsten Wahlkämpfe der deutschen Geschichte beginnt.

FRANZ JOSEF STRAUSS ist ein rhetorisches Chamäleon. Er vermag in gesetzten Worten humanistische Bildung zu zelebrieren, mit ökonomischem Jargon zu protzen, eingängige historische Referate zu halten. Und er kann einen Saal zum Kochen bringen.

Lieblich werbend, plötzlich polternd, ernsthaft ergriffen, dann wieder mit fuchtelnden Fäusten und nervösem Stakkato, bedient er die Register meisterhaft – wippt dabei auf den Zehen, buckelt wie zum Sprung, die Zunge fährt über die Lippe, er schwitzt, verklebt hängt ihm das Hemd am Leib, zerknautscht die Jacke.

Er malt schwarz-weiß: Freiheit – oder Sozialismus. Hier Wahrheit – dort Lüge. Demokratie – oder die Tyrannei der anderen. Er lauert förmlich auf Zwischenrufe, um den Gegner im Publikum mit Hohn oder Zorn zu überziehen. Provokationen treiben ihn zu schlagfertigen Höchstleistungen.

Viele Besucher kommen denn auch nur deshalb zu seinen Auftritten, um das tobende Urviech einmal selbst in der Manege zu sehen und im Gejohle der frenetischen Anhänger zu erschauern, die bei seinem Einzug die Blaskapelle übertönen.

Strauß polarisiert bewusst. Weil es zur demokratischen Entscheidungsfindung beiträgt. Weil er es genießt. Weil es das eigene Lager mobilisiert, Wähler bindet, die sonst für radikale Parteien oder gar nicht stimmen würden.

Indes mobilisiert er auch die Gegenseite. Allenthalben strecken sich ihm Schilder, Plakate entgegen: „Stoppt Strauß!" Nicht selten wird der Name mit einer SS-Rune am Ende geschrieben. Den Schildträgern ist jeder politische Kraftausdruck recht. Durch und durch korrupt sei der Kandidat, ein Sicherheitsrisiko; wer für ihn stimme, wähle „Faschismus, Krieg", ein „neues 1933". Auf seinen Wahlplakaten werden Strauß Hitler-Bärtchen angemalt, Teufelsfratzen, unbeschmiert bleibt kaum eines.

Begleiter müssen ihn mit Regenschirmen gegen Wurfgeschosse, meist rohe Eier, decken. In Hamburg braucht er einen Hubschrauber, um über eine Straßenschlacht zwischen Randalierern und der Polizei hinweg seinen Auftritt zu erreichen.

Er wird niedergeschrien – und pöbelt zurück: „Ihr seid die besten Nazis, die es je gegeben hat!" Seine Anhänger schleudern den Protestierenden entgegen „Ihr g'hörts derschlagn, ihr g'hörts vergast!" Er selbst scheut sich nicht, linke Literaten „Ratten und Schmeißfliegen" zu nennen.

Es ist ein Wahlkampf voller Verletzungen, Verleumdungen, Feindseligkeiten. Die über seine Kraft gehen. Eines Morgens kann Strauß nur noch im Wohnzimmer sitzen und schluchzen. Marianne tröstet ihn.

So wenige es erkennen, zumeist Vertraute oder die Familie, die später davon berichten: Der große Polterer ist im Grunde übersensibel, fast weich – und erstaunlich frei von Hass. Wo er drastisch hinlangt, geht es ihm doch um die Sache (oder um die gelungene Pointe), verraucht der Zorn auch wieder. Der persönliche Kampf bis aufs Messer zerschleißt ihn. Gegen Ende will er nur noch, dass es vorbei ist.

Am Abend des 5. Oktober 1980 gibt es drei Sieger. Helmut Schmidt, der Kanzler bleibt. Rudolf Augstein, der Strauß endgültig verhindert hat. Helmut Kohl, der nun unangefochten auf seine nächste Chance warten kann.

Und es gibt einen Verlierer, der diese eine Chance hatte und es weiß. 44,5 Prozent hat Strauß erzielt.

König in Bayern

Ein Hals ist praktisch nicht vorhanden, der Körper gedrungen; schmal liegen die Augen in dem schweren, vorgeschobenen Gesicht. Listig, reptilienhaft. Kein Anzug vermag diesen Mann je elegant aussehen zu lassen: Franz Josef Strauß ist ein Bild von einem Bayern. Ein gerissenes Raubein, derb, bodenständig, ein Populist mit harter Hand.

Mit seinem Charisma, seiner rücksichtslosen Individualität prägt er sein eigenes Klischee.

„FJS" wird zur Marke, das klingt wie das prägnante „LBJ" des US-Präsidenten Lyndon B. Johnson aus Texas – ebenfalls ein Bundesstaat mit ausgesprochen handfestem Sonderbewusstsein.

Strauß nimmt Paraden der Gebirgsschützen mit Blasmusik und Salutschüssen ab, zeigt sich aber mindestens ebenso gern in Pilotenuniform vor Cockpitarmaturen. „Konservativ sein", hat er einst behauptet, „heißt an der Spitze des Fortschritts marschieren."

DER BAYERISCHE Kanzlerkandidat spaltet 1980 das Land: Als »korrupt und faschistisch« diffamieren ihn seine Gegner, Strauß verhöhnt Linke als »Ratten und Schmeißfliegen«

Seine Regierung modernisiert Bayern vor allem wirtschaftlich, macht Industriepolitik auch mit umstrittenen Großprojekten wie der nuklearen Wiederaufbereitungsanlage in Wackersdorf, dem Bau eines neuen Großflughafens für München.

Das Spezl- und Unterstützernetz verdichtet sich zunehmend zum Filz aus Mauschelei, Günstlingswirtschaft und Vorteilsnahme – so wenn der CSU-Chef sich an der Werbeagentur eines Freundes beteiligt, die Aufträge vom Freistaat erhält.

Und dann ist da noch sein Kontrahent, der Bundeskanzler – seit Oktober 1982 ebenjener „total unfähige" Helmut Kohl.

Um ihn zu lenken, lädt Strauß den Vorsitzenden der Schwesterpartei wiederholt nach Bayern ein. Gemeinsame Wanderungen und Brotzeiten, ihre vorgebliche „Männerfreundschaft" sind medienwirksam. Aber all dies bleibt ohne nennenswerten Erfolg. „Man kann keinen Pudding an die Wand nageln", stöhnt Strauß einmal, so erinnert sich sein Büroleiter, über den oft unzuverlässigen Kohl, den er bis ans Ende seines Lebens für einen prinzipienlosen Depp hält.

Er tröstet sich, indem er den Verachteten mit öffentlichen Ratschlägen piesackt, wo er nur kann. Und indem er seine Position als Anführer einer selbstständigen Koalitionspartei und Regierungschef eines prosperierenden Bundeslandes von rund elf Millionen Einwohnern nutzt, um sich zu einer Art Nebenaußenminister aufzuschwingen.

ERSATZ-MONARCH: Immer mehr gleicht die Rolle des CSU-Chefs in Bayern der eines Königs, dem – wie hier zum 60. Geburtstag – die Untertanen huldigen

Das Empfangsprotokoll in München gleicht bisweilen dem eines souveränen Staates.

„FJS" hat Gewicht und Verbindungen genug, um im Weißen Haus empfangen zu werden – und die Freiheit, anschließend mit seinen Getreuen auf ein paar Bier in eine Bar zu gehen. Unbefangen (Skrupel sind seine Sache nicht) trifft er Gewaltherrscher jeder Couleur, wo es ihm nützlich erscheint. Und ausgerechnet er, der Kommunistenschreck, fädelt einen Milliardenkredit für die klamme DDR ein, um unkalkulierbares Chaos im anderen deutschen Staat zu verhindern; Kohl überzeugt er mit dem drastischen Argument, man habe nur die Wahl zwischen einem Aufstand der DDR-Bürger, der unweigerlich das Eingreifen der Sowjetunion zur Folge hätte, und dem „Aufkaufen des Ladens".

Unter Strauß regiert die CSU Bayern wie eine Staatspartei, deren absolute Mehrheit als selbstverständlich gilt. Sein Werbeapparat setzt bewusst den Dreiklang „Bayern-CSU-FJS" durch: als Ausdruck stolzen Eigenwillens im Land, der Kopfschütteln jenseits des Mains einkalkuliert. Zum Neid norddeutscher Konservativer, zur wachsenden Verzweiflung der bayerischen Opposition.

IM SOMMER 1984 FLIEGT der Ministerpräsident zu politischen Gesprächen nach Jugoslawien; der jüngere Sohn Franz Georg begleitet ihn. Nicht weit von Zagreb wird ihre Wagenkolonne unerwartet zu einer Raststätte gelenkt.

Ein Uniformierter führt Franz Georg hinein, zum Telefon. Er solle sofort in München anrufen. So erfahren erst der Sohn, dann sein Vater, dass Marianne Strauß zwischen Rottach-Egern und Kreuth mit dem Auto von der Straße abgekommen und gegen einen Erdwall geprallt ist. Sie hat nicht überlebt.

Am Vorabend der Beisetzung, dem 27. Juni, ruft Helmut Kohl ihn an, teilt dem Bayern einen Wechsel im FDP-geführten Wirtschaftsministerium mit. Aus einer von Strauß befürworteten Kabinettsumbildung wird damit nichts. Nutzt der Bundeskanzler bewusst aus, dass Strauß gelähmt ist? So jedenfalls versteht es die Familie. Kalkweiß vor Schmerz und Zorn legt der Witwer auf.

Tags darauf lauscht er mit versteinerten Zügen in Rott der Totenmesse. Geht leeren Blicks hinter dem Sarg her, untergehakt zwischen den Kindern. Als er beim Traueressen im engsten Kreis einige Worte sagen will, versagt die Stimme. Wohl das einzige Mal in seinem Redner-Leben.

Aus der Bevölkerung kommt große Anteilnahme. Die offiziellen Trauerfeiern mit Requiem im Münchner Dom und Würdigung im Landtag gleichen einem Staatsakt. Mehr denn je erinnert der Freistaat an eine Wahlmonarchie.

Zeitweilig lebt der Witwer nun in einer Art Wohngemeinschaft mit den Söhnen. Klopft nachts an Türen, sucht jemanden zum Reden. Nur mühsam findet Strauß zurück. Bei einer Kur in Bad Füssing nimmt er 13 Kilogramm ab.

Zu seinem 70. Geburtstag hält er Hof vor dicht gedrängten Menschenmassen auf dem Odeonsplatz. 60 Blaskapellen spielen, sieben Stunden dauert das Spektakel. Auf einer eigens gepressten Schallplatte tönt es: „Für uns bist du König, im schönen Bayernland".

Gegner empören derartige Huldigungen. Aber sie befriedigen

wohl eine Sehnsucht nach Glamour, nach Gemeinschaftserleben.

Strauß' Einfluss in Bonn jedoch zerfasert zusehends. Weiterhin überschüttet er das Kanzleramt mit Briefen, Fernschreiben, Ratschlägen – die Helmut Kohl teils ungelesen wegwirft. Er hat noch glanzvolle Auftritte, fliegt zum neuen Sowjetführer Michail Gorbatschow nach Moskau (den der Bundeskanzler mit Goebbels verglichen hat, weshalb Kohl dort nicht willkommen ist).

Ende September 1988 kehrt Strauß mit einigen Begleitern in seiner zweistrahligen Cessna Citation II von einem Wirtschaftsforum in Bulgarien zurück. Plötzlich ein lauter Knall. Ein Leck in der Kabinenhaut, der Druck fällt ab.

Während zwei seiner Begleiter in Atemnot das Bewusstsein verlieren, leitet Strauß reaktionsschnell einen steilen Sinkflug von rund 10 000 Metern auf 3000 Meter ein, kann die Maschine stabilisieren. Und bringt sie den Rest der Strecke über die Alpen. Er besitzt sogar noch die Nerven, per Funk seinen Fahrer zu einem Ausweichflugplatz zu bestellen.

Aber hat auch sein von Übergewicht, Diabetes, Herz-Gefäß-Erkrankungen geplagter Körper die Belastung unbeschadet weggesteckt?

AM 1. OKTOBER 1988 ist Strauß zur Jagd im Revier des Fürsten von Thurn und Taxis bei Regensburg eingeladen. Er reist mit einem Polizeihubschrauber an.

Kurz nachdem er ausgestiegen ist, schon in Jagdkleidung und bereit, zum Hochstand zu fahren, sagt er, der Flug habe ihn doch etwas angestrengt. Einen Moment später sackt er bewusstlos zusammen. Atemstillstand.

Das fürstliche Personal und ein Notarzt versuchen, ihn wiederzubeleben, brechen ihm dabei mehrere Rippen. Als er wieder atmet, wird der Patient in ein Regensburger Krankenhaus geflogen, notoperiert. Da ist das Gehirn wohl schon irreversibel geschädigt, offenbar nach einem Schlaganfall. Für seine Tochter steht früh fest, er wird nicht zurückkommen.

Schließlich beginnen die Organe zu versagen. Am 3. Oktober 1988 um 11.45 Uhr stirbt Franz Josef Strauß.

Von Regensburg wird der Leichnam in den Abendstunden des 4. Oktober nach München überführt. Rechts und links der Strecke stehen Menschen mit Kerzen und Fackeln. Durch die Fenster des Leichenwagens ist der Sarg unter der weiß-blauen Rautenfahne zu erkennen. „So an Ministerpräsidenten kriang ma nie wieder", sagt einer der Trauernden.

Das wissen auch die politischen Erben, die dem Toten pompöse Beisetzungs- und Gedenkfeiern bereiten. Es beginnt ein Spektakel von Ehrungen, das den gewöhnlichen republikanischen Rahmen sprengt und bewusst an die monarchischen Traditionen der Wittelsbacher anknüpft – und das Münchens Selbstgefühl als heimliche westdeutsche Kapitale zelebriert. All das ist nicht zuletzt ein Ergebnis der Ära Strauß. Ebenso wie die Verknüpfung der bald klischeehaften Parolen vom schönsten deutschen Land unter strahlend blauem Himmel, zugleich modern und heimelig, mit der CSU. Die Landespartei gibt sich erfolgreich volkstümlich, konservativ, pragmatisch. Den Einfluss der klerikalen Honoratioren aus der Frühzeit der Partei hat Strauß im Laufe der Jahre gezielt zurückgedrängt.

LITERATURTIPPS

PETER SIEBENMORGEN
»Franz Josef Strauß«
Differenzierte Biografie über einen sehr komplizierten Menschen (Siedler).

PETER MERSEBURGER
»Rudolf Augstein«
Lebensbeschreibung des »Spiegel«-Gründers – und schärfsten Gegners von F. J. Strauß (DVA).

IN KÜRZE

Franz Josef Strauß ist nach 1945 Bayerns bestimmender Politiker. Er formt die CSU zur dominierenden Kraft, die das Land ab 1957 ununterbrochen – und meist mit absoluter Mehrheit – regiert, und übt lange Zeit für einen Provinzfürsten unverhältnismäßig starken Einfluss auf die Bundespolitik aus. Zahlreiche Affären überschatten seine Karriere, immer wieder werden Korruptionsvorwürfe gegen ihn erhoben – doch verurteilt wird Strauß nie.

Und so ist dieses CSU-Bayern denn auch in wesentlichen Teilen sein Werk – das eines ungekrönten Wahlkönigs.

Und wo dies nicht so ist, gelingt es seinen Getreuen oft genug, es trotzdem „FJS" gutzuschreiben.

Die Erben tun alles, um aus Strauß einen Mythos zu machen – seinen kraftspendenden Nimbus für die CSU zu bewahren. Die Gruft in Rott am Inn wird zu einem Wallfahrtsort, Straßen werden nach Strauß benannt, auch der neue Münchner Flughafen.

Doch dann kommt diesem Bestreben die dunkle Seite des Idols in die Quere. Angeführt vom „Spiegel", klagen Journalisten Machtmissbrauch, Vetternwirtschaft und Korruption im Strauß'schen Bayern an. Das offizielle Gedenken kühlt stark ab.

In den Wohnzimmern nicht weniger CSU-Mitglieder jedoch bleiben Porträts des großen Vorsitzenden präsent, kleine Nippes-Büsten. Die Anekdoten und saftigen Zitate kursieren weiter, erhalten eine trotzige Bewunderung am Leben.

Zum 20. Todestag 2008 drängt sie wieder an die Oberfläche. Eine neu erstrahlende Aura des Staatsmannes und Übervaters der Partei lässt alle Verfehlungen in mildem Licht erscheinen; ohne erkennbare Ironie vergleicht sein späterer Amtsnachfolger Markus Söder Strauß-Worte mit Psalmen – wie sie der biblische König David einst verfasst haben soll.

Als unmittelbaren Konkurrenten um den Rang des meistglorifizierten Bayern hat Franz Josef Strauß denn auch nur noch einen weiteren Monarchen: König Ludwig II. ◊

Das bayerische PARADOX

In Bayern scheint zu gelingen, was vielerorts oft scheitert: die Verbindung von Tradition und Fortschritt, von Brauchtum und Moderne. Das Fundament dafür legten die Wittelsbacher bereits im 19. Jahrhundert – und schufen so eine einzigartige Marke

TEXT: *Jörg-Uwe Albig*

Zu Hunderten sind sie an diesem Maitag gekommen. Elektroautos sind angerollt, Diesel und Benziner, Motorräder, Wohnmobile und eine ganze Lkw-Flotte vom Spediteur Waldhör aus 86981 Kinsau.

Sie fluten die beiden großen Parkplätze, und weil dort nicht genug Raum für alle ist, stellen sie auch noch die angrenzende Wiese zu. Der Himmel ist blau wie das Gewand der Gottesmutter, die Blasmusiker schmettern in Schwarz-Weiß-Rot, und Priester in weißen Chorhemden oder goldbestickten Segensmänteln, begleitet von Ministranten, die Kreuze und Weihwassergefäße tragen, schreiten von Fahrzeug zu Fahrzeug.

Das Dörfchen Maria Vesperbild, 30 Kilometer westlich von Augsburg, nennt sich „Hauptstadt Mariens" – es ist der wichtigste Wallfahrtsort der Muttergottes in der Region. Ein Häuflein Wirtschaftswunder-Häuschen, umgeben von Feldern, Wiesen und Wäldchen. In ihrer Mitte die Kirche, bayerisches Rokoko, gelb-weiß mit rotem Dach und grünspangekröntem Zwiebelturm.

An der „Mariengrotte", nahe der Kirche, hängen Hunderte von Votivtafeln und Zetteln mit Bitten und Dankbezeugungen, auf Deutsch, aber auch auf Tschechisch, Ungarisch oder Portugiesisch: „Danke für die Heilung eines bösartigen Gehirntumors." „Danke für einen guten Mann!" „Maria hat mir geholfen, eine neue Arbeitsstelle zu finden."

Alljährlich versammeln sich hier rund eine halbe Million Wallfahrer. Und dreimal im Jahr rollen von nah und fern auch Pilgerzüge aus Blech und Chrom nach Maria Vesperbild, um den Segen des Himmels zu empfangen.

„Schnell ist der Leib, schnell und geschwind, gleichwie ein Pfeil, gleichwie der Wind", singen die Gläubigen während der Messe, Gesangbuch Nummer 331, „Halleluja, Halleluja."

Nach dem Gottesdienst stehen sie neben ihren metallenen Lieblingen und sehen zu, wie die Priester die Pinsel in die Weihwassergefäße tauchen, gen Himmel heben und das heilige Nass dreimal gegen die Karosserien klatschen: „Im Namen des Vaters, des Sohnes und des Heiligen Geistes." Die Fahrzeughalter bekreuzigen sich, machen noch ein Foto und stopfen diskret ein wenig Geld in den Klingelbeutel. Und schon zieht der Segenstrupp weiter zum nächsten Wagen, und einer der Geistlichen stöhnt gehetzt seinen Ministranten zu: „Wir sind viel zu wenige diesmal."

Schon vor 1000 Jahren habe die Kirche Kutschen und Fuhrwerke gesegnet, erklärt der Geistliche Rat Erwin Reichart, gebürtiger Allgäuer, Wallfahrtsdirektor und höchster Priester von Maria Vesperbild. Die Autosegnung als Großevent sei aber erst rund 30 Jahre alt – und nirgendwo so verbreitet wie in Bayern.

„In der Segnung wird das Fahrzeug zum Medium für den Segen Gottes", erklärt Reichart. „Es wird in den Bereich des Guten geführt, des Göttlichen, des Erlösten. Es wird zur Partei im Konflikt zwischen Gut und Böse. Alles, was positiv ist, kann auch gesegnet werden."

Und was ist in Bayern so positiv besetzt wie das Auto? Rund 400 000 Menschen gibt der Fahrzeugbau Lohn und Brot, etwa jeder 14. Arbeitsplatz hängt von ihm ab, er steht, trotz Dieselskandal, beispielhaft für bayerische Wertarbeit.

Und so ist die Autosegnung in Maria Vesperbild vielleicht nicht nur himmlischer Beistand für ein Produkt, sondern für eine ganze Industrie – und letztlich für Bayerns Spitzenposition im wirtschaftlichen Ländervergleich. Exporte, Beschäftigungsquote, Bruttoinlandsprodukt pro Einwohner: Überall liegt Bayern in Deutschland unter den ersten drei.

Der Beistand von oben kommt hier aus der Kraft einer Volksfrömmigkeit, die das Land mit Marterln, Kapellen und Kreuzwegen übersät und inbrünstig an Wunderheilungen wie die der Schwarzen Madonna von Altötting glaubt.

Er ist Teil eines Brauchtums, das auf zuweilen groteske Weise altmodisch anmutet – und auf dessen Humus zugleich Raumfahrtunternehmen, Biotech-Cluster und Augmented-Reality-Start-ups wachsen. Hier fügen sich Gestern und Morgen zu einer Synergie, die auf den ersten Blick paradox erscheint – zu jener schon sprichwörtlichen Fusion von Tradition und Technologie, die die CSU – in Bayern seit über 60 Jahren an der Macht – unter dem Slogan „Laptop und Lederhose" gern auf das eigene Konto verbucht.

°

NATÜRLICH HAT DIE CSU Bayerns Aufstieg zur Wirtschaftsmacht nicht alleine vollbracht. Schon im 19. Jahrhundert, erklärt der Historiker Dirk Götschmann, habe Bayerns Rohstoffarmut das Land gezwungen, den Mangel durch hochwertige Produkte auszugleichen. München entwickelte eine weltweit führende optische Industrie, Augsburg setzte Maßstäbe für die Textilherstellung. Und weil Kohle zur Energiegewinnung teuer importiert werden musste, brachte die Stadt zudem den Turbinenbau voran, um dem Lech Wasserkraft abzuringen.

Nach dem Zweiten Weltkrieg waren es 2,2 Millionen Vertriebene und Flüchtlinge, zumeist aus dem Osten, die den Freistaat zur Schaffung von Arbeitsplätzen in Industrie und Gewerbe zwangen – und sich später durch ihre ausgeprägte Leistungsbereitschaft als Motor der Industrialisierung erwiesen. Ein zusätzlicher Antrieb war, dass auch viele Unternehmen aus dem Osten, angelockt von staatlicher Vorzugsbehandlung und dem technischen Know-how der bayerischen Hochschulen, ihren Hauptstandort nach Bayern verlegten, darunter Schwergewichte wie Siemens, Allianz, Audi und Osram.

Doch noch 1950 arbeitete fast ein Drittel aller bayerischen Beschäftigten in Land- und Forstwirtschaft. Und noch 1980 bezog das Land rund 210 Millionen Mark aus dem Länderfinanzausgleich, der Steuermittel aus reichen in arme Bundesländer umverteilt. Erst 1989 wurde der Freistaat zum Geberland. Und als dann Ende des Jahres der Eiserne Vorhang zur DDR und der Tschechoslowakei fiel und Bayern ökonomisch vom Rand ins Zentrum Europas rückte, bekam die Wirtschaft noch einen Schub.

„Man hätte gar nicht so viel falsch machen können, um aus dieser Entwicklung nicht einen Vorteil zu ziehen", resümiert der Historiker Götschmann.

WOLKE AUS GLAS UND STAHL
Mehr als drei Millionen Menschen besuchen jährlich in München die futuristische »BMW-Welt«, ein Ausstellungszentrum des Automobilherstellers

Nirgendwo zeigt sich Bayerns Glanz so wie am Starnberger See, eine halbe Autostunde südwestlich von München. Nirgendwo in Bayern leben so viele Millionäre wie hier, sind Bildungsniveau und Lebenserwartung derart hoch. Das Wasser gluckst an den Bootshäusern, über Seeshaupt im Süden schluckt das Karwendelgebirge eine Herde Wolken, die über ihnen im Blau steht. Und an Deck der „MS Starnberg" versuchen Touristen, die Villen der Reichen auszuspähen.

Dieser See strahlt nicht gerade die Atmosphäre aus, die man in Bayern *zünftig* nennt. Die Lederhosen, die doch, glaubt man der CSU, jeder heimische Laptop zwingend als Ergänzung verlangt, sind hier nicht leicht zu finden.

Durch das schneeweiße Ambiente des Starnberger Seelokals „Orange Beach" blubbern Lounge-Beats statt Zitherklängen, und im Tutzinger VIP-Biergarten „Zum Häring" sind das Bayerischste die Fotos der CSU-Granden, die hier eingekehrt sind: Strauß, Beckstein, Gauweiler, Stoiber, Söder.

Und selbst in Ambach, im „Fischmeister" des urbayerischen Grantel-Schauspielers Sepp Bierbichler, versteckt sich der Schweinebraten scheu zwischen *Sepioline in Umido* und veganem Falafel (das die Speisekarte, immerhin, als „Kichererbsenpflanzerl" übersetzt).

Doch Bayerns Reichtum stammt ohnehin aus anderen Regionen – und durchaus nicht nur aus Ballungsgebieten wie München oder Nürnberg. Er ist auch ein Produkt dessen, was der Historiker Thomas Schlemmer, wissenschaftlicher Mitarbeiter am Münchner Institut für Zeitgeschichte, die „Industrialisierung des ländlichen Raums" nennt.

Schon Ende des 19. Jahrhunderts und dann verstärkt nach dem Zweiten Weltkrieg baute der Freistaat Straßennetz und weitere Infrastruktur nicht, wie anderswo üblich, hauptsächlich zwischen bestehenden Industriestandorten aus –

sondern oft an die Peripherie: Auf diese Weise unterstützte er das dort bereits vorhandene Gewerbe und ermöglichte darüber hinaus weiteren Unternehmen, dahin zu gehen, wo die Leute wohnten – und zugleich von den dort billigen Arbeitskräften zu profitieren.

Ein Deal, der nicht zuletzt den Regierenden selbst zugutekam. Denn die Arbeiter, die nun in ihren Dörfern blieben, hielten auch den heimischen Vereinen, Kirchen, Stammtischen und Bauernverbänden die Treue – allesamt verlässliche Loyalitätsschmieden für die Staatspartei. „Wenn die Leute in die Stadt gehen, wählen sie SPD", formuliert Thomas Schlemmer die Faustregel, „wenn sie auf dem Land bleiben, CSU."

Auf diese Weise wurde die bayerische *Heimatliebe* – zentraler Bestandteil des Lederhosen-Narrativs – zum bestimmenden Faktor für Wirtschaft und Politik. Flossen viele Milliarden, die das Land durch den Verkauf von Staatsbeteiligungen einnahm, um das Geld in Wissenschaft, Forschung und neue Techniken zu investieren, oft in hauptstadtferne Standorte.

Und ein abgehängtes Regionalzentrum wie Regensburg, einst bedeutendste Handelsstadt Süddeutschlands, Sitz des Reichstags im Heiligen Römischen Reich, doch spätestens seit der von Napoleon veranlassten Degradierung zur Provinzstadt zum Niedergang verdammt, wurde zur angesehenen Universitätsstadt und zu einer bundesweit anerkannten Hochburg für Biotechnik.

Heute ist Regensburg ein Stück Vorzeige-Bayern. Zwischen den restaurierten, pastellfarben bemalten Fassaden der Altstadt pilgern jedes Jahr drei Millionen Tagestouristen. Sie kreuzen auf Armadas aus Sightseeing-Schiffen die Donau auf und ab, laben sich im Biergarten der „Alten Linde" an Wammerl und Weißbier und dem Blick auf den gotischen Dom. Und vor der über 500 Jahre alten „Wurstkuchl"-Braterei an der gerade frisch in Sanierung begriffenen Steinernen Brücke aus dem 12. Jahrhundert verkündet ein Touristenführer Dutzende Male am Tag: *This is the famous Sausage Kitchen.*

„In den 1980er Jahren – so wurde mir erzählt – war Regensburg eine graue Maus", erklärt Thomas Diefenthal, gebürtiger Rheinländer, gelernter Genetiker und jetzt CEO der BioPark Regensburg GmbH, die in ihren drei Gebäuden auf dem Uni-Campus 34 Firmen mit 616 Mitarbeitern versammelt. „Alles war verfallen. Die schönen Innenhöfe waren mit Mülltonnen verstopft und die Altstadt zugeparkt mit Autos. Die Tage waren dunkel, feucht und neblig." Und die Arbeitslosenquote lag bei über elf Prozent.

SUBVENTIONEN FÜRS BRAUCHTUM
Längst ist Viehhaltung auf Bergweiden nur noch mit staatlicher Unterstützung profitabel – dennoch wird der Almabtrieb noch immer jedes Jahr im Herbst gefeiert

Dann kam die Wiedervereinigung – und daraufhin auch die letzten Teilstücke der A 93, auf der die Fahrt nach Berlin nur noch rund fünf Stunden dauert. Es kamen Infineon und Osram Opto Semiconductors. Und 1999 wuchs, gedüngt mit einer Viertelmilliarde Euro Investitionsgeld, der BioPark: Dort tummeln sich jetzt Pioniere wie die frühere Garagenfirma Geneart, lange Zeit Marktführer in der Herstellung künstlicher Gene, jetzt Tochter des US-Biotech-Konzerns Thermo Fisher Scientific.

Und so lobt Diefenthal, der Zugereiste, den bayerischen Zentralismus, der all das möglich gemacht habe. Er schätzt die resolute Entscheidungsfindung in Franz-Josef-Strauß-Manier, die alle Fäden in Münchner Händen behält.

„Baden-Württemberg hätte das gern", sagt Diefenthal. „Aber kein Heidelberger oder Freiburger lässt sich aus Stuttgart etwas sagen." Und auch er preist die bayerische Bodenständigkeit: „Der Bayer ist verwurzelt und deshalb sehr loyal", sagt er. „Das ist personalpolitisch ein immenser Vorteil."

Daher ist es mehr als Folklore, dass Bayern als erstes Bundesland ein Heimatministerium eingerichtet hat. Denn Heimat zahlt sich aus – und alles, was sie unverwechselbar macht. Die 97 Prozent der Menschen, die nach einer Umfrage der CSU-nahen Hanns-Seidel-Stiftung „gern" oder gar „sehr gern" in ihrer bayerischen Region wohnen, nennen als Grund noch vor Familie und Freunden, vor Kulturangebot und Wirtschaftskraft das besondere „Lebensgefühl" der Region – nicht zuletzt traditionelle Eigenheiten wie Tracht und Dialekt, deren Erhalt 75 Prozent der Einwohner am Herzen liegt.

„Solche Bilder und Assoziationen spielen eine große Rolle, wenn es darum geht, *high potentials* nach Bayern zu locken", sagt der Historiker Schlemmer. „Solche Leute zu gewinnen, das kann einen großen Unterschied machen."

Und so ist das Bayerntum selbst zum Standortfaktor geworden – dieses Markencluster aus Neuschwanstein, Wiesn und Almen, auf denen's *ka Sünd* gibt.

Dieses ganze „weiß-blaue Getümel", wie der Kabarettist Bruno Jonas aus Passau grantelt: mit „Kammerfensterln und Goaßlschnalzern, mit Trachtlern und Schützen, mit Jodeln und Gstanzln, Schuhplattln und Zwiefachen, feschen Dirndln, strammen Wadeln, Gemsen und

Jägern und Wilderern in Berg und Tal". Natürlich ist diese Exotik ein Kostüm, eine „Larve und Fassade", so Jonas – doch deshalb nicht weniger wirkmächtig.

„Diese Bilder lassen sich wunderbar vermarkten", sagt BioPark-Chef Diefenthal, der gerade von einer Messe in Boston zurückgekommen ist. „Ihretwegen ist Bayern neben Berlin die einzige Region, die im Ausland wahrgenommen wird. Wie verkaufe ich Düsseldorf oder Mecklenburg-Vorpommern? Wir hingegen können unsere Geschäftspartner einfach ins nächste Hofbräuhaus einladen. Die gibt es in Melbourne und Singapur wie im tiefsten Brasilien."

Es ist kein Wunder, dass die Marke Bayern zur Mitte des 19. Jahrhunderts, als der Agrarstaat Bayern die ersten Schritte Richtung Industrialisierung tat, so richtig Form gewann.

„Zur Festigung des Nationalgefühls" ließ sich König Maximilian II. damals mit Stopselhut und Lederhose fotografieren, subventionierte Gedichte in bayerischer Mundart und feierte, noch als Kronprinz, 1842 seine Hochzeit auf dem Oktoberfest – unter Mitwirkung von 400 Volksdarstellern, deren zusammengeklaubte Gewänder er zu historisch gewachsenen Trachten erklärte.

Seine Bürokraten wiesen Städte und Gemeinden an, „gegen die eindringenden Moden" das Tragen solcher „National-Costüme" zu fördern und etwa bei Schulfesten auf Erscheinen in der „eigenthümlichen Landestracht" zu bestehen.

Ein anderer Wittelsbacher, der 1808 geborene Herzog Max in Bayern („Zithermaxl"), verfasste nicht nur höchstselbst volkstümliche „Alpenscenen" fürs Theater, sondern machte auch die ländliche Zither, lange Zeit als „Lumpeninstrument" verpönt, hoffähig – und komponierte sogar eigene Lieder dafür, etwa: „Wie schö' is' do' das Almaleb'n".

Dieses „Almaleb'n" entwickelte sich nach den Zerstörungen des Zweiten Weltkriegs in zahllosen Heimatfilmen zur wundersam heil gebliebenen Parallelwelt. Und in den 1970er Jahren machte der Österreicher Franz Marischka mit seinem Sexfilm „Liebesgrüße aus der Lederhose" auch Bayerns vermeintliche Heustadl-Promiskuität deutschlandweit populär – obwohl die Neigung zum Seitensprung bei Umfragen eher am unteren Ende der Länder-Rankings rangiert (die Suizidrate dagegen am oberen).

Vielleicht ist die Sage von der barocken, sinnlichen Lebensart als Abgrenzung zum nüchternen, leibfeindlichen Norden ohnehin ein Missverständnis. Vielleicht hat sie ihren Ursprung im 16. Jahrhundert, als die Jesuiten Bayern zu einem Bollwerk der Gegenreformation ausbauten. Die Anhänger des Ignatius von Loyola, selbst durch Kasteiungen und rigorose Körperkontrolle gestählt, propagierten im Heiligen Krieg gegen die bildskeptischen Protestanten eine Religion der Augenlust. Und mobilisierten einen Krieg der Bilder und Rituale.

Zwar beschimpften sie Luther, den schmerbäuchigen Schlemmer, Zecher und, gemäß verbreiteter Überlieferung, Verfechter regelmäßigen Geschlechtsverkehrs, ungeniert als „brünstige Sau".

Doch zugleich versuchten sie, die satte Körperlichkeit des Reformators auf geistlichem Feld zu übertrumpfen – durch den Prunk ihrer Kirchen und die Spektakel ihrer frommen Aufführungen. Und durch ein geradezu sehnsüchtiges Verhältnis zur Macht – das nirgends so innige Gegenliebe fand wie im bayerischen Herrscherhaus Wittelsbach.

°

DASS DIE BAYERN Disziplin und Selbstkontrolle beherrschen, ist ohnehin spätestens offenbar, seit Maximilian I. Joseph und sein Minister Montgelas das moderne Bayern erfanden und zum straff regierten und bürokratischen Musterstaat mit einem einheitlichen Territorium ausbauten, dessen Grundstrukturen noch heute weitgehend fortbestehen.

Doch die Mär vom „Leben und leben lassen"-Bayern war zu schön, um sie nicht in den Kanon zu übernehmen. Und zu lukrativ: Denn die zivilisationsmüden Touristen aus den großen Städten, die im späten 19. Jahrhundert in Scharen die Dörfer Oberbayerns heimsuchten, bestanden geradezu darauf, den raufenden, saufenden und fensterlnden Eingeborenen zu erleben.

Sie waren es, die den Markt für all das Urige, Bunte und Zünftige schufen – und so die Umrisse für das Bild lieferten, das die Bayern dann gewissenhaft ausmalten. So wurde der Bayer zu seinem eigenen Exoten.

Vielleicht liegt es auch an diesem Fremdbild, dass das Bier zum Weihwasser des Bajuwaren wurde und die Schweinshaxe zur Gabe der Kommunion – und die Trias aus Saufen, Fressen und Völlen zum Kern jener Zuschreibungen, die sich in den Körpern der Menschen ablagern und allmählich anreichern: jener „Heterostereotypen, die zu internalisierten Verhaltensweisen geführt haben," wie es Florian Schwemin ausdrückt.

Der gelernte Kulturhistoriker ist öffentlich bestallter „Trachtenberater" und „stellvertretender Heimatpfleger" des Bezirks Oberpfalz. Seine Aufgabe ist es, ebendiese Lebensart zu bewahren, die dem Land so viele Freunde, Besucher und Geschäftspartner verschafft.

„Jetzt ist gerade eine gute Zeit", sagt er. „Es gibt ein großes Interesse für Heimat, ihre Bräuche und ihre Musik", erklärt er, und auf seinem Schreibtisch in Regensburg liegen Schafkopf-Karten.

Schwemin selbst trägt niemals Tracht. Draußen jedoch, in den Gassen der Altstadt und zwischen den Kettenläden der Maximilianstraße, traben aufgekratzte Gruppen in Dirndln und Lederhosen übers Pflaster, lachen, frotzeln, schwenken mitgebrachte Flaschen zur Begrüßung.

Sie lassen von den Donau-Kais die loferlumstrickten Waden baumeln und heizen sich mit Shisha-Rauch, Tequila-Bier, Pizza aus dem Karton und Techno aus der Bluetooth-Box für die „Dult"auf, jenes Volksfest, das zweimal jährlich für zwei Wochen die Stadt mit Frohsinn und Alkoholleichen überzieht.

Das Verblüffende: Kaum einer der Trachtenjünger ist älter als 30. In den Städten außerhalb Münchens ist die Trachtenmode eine Jugendkultur – geboren irgendwann um die Jahrtausendwende, so Schwemin, oft totgesagt, aber immer noch ungebrochen.

Ein Party-Outfit, dessen tiefe Ausschnitte und latzbetonte Hosen zusammen mit Alkohol und Musik den perfekten Exzess-Dreiklang liefern; eine jugendgerechte Aufforderung zur Sünde – deren atemabschnürende Mieder und steifes Krachleder die Sühne, gut katholisch, gleich mit sich führen.

Es ist kein Widerspruch, dass viele die Tracht mit Tattoos und Piercings kombinieren: Auch ihr Spaß-Bayerntum ist ja eine milde Rebellion gegen die ältere Generation, die mit zerrissenen Jeans nicht mehr möglich ist. „Früher war das Vorbild der Punk", sagt Florian Schwemin, „jetzt ist es der Wilderer Hiasl oder der Monaco Franze."

Die wahren Traditionshüter, die Blaskapellen, die Trachten- und Burschen-, Kirchweih- und Schützenvereine, betrachten die Mimikry der jungen Städter eher mit Abstand. Sie beklagen, dass die Trachtenmode fast ausschließlich auf Fantasie-Modelle zurückgreift, die zudem noch meist oberbayerischen Ursprungs sind.

Sie verachten die Edelweiß-Applikationen, und das neumodische Palaver um den Dirndlknoten, der je nach Position den Partnerschaftsstatus anzeigen soll, machen sie nicht mit.

Dafür besuchen sie die Trachten-Nähkurse, die Schwemins Dienststelle regelmäßig anbietet – und kassieren die Förderung, die sie für die Anschaffung eines möglichst authentischen Oberpfälzer „G'wands" auszahlt.

Und so sind auch meist sie es, die Florian Schwemins Dienste in Anspruch nehmen, wenn es darum geht, die historische Plausibilität einer Tracht zu beglaubigen – beispielsweise anhand von alten Fotos oder von Votivtafeln aus dem 17. Jahrhundert. Oder mithilfe der Originalstücke, die in den Regalen der Heimatpfleger liegen, sorgsam in säurefreie Kartons verpackt.

°

DOCH OB BEI Trachten-Puristen oder Party-Bajuwaren – der Kult der Marke Bayern ist eine staatstragende Religion. Er ist ein Trumpf, mit dem auch die CSU gern zu punkten pflegt. Es ist ein Pfeiler ihres „Klientelsystems", wie der Münchner Schriftsteller Carl Amery – innig, aber oft unglücklich in sein eigenes Land verliebt – es bedauernd nannte.

Denn was passt besser in ein solches System von Geben und Nehmen als das kollektive Selbstbild vom gemütlichen, bodenständigen Pragmatiker, der „das Sach" zusammenhält und jede Verbesserung der Welt als Spinnerei abtut? Der, ganz katholisch, die Autorität verehrt – und zugleich als durchtriebener „Hund" sein „Sach" auch mal jenseits allzu enger Moralnormen im Auge behält, etwa als Wilderer, als „Bazi" oder „Spezl".

Carl Amery spricht daher auch von der bayerischen „Italianitá".

Kein Wunder, dass Franz Josef Strauß, selbst ein viel bewunderter „Bazi", immer gern bestätigte, dass in Bayern „die Uhren anders gehen". Und so pocht auch die diesjährige Landesausstellung des Freistaats zur Feier seines 100-jährigen Jubiläums im Kloster Ettal, organisiert vom „Haus der Bayerischen Geschichte", auf den knorrigen bayerischen Sonderweg. Sie heißt „Mythos Bayern", und im Grußwort zum Katalog beschwört Ministerpräsident Markus Söder die „einzigartige bayerische Lebensart" und den Gedanken, dass hier „manches etwas anders ist als in anderen Ländern".

Die Besucher, viele in Dirndl und Lederhose, wandern im stolzen Bewusstsein ihrer Besonderheit am Jagdstutzen des Räubers Matthias Klostermayr vorbei, des „bayerischen Hiasl", an Votivtafeln aus der Loretokapelle Birkenstein, an 100-jährigen Stühlen aus dem Münchner Hofbräuhaus und an Kulissen aus dem Partenkirchner Bauerntheater. Sie bestaunen Plakate für den Heimatfilm „Schloss Hubertus" von 1954 und das Foto vom Zeller Sepp, der in den 1950er Jahren mit Gamsbarthut und Blasmusik am Bahnhof Ruhpolding die Sommerfrischler empfing.

Die Landesausstellung, so glaubt der Historiker Schlemmer, sei ein Versuch, „den Kreis der Bayern-Liebhaber wieder zu erweitern". Ein herzhaftes Stück Symbolpolitik – so wie der Erlass des Ministerpräsidenten Söder vom Mai 2018, in den Behörden des Landes als „grundlegendes Symbol unserer bayerischen Identität und Lebensart" Kreuze aufzuhängen.

Dieser Erlass, vermutet Schlemmer, sei vor allem der Versuch der CSU gewesen, in Berlin und Hamburg antibayerische Reflexe auszulösen – die wiederum die Bayern zur Front gegen die „Preußen" zusammenschmieden sollen: „Das führt dazu, dass sich die Reihen wieder hinter der bayerischen Staatspartei schließen. Das hat Strauß gemacht, das hat Stoiber gemacht, und die Kollegen außerhalb Bayerns gehen der CSU-Führung immer wieder auf den Leim."

Die traditionellen Zulieferer derartigen Identitäts-Zubehörs, die legendären Herrgottschnitzer, haben derweil ihre eigenen Sorgen mit dem 21. Jahrhundert. Der Markt für ihre teils lebensgroßen Holzdarstellungen Jesu Christi am Kreuz, für ihre Krippen und Heiligenfiguren ist eingebrochen, und in ihrer Hochburg, dem 5000-Seelen-Dorf Oberammergau, sind von den 500 selbstständigen Schnitzern, die es noch vor 30 Jahren gab, nur noch rund 50 geblieben.

In deren Schaufenstern liegt nun meist Massenware aus Italien oder China – oder Profanes wie der 2006 erschossene „Problembär" Bruno sowie die Lok E 69, die bis 1977 durch Oberbayern fuhr.

Und Wolfgang van Elst, Leiter der bald 150 Jahre alten „Schnitzschule", inzwischen „Staatliche Berufsfachschule für Holzbildhauer", sagt: „Wir sind nicht mehr die Herrgottschnitzer von Ammergau." Tatsächlich: Wie in dem gleichnamigen Heimatfilm, 1952 nach einem

Roman des Volksschriftstellers Ludwig Ganghofer gedreht, sehen seine 44 Schüler, 16 bis 28 Jahre alt und für drei Lehrjahre hier, nicht aus. Nur sieben von ihnen sind männlich, und die Frauen tragen auch durchaus Nasenring oder orangefarbenes Kurzhaar. Und den Helm mit dem dichten Visier, der den Kopf vor der Kettensäge schützt, sowieso.

Zwar leuchten noch immer die uralten Berge durchs Fenster: die Notkarspitze, der Laber, der schrundige Kofel. Zwar kopieren die Schüler noch immer zur Übung die alten Meister, schnitzen Barockfiguren nach oder Dantes Todesmaske, lernen Fassung und Messerschnitt. Doch sie hauen auch erfundene Hieroglyphen in Stämme, schleudern im Schriftunterricht Aquarellfarben mit Fingern aufs Blatt. Und in der Bibliothek lagern neben gotischen Musterbüchern und barocken Stichen auch Kataloge aktueller Kunst von Erwin Wurm und Ai Weiwei.

Wollen sie mit solch intellektuellem Gepäck später mal einen Schnitzladen aufmachen, in einem dieser Häuser mit Lüftlmalerei-Fassade unten im Dorf?

Die sechs Erstklässler, die im Garten an Säulchen und Schachfiguren aus Zirbenholz schnitzen oder einander die Nasen abmodellieren, brechen in Gelächter aus. Nicht einmal Ronja, gebürtige „O-Gauerin", deren halbe Familie in dem Handwerk tätig war, kann sich das vorstellen. Den Schnitzschülern von heute schweben Karrieren als freie Künstler vor, als Kunsterzieher, Produktdesigner, Bühnenbildner, Restauratoren.

Und so sind auch die Kreuze, die im Obergeschoss der Schule aufgestellt sind (Ergebnis eines Wettbewerbs in Zusammenarbeit mit einer Berufsschule in Garmisch-Partenkirchen) eher Ausnahme als Regel der Produktion – und alles andere als hergebrachtes Sakralhandwerk.

Es gibt ein Kreuz aus hölzernen Heftpflastern, eines aus Streichhölzern, und ein Kreuz als Totempfahl, mit Tierköpfen verziert. Es gibt ein Kreuz in Form eines Strommastes („Energie, das Kreuz der Menschheit") und vier Kreuze im Kreis („Symbol für demokratische Wahlen").

„Viele haben sich schwergetan mit dem Thema", erklärt die Schülerin Sally. Und Schulleiter van Elst stellt klar: „Alle unsere Projekte haben in der Regel eine Vorlaufzeit von zwei Jahren. Der Kreuzerlass wird uns nicht tangieren."

Vielleicht lässt es sich als Menetekel aus der Vergangenheit deuten, dass das riesige Kreuz, das der „Herrgottschnitzer von Ammergau" im Film auf einem Gipfel aufstellt, am Ende nach einem Blitzschlag in Flammen aufgeht.

BÜHNENBILD
Der Mythos, der Bayern umgibt, ist nicht denkbar ohne die grandiose (und oft naturgeschützte) Szenerie der Alpenlandschaft wie hier am Obersee bei Berchtesgaden

Denn schon gibt es Zeichen, dass die Synergie von Laptop und Lederhose in die Jahre kommt: Eine Consulting-Firma bewertete 2015 Bayerns „Zukunftsfähigkeit" „im nationalen und internationalen Vergleich" trotz glänzender Ist-Zahlen nur noch als „Mittelmaß".

Das Land brauche mehr „Bildungsmobilität", eine „bayerische Energiewende" sowie eine stärkere „Venture-Capital-Industrie". Vor allem aber eine „Change Story", einen „durchdachten und mitreißenden Zukunftsentwurf" über das Bayern des Jahres 2025.

Allerdings ist es fraglich, ob eine pfiffige Change Story nach dem Geschmack durchglobalisierter Berater eine bewährte und über rund zwei Jahrhunderte gewachsene Erzählung vom urigderben Volksstamm ersetzen kann – jene Autosuggestion, die sich Bayern nennt.

Denn nach wie vor feiert das Land ungerührt seine Einzigartigkeit, seine 100 Jahre Freistaat und seine 200 Jahre Verfassung. Und im kommenden Jahr kann es den 150. Jahrestag des Baubeginns von Schloss Neuschwanstein begehen – Sinnbild jener äußerst bayerischen Verbindung aus Macht und erdachter Tradition, aus der man die schönsten Mythen formt.

UND SO BLEIBEN die Hüter der Marke Bayern vielleicht am besten ihrer *unique selling proposition* treu, ihrem Alleinstellungsmerkmal. Verzetteln sich nicht in „mitreißenden Zukunftsentwürfen", sondern konzentrieren sich weiter auf die Konstruktion einer idealen Vergangenheit. Spinnen jene Kette mächtiger Märchen fort, die vom jesuitischen Sinnlichkeits-Theater über die Erfindung der Tracht bis zur Umdeutung der sprichwörtlichen *liberalitas bavarica* reicht – jener Großzügigkeit, die einst im 18. Jahrhundert eine Inschrift am Augustinerstift Polling dessen Stiftern zuschrieb und aus der schließlich das „Leben und leben lassen" der Bazis und Spezln wurde.

Kurz: jene Legende, die der CSU-Mann Peter Gauweiler bereits für unsterblich erklärt hat. „Ob wir in 50 Jahren als Altbayern das gleiche Schicksal haben wie die Indianer in Nordamerika, kann schon sein", sagte er in einem Gespräch mit Carl Amery: „Aber der Mythos Bayern, der ist genauso unzerstörbar wie der Mythos des klassischen Athen." ◊

Das kaiserliche

Gut 2000 Jahre lang ist China ein Reich der Superlative – dem Rest der Welt technisch, kulturell und sozial oft um Jahrhunderte voraus. Und doch muss es sich schließlich geschlagen geben. Vom Aufstieg und Fall einer Großmacht